大学生科技创新育人体系研究与实践

张晓琪　夏涛　著

中国纺织出版社有限公司

图书在版编目（CIP）数据

大学生科技创新育人体系研究与实践 / 张晓琪，夏涛著．-- 北京：中国纺织出版社有限公司，2021.10（2024.3重印）

ISBN 978-7-5180-8973-4

Ⅰ．①大… Ⅱ．①张… ②夏… Ⅲ．①大学生－人才培养－研究 Ⅳ．① G640

中国版本图书馆 CIP 数据核字（2021）第 203652 号

责任编辑：郭　婷　　责任校对：江思飞　　责任印制：储志伟

中国纺织出版社有限公司出版发行

地址：北京市朝阳区百子湾东里 A407 号楼　邮政编码：100124

销售电话：010—67004422　传真：010—87155801

http://www.c-textilep.com

中国纺织出版社天猫旗舰店

官方微博 http://weibo.com/2119887771

北京兰星球彩色印刷有限公司印刷　各地新华书店经销

2021 年 10 月第 1 版　2024年3月第2次印刷

开本：710 × 1000　1/16　印张：12.25

字数：210 千字　定价：69.00 元

凡购本书，如有缺页、倒页、脱页，由本社图书营销中心调换

前　言

当今社会已进入信息化时代，电子技术发展日新月异，人工智能、大数据、云计算等信息技术领域迅猛发展，为高校科技创新型人才培养带来了良好的发展机遇，同时也面临严峻的挑战。如何有效激发学生的科技兴趣，培养实践动手能力强、具有工程创新精神的专业人才是科技创新实践教育首要解决的问题。

本书作者是在高校从事学生创新创业教育的工作人员，负责学生社会实践、学科竞赛、学生创新创业等工作。本书围绕科技创新类活动面对社会转型发展的新形势，面对全面深化改革的新任务，为提高科技创新类活动的管理水平和实践教学质量，以杭州电子科技大学的大学生科技创新工作为基础，进行了一系列卓有成效的育人体系研究与探索。本书结合作者多年的教学与科研经验，并参考诸多相关书籍编写而成。

本书对大学生科技创新实践育人体系构建、科技创新育人基地建设、科技创新人才培养、科技创新活动探索等内容进行了剖析并给出了相关的实例，旨在为大学生参与课外科技创新活动提供一定的启发，并为创新创业教育工作者实施大学生科技创新能力培养工作提供一定的借鉴。本书涵盖了科技创新实践教育的意义及培养途径、历史上的重大科技创新、杭州电子科技大学科创育人模式探索、杭州电子科技大学科技创新育人基地建设、大学生科技创新活动组织与管理、大学生科技创新实践活动案例等内容，并突出介绍了如何实施“挑战杯”全国大学生科技竞赛、国家级创新创业训练、浙江省科技创新活动等实践活动及实例。本书共六章，具体内容如下。

第 1 章为科技创新教育的意义及培养途径，主要介绍了科技创新的重要性及内涵、科技创新人才培养原则及意义、大学生科技创新实践能力培养的途径等内容，揭示了本书的研究背景和研究意义，让读者了解科技创新的重要性。

第 2 章为历史进程中重大科技创新，介绍了古代的科学技术创新、近代科学革命、近代工业革命与重大创新、20 世纪以来的科技创新等内容，通过梳理和分析历史上重大科技创新的发展历程，为科技教育工作者如何培养好科技创新人才提供思考。

第 3 章为杭州电子科技大学科技创新育人体系研究，通过介绍科技创新教育面临的挑战及现状、科技创新教育改革目标及举措、科技创新教育方法及能力培养等内容，探索适应新技术发展的科技创新人才培养模式，对当前教育模式给出了看法和建议，为科技教育工作者如何培养好科技创新人才提供解决思路。

第 4 章为杭州电子科技大学科技创新育人基地建设，通过介绍科技创新育人基地概况、科技创新育人基地管理体系建设、科技创新优质教育资源建设等内容，借助信息化技术，重构实践教学环节，通过建设“高阶性、创新性、挑战度”的实践项目，进行科技创新育人基地建设与探索，为科技教育工作者如何建设科技创新育人基地提供可借鉴的经验。

第 5 章为高校共青团服务大学生科技创新活动，介绍了高校共青团活动的要求及特点、共青团科技创新活动的促进作用和高校共青团组织及服务科技创新活动，通过介绍共青团如何开展及组织科技创新活动，总结该类活动取得的经验收获，展现科技创新活动缤纷多彩的魅力，激发读者科技创新兴趣，为相关学科的大学生或对此领域感兴趣的青年朋友开启创新之门。

第 6 章为杭州电子科技大学科技创新育人基地实践活动，以杭州电子科技大学科技创新育人基地的相关科技活动为背景，分享了学生参与科技创新活动的一些案例。通过介绍多个综合性科技创新项目的设计思路和设计方法，让读者自己去探寻掌握应用新技术进行科技创新的途径。

本书第 1 章、第 3 章、第 5 章、第 6 章的第 6.1 节由张晓琪编写，共计 10.6 万字。本书第 2 章、第 4 章、第 6 章的第 6.2 节和第 6.3 节由夏涛编写，共计 10.4 万字。在素材整理方面得到了科技创新育人基地 2019 级学生余诗波、韩炜杰、周益龙等同学的帮助，在此一并表示感谢。编写过程中，还引用了许多学者的观点和成果，由于难以查明文献来源而未标注，在此一并致以敬意。

限于编者水平，书中难免有欠妥、疏漏和错误之处，恳请读者指正。

著者
杭州电子科技大学
2021 年 6 月

目　录

第1章 科技创新教育的意义及培养途径

人类进入 21 世纪，知识的创新、科技的发展和人才的竞争越来越决定一个国家的发展进程和国际地位。它不仅是一个民族、一个社会富有生机与活力的前提，也是衡量一个民族、一个社会文明发展水准的标尺。创新实践能力的培养对个人品格的养成具有重要作用，因为它激发的是一个人最具有价值的能力和向人生更高层次发展的直接动力。

1.1 科技创新的重要性及内涵

1.1.1 科技创新的重要性

纵观人类历史的发展和文明的演进，每一次巨大的进步无一不是人类创新的杰作。每一次人类社会的巨大进步都与创新紧密相连。技术的创新，如蒸汽机的发明，推动了工业革命；信息技术的发明，推动了信息革命；教育的创新，推动了教育制度的改革。无数事实已经证明，每一项科技成果，无不和创新教育、人才培养有关；社会制度的创新，如中国的改革开放政策，将中国从传统的计划经济一步步地推向社会主义市场经济。

创新是推动社会进步的巨大力量。创新之所以是人类社会巨大进步的前提，是因为创新本身就代表了先进的生产力和先进的生产关系。蒸汽机的发明、计算机的发明、生物技术的发明等，本身就代表了先进的生产力，使之具备很强的竞争力，从而在竞争中不断发展壮大。中国改革开放，解放了先进的生产力，并不断促进新的先进生产力的产生与发展，从而使新的生产关系受到人们的喜爱，最后被人们选择，并使这种体制不断向前推进。

人类已进入 21 世纪，相比过去经济发展的水平，不得不承认人类的文明已远比从前任何时候都要发达。从衣食住行各个方面，人们都在享受着工业化信息化社会创造的文明成果。从城市到农村，从国内到国外只要你随意看看周围世界，就会轻易地发现：我们生活的每个角落都打上了科技创新的烙印，每个细节都展示着人类的智慧。21 世纪是人类进入全球化知识经济和可持续发展的时代，这一时代的突出特点就是“创新”。21 世纪是科学技术发展日新月异的知识经济时代，知识经济是以不断创新为基础发展起来的，它依靠新的发明、研究和创新。世界各国都已认识到创新的重要性，都在抓紧制定和实施面向 21 世纪的发展战略，都在抢占科技和产品的制高点。只有不断创新，才能使一个国家在激烈的全球性竞争中始终立于世界强国之林，走向繁荣昌盛。所以创新既是竞争的需要，也是时代的需要。

创新是一个民族进步的灵魂，一个没有创新能力的民族，就难以屹立于世界民族之林。面对世界科技飞速发展的挑战，我们必须把增强民族创新实践能力提到关系中华民族兴衰存亡的高度来认识。科技创新对美国经济增长的贡献率达到了 80%。然而，我国目前的民族创新能力令人担忧。目前，我国已经制定了创新发展战略，目的就是建立健全国家的创新体系，推进社会发展。

党和人民对高校人才创新实践能力的培养提出很高的期望。2003 年 7 月，胡锦涛同志曾在共青团十五大部分代表座谈会上亲切寄语：“青年时期是最富有生命力和创造力的时期，全国广大青年都要努力培养自己的创造能力，充分挖掘自身的创造潜能，紧密结合全面建设小康社会的伟大实践，在不断认识和把握客观规律的基础上，勇于创造、善于创造、不断创造。”美国哈佛大学校长普西曾经讲过：“一个人是否具有创造力，是一流人才和三流人才的分水岭。”高等教育历来是推动科技进步与技术创新的主力军，随着高等教育管理体制改革的不断深化，一些高校将科技创新和办学质量视为学校建设发展同等重要的“生命线”，我国名牌大学在制订“十一五”规划时，都将培养创新人才列为重要的目标，并采取措施制订创新人才培养计划，学生创新实践能力和创新素质的培养是评价和衡量办学质量和水平的重要环节。创新已经成为中国现代社会发展的基础和生命力所在，已成为高校可持续发展的基础和生命力所在。

高校要强化创新人才培养战略。为贯彻党的“科教兴国”的战略决策，高等教育必须转变教育理念，改革教学方法，从着重传播知识的教育转变为创新教育，把培养学生的创新精神、创新能力摆在重要位置。创新实践能力是衡量人才素质的一个重要指标，培养具有创新素质的优秀人才是我们的重要任务和课题。

1.1.2　创新文化是科技创新的基础

创新文化是科技创新奠定最广泛、最坚实的社会人文基础；创新文化是科学普及的重要内容和高层次目标，可以提供丰富的科学文化资源；科学普及是传播创新文化的重要渠道，并为创新文化的形成和发展奠定基础；科学普及为科技创新提供良好的环境和市场保障。

创新文化与科学普及可以带动整个民族对知识和人才的尊重，培育人们崇尚科学、求真务实的价值观念和创新意识，为科技创新奠定最广泛、最坚实的社会人文基础。

科技创新不仅是科技界的事情，更是全社会的事情。创新文化建设和科学普及都要求科技界、政府和全社会的广泛参与，是需要长期、持续、稳定发展的基础性事业。

当今之世，科技创新能力成为国家实力最关键的体现。在经济全球化时代，一个国家只有具备较强的科技创新能力，才能在世界产业分工链条中处于高端位置，才能创造激活国家经济的新产业，才能拥有重要的自主知识产权而引领社会的发展。总之，科技创新能力是当今社会活力的标志，是国家发展的关节点，提高科技创新能力是一活百活的胜负手。

在全国科技创新大会、中国科学院第十八次院士大会和中国工程院第十三次院士大会、中国科学技术协会第九次全国代表大会上，习近平总书记向全国发出了建设世界科技强国的动员令，明确了未来我国科技事业的发展路径并进行了总体布局，国人振奋。“科技创新、科学普及是实现科技创新的两翼，要把科学普及放在与科技创新同等重要的位置”，这是习近平总书记科技创新思想的总体体现，也是总结新中国成立以来我国科技事业发展的历史经验所得出的科学结论。

在迈向世界科技强国的征途中，所有的科技工作者都应把科学普及放在与科技创新同等重要的位置，既要做好科学研究和科学创新工作，也要主动自觉地去努力传播科学知识，提升社会科学素养厚植创新土壤。科技人员的职责除了要搞创新，还要进行科普，要夯实创新文化的土壤，提高全民科学素质，形成有利于科技创新的社会氛围。

大家都认可科技创新是提高国家综合竞争力的关键，但也许对于“把科学普及放在与科技创新同等重要的位置”还未必能理解透彻。从历史和现实来看，科普不仅为创新提供良好氛围和文化基础，而且为创新提供广阔的市场和源源不断的动力，这已经为国内外的历史事实所证明。

科普为创新提供良好的环境。历史上，17 世纪晚期的科学革命和 19 世纪初的工业革命之间的这个时期，是欧洲知识流动和技术扩散的关键阶段，无论是企业家、科学研究和技术发明家之间的交流和传播，还是新技术、新产品向社会基层的扩散和流动，都为欧洲的科技革命和产业革命，以及伴随的科技创新，提供了坚实的基础和良好的环境。也就是说，西方现代科技的兴起有着良好的科学文化基础。但是，科学技术在中国远没有形成文化，没有很好融入中国的传统文化层面，尤其是没有融入草根文化。在农业社会和传统的工业社会，具有悠久历史的传统文化还能够维持社会稳定和实现快速发展。在全球化、信息化、资本化的新的历史条件下，国家和社会的竞争日益体现为科技和人才的竞争，发展中国家更是面临结构转变、社会转型、经济转轨，面临着创新驱动、内涵发展等一系列新形势、新要求。无论是体制上、文化上、社会经济发展模式上都要求创新，新的历史背景下的创新是一场全面的创新，科技创新是这场创新活动的核心。因此，为创新提供良好的环境和文化基础，就是创新本身的重要内容之一，也是保障创新持续实现的重要条件。

科普为创新提供市场保障。创新以后新技术、新产品的出现，需要在市场上实现其价值。在这种情况下，需要广大的消费主体，具有消费这种新技术新产品的能力，才能使创新行为得以持续，创新价值得以实现。新技术需要具有一定科学素养的劳动力才能使用，新产品也需要消费群体具有一定的科学素养才能消费。而科普正是为创新提供技术市场和消费市场的重要手段，从这一点上来说，科学技术普及是科技创新的前提和基础。

我党历代领导人都高度重视科普工作，科普在我国经济社会发展的不同阶段发挥了重要的作用。毛泽东、邓小平、江泽民、胡锦涛等同志对我国的科技、科普工作都做出过重要论述，在党领导人民从新民主主义革命到社会主义革命和建设的不同历史时期，充分利用科普手段，唤醒、动员和鼓舞广大群众，激发群众中所蕴藏的无穷智慧和力量，克服重重困难，取得了一个又一个的胜利。科普是智慧之源，是力量之源，是创新之源。在当今提倡“大众创业万众创新”的历史背景下，科普更具有不可或缺的基础性作用。

要形成良好的创新文化就应分析其存在的主要问题：以创新为主导的价值观尚未成为普遍风尚，功利化的科技观占据了主导地位；“官本位”等传统文化中的消极因素影响科技工作者的行为模式；科研管理制度存在严重缺陷；创造力的思维品格尚未形成。针对这些问题，创新文化建设的战略重点应是：构建和倡导创新文化的价值体系；培育有利于激发创新活力的制度文化；确立创新机构的组织规范和文化风格。

同样科学普及也存在的以下主要问题：科普管理体制和运行机制不健全；科普能力薄弱；学校科技教育存在缺陷。针对这些问题，科学普及的战略重点应为：服务国家发展目标，开展相关领域科普工作；改革体制机制，开创科普新局面；加强基础建设，大幅提高科普能力；推进科技教育改革，夯实国家科学素质基础。

1.1.3　科技创新的基础之基础是教育

科技创新的基础之基础是教育，科技创新是一种文化的创新，而文化创新的主体是人，社会前进、人类更替都离不开文化知识的传承，进而创造新的文化知识。而文化知识的非遗传性要求我们必须重视教育的传导性作用。所以，要提升创新能力，就应当从教育开始，从人才培养开始，从娃娃抓起，不仅要学习各种语数英科史政的知识，更要积极开展科学普及，培养青少年对科学的兴趣，将这种兴趣培养成一种良好的习惯、一种爱好，甚至是一种氛围和环境，人人都热爱科学、崇尚科学，将创新能力作为素质教育融入青少年的教育体系中去。因此教育事业的发展，关系到创新的可持续发展。

教育要做的就是规划，对每一位青少年的科技创新人生的规划，并将规划融入课内教学，具体落实到每一位教员身上，创新人生规划就像是家长对孩子的一种远景规划，就像学校对一位学生的一种总体规划，就像是一门课程的一个授课计划一样，这是国家培养创新人才的指导方针，是教育过程中的指导手册，一种教育模式培养一代学子，一种教育机构决定一种培养模式。

科技创新是一个在创新文化中不断继承、不断丰富和不断拓展的，也正如马克思和恩格斯所说的那样："历史的每一阶段都遇到有一定的物质结果、一定数量的生产力总和，人和自然以及个人之间在历史上形成的关系，都遇到前一代传给后一代的大量生产力、资金和环境，尽管一方面这些生产力、资金和环境为新的一代所改变，但另一方面它们也预先规定新的一代本身的生活条件，使它得到一定的发展和具有特殊的性质。由此可见，这种观点表明：人创造环境，同样环境也创造人。每个个人和每一代所遇到的现成的东西：生产力、资金和社会交往形式的总和。”创新是在人们一定的生活方式和生活方式上的创新，创新除了其本身内在的发展之外，还需要其社会条件、文化条件、教育基础以及创新者的生存环境等方面的支持，不能仅为创新而创新，甚至创而不新。

1.1.4 科技创新战略强国内涵

科技自主创新能力主要是指科技创新支撑经济社会科学发展的能力。近现代世界历史表明，科技创新是现代化的发动机，是一个国家的进步和发展最重要的因素之一。重大原始性科技创新及其引发的技术革命和进步成为产业革命的源头，科技创新能力强盛的国家在世界经济的发展中发挥着主导作用。自然，一项新技术的诞生、发展和应用，最后转化为生产力，离不开观念的引导、支持和制度的保障。可以说，观念创新是建设创新型国家的基础，制度创新是建设创新型国家的保障；但发明一项新技术并转化为生产力，创造出新产品，占领市场取得经济效益，这是只有科技创新才能实现的。随着知识经济时代的到来和经济全球化的加速，国际竞争更加激烈，为了在竞争中赢得主动，依靠科技创新提升国家的综合国力和核心竞争力，建立国家创新体系，走创新型国家发展之路，成为世界许多国家政府的共同选择。纵观当今世界创新型国家，他们的共同特征是，科技自主创新成为促进国家发展的主导战略，创新综合指数明显高于其他国家，科技进步贡献率大约都在 70% 以上，对外技术的依存度都在 30% 以下 (我国的对外技术依存度达 50% 以上)。因此，科技自主创新方能体现出国家的创新能力，只有不断提升自主创新能力，才能使经济建设和社会发展不断迈上新的台阶，真正实现可持续发展。

2019 年 1 月 8 日，北京人民大会堂。在如潮水般的掌声之中，在万众瞩目之下，习近平总书记向国家最高科学技术奖获奖者颁发奖章、证书，并同他们亲切握手。在这紧紧的一握背后，是习近平总书记浓厚的科技情怀，伟大的强国梦想。回想新世纪之初，我国的原始创新能力相对薄弱，从 1998 年至 2003 年代表着原始创新能力的国家技术发明奖一等奖已连续 6 年空缺，期间国家自然科学奖一等奖也只颁发了两项，这反映出我国在揭示科学和技术原理、方法上缺乏具有突破性的成就，更说明原始创新不是一蹴而就的事。量子通信、北斗导航、超算、嫦娥奔月、天宫遨游、蛟龙入海、FAST 天眼、5G 通信、C919 商用飞机、长征 5 重型号运载火箭、东风 41D 全球速递使命必达、超高速导弹突破反导系统、歼 20 第五代隐身战机翱翔蓝天、反隐身雷达护卫疆土、国产航母、055 大驱深蓝远航、电磁炮和激光炮上机上舰等层出不穷，经过近 20 年来的刻苦钻研、砥砺前行，我国科技创新成果丰硕，一项项重大科技成就背后，与党和政府对科技创新的高度重视密不可分。回想当年在编制《国家中长期科学和技术发展规划纲要（2006—2020 年）》（以下简称《规划纲要》）时，与会者一致认为，绝不能让《规划纲要》成为"纸上画画，墙上挂挂"的摆设，而是要发挥举旗定向的作用，引领新世纪前 20 年中国的科技发展。现在看来，这份《规划纲要》基本兑现了初衷，收官之年，硕果累累。

党的十八大以来，习近平总书记多次就科技创新发表振奋人心、催人奋进的重要讲话——"我国科技发展的方向就是创新、创新、再创新"，"科技创新、制度创新要协同发挥作用，两个轮子一起转"，"创新驱动实质上是人才驱动"等一系列重要讲话，激发了更多科技工作者的创新创造热情，为新时代科技事业发展指明方向。"加快增强自主创新能力和实力"，"把创新发展主动权牢牢掌握在自己手中"，既是对当前科技创新工作的殷切期盼，也是科技界工作者的强烈共识。而《规划纲要》，这份凝聚了众多科技工作者智慧心血、激发了无数一线科研人员创新活力潜力的文件，也发挥了至关重要的作用。在下一个国家中长期科技发展规划紧锣密鼓谋划的当下，回望来路，意义重大。

在本世纪初制定《规划纲要》时，在自主创新、创新体系建设等重大观念上，还存在明显分歧，争论之激烈，超出想象。有业内权威专家表示，如果没有 2006 年颁布《规划纲要》对一系列重要问题形成正确共识，我国的自主创新之路，可能更为艰难、坎坷。2003 年 6 月，在规划出台前，要不要自主创新？"以市场换技术"还是"自主创新"的激辩成为争论的焦点问题，完全依靠引进技术和境外直接投资对提升我国科技竞争力的作用非常微弱，技术引进属于成套设备引进，并未开展引进技术的消化吸收再创新，深陷"引进—落后—再引进—再落后"的泥潭难以自拔，特别是我国的能源、电力、采矿、钢铁、纺织、化工等制造企业，在经历了几轮技术引进后，自身没有形成技术开发能力，导致我国经济建设和高技术产业所需的许多关键装备受制于人，如数控机床、光纤制造设备、集成电路等。市场换技术，最终换来的是"路径依赖"。显然，引进技术并不等于引进了技术创新能力。

实际上，跨国公司不仅不卖核心技术，有时还会打压中国企业掌握核心技术。以程控交换机为例，我国刚开始从法国、比利时引进时，每线是 480 美元。当中方自主研发成功后，外企便把价格迅速下调，最后降到每线 1 美元，想借此将中方创新扼杀在摇篮里。从 480 美元到 1 美元，核心技术带来了超额垄断利润。没有这种创新能力，中国现代化的路径和成本将大不一样。

我们的邻居印度就是一个现实版的最好的例证。阅兵式上各国武器装备琳琅满目，号称万国武器展，而国产化光辉战机是印度自行研制的第一种高性能战斗机，印度空军提出其作战能力必须优于美国的 F-20 战斗机，从 1983 年项目正式上马，作为米格 -21 和 Ajeet 的后继型，虽然飞机发动机、雷达等关键部件都是从国外引进的，但受国力及航空科技水平的限制，研制工作进展缓慢。直至 2001 年 1 月 4 日首架验证机升空，直今未列装服役。还有维克兰特号航空母舰，印度第一艘国产航母，1999 年，印度议会批准自造计划，2006 年 11 月建造工作正式启动，由法国设计蓝图，搭载俄罗斯米格 -29K 舰载机，部分设计由意大利帮助完成。建造计划完成时间一推再推，2018 年 7 月 19 日，印度政府新闻信息局发表声明称，印度海军将于 2020 年进行航行试验，这离列装服役还差很远，最快也要到 2025 年。

而与印度有着鲜明对比的是我国在歼 20 和国产航母的研制上则是通过我国自己的研发力量，不光实现了关键部件的国产化、建设工期非常短，还在国防科技创新上下功夫，研发了许多新型的技术，比如歼 20 的鸭翼式布局会影响隐身性能，杨伟院士和光启研发团队深度合作创新性使用了复材整体结构，采用了超材料来吸收或折射雷达电磁波，利用材料方面的提升来缩小战机的 RCS 值，达到隐形的目标，据悉歼 20 的隐身性能比美国的空中霸王 F22 隐身性还强。歼 20 的鸭翼采用超材料和复材整体结构来规避传统鸭翼隐形性能差的“绝招”就是科技创新的典范。另外，我国的国产 003 航母更是众多科技创新的融合，在没有任何国外技术支持，甚至是技术封锁的情况下，独立研制了各种适合我国国情的新技术，比如核动力技术、电磁弹射技术、阻拦索技术、全电推进技术、有源相控阵雷达技术等，使我国的国产 003 航母和美国福特级一样先进，缩小和世界先进水平的代差，这将让中国航母技术发展跨越一大步，这也让国人为之振奋人心！

创新除了要依靠科研机构和大学，还要依靠企业。以前科研工作者认为多出成果，多出论文，多获奖，就是为国家做贡献，其实创新还要依靠企业，企业对市场需求的高度敏感性是对技术创新的要求提出者，多年的经验证明，科研机构的研究开发活动，存在着单纯的技术导向倾向，注重技术参数、指标的先进性，但对市场需求和规律缺乏把握，其成果往往不具有市场竞争力。实际上，技术创新活动本质上是一个经济过程，它是技术、管理、金融、市场等各方面创新的有机结合。说白了，技术创新就是将技术和创意转化为产品和服务，进而产生市场价值的过程。近百年世界产业发展的历史表明，企业竞争力已成为国家竞争力最重要的体现。任何一个强大的国家都有若干具有全球竞争力的企业，而这些企业的竞争力很大程度来自重大的技术发明。电话出自贝尔，规模化汽车制造出自福特，飞机出自波音和空客，计算机领域的革命性技术分别出自 IBM、英特尔和微软等。资料显示，在发达国家，90% 的跨国公司把技术创新作为企业战略的主体内容，80% 建立了研发中心，大多数科技型企业至少把销售额的 5% 投入研究开发当中。

改革开放以来，我国探索科技与经济结合的实践也证明，建设以企业为主体、产学研相结合的技术创新体系，完全符合市场经济规律和科技自身发展规律。当年我国第三代移动通信技术的研发就很典型。那些年，国家已向相关研究院所投入了大量的人力、物力、财力研发 CDMA，但却一直没有成功。最后，是华为、大唐、中兴等企业联合国外一些企业开发出来的。特别是华为，在 CDMA 成功之后，一路高歌猛进，成为全球领先的信息与通信技术（ICT）解决方案供应商，专注于 ICT 领域，坚持稳健经营、持续创新、开放合作，在电信运营商、企业、终端和云计算等领域构筑了端到端的解决方案优势，为运营商客户、企业客户和消费者提供有竞争力的 ICT 解决方案、产品和服务，并致力于实现未来信息社会、构建更美好的全联接世界。2019 年 6 月 25 日，获得中国首张 5G 终端电信设备进网许可证，标志着华为即将引领全球 5G 技术。

2006 年 1 月 26 日，中共中央、国务院发布的《关于实施科技规划纲要增强自主创新能力的决定》发出号召：动员全党全社会力量，为建设创新型国家而奋斗。有人说，《规划纲要》是我国自主创新意识的觉醒。在知识经济和全球化深入发展的时代，一个国家要么自主创新，要么“被创新”，别无他途。客观地说，在今天的国际环境下，资本、人才、信息等要素在世界范围内的广泛流动与配置，的确是前所未有的。但是，对于所有的发展中国家来说，全球化肯定不会是“免费的午餐”。如果不思进取，不注重增强自己的核心竞争能力，而是一味被动地跟进全球化潮流，最终将很难保障国家安全，很难提高人民福祉。

《规划纲要》最大的特点就是自主创新这条主线始终贯穿全文。《规划纲要》

的核心是要解决对科技工作的认识，以及科技和经济的关系问题，集中体现在规划的指导方针上——“自主创新、重点跨越、支撑发展、引领未来”。强调“必须把提高自主创新能力作为国家战略，贯彻到现代化建设的各个方面，贯彻到各个产业、行业和地区，大幅度提高国家竞争力”。

自主创新的内涵是什么？《规划纲要》明确指出，“自主创新，就是从增强国家创新能力出发，加强原始创新、集成创新和引进消化吸收再创新”。其中，原始创新是指科学发现和技术发明，是最根本的创新，不仅能带来科学技术的重大突破，而且能带动新兴产业的崛起和经济结构的变革，是决定国际产业分工地位的基础条件之一。

1.2 科技创新人才培养原则及意义

1.2.1 科技创新人才培养原则

加强大学生科技创新实践能力培养，既是对高校人才培养现状深刻反思的结果，也是实施科教兴国和建设创新型国家的客观要求。大学生科技创新实践能力培养旨在提高学生科学文化素养，增强科技人才服务社会能力，同时为区域经济社会发展贡献智慧。大学生科技创新实践能力培养是一个复杂的系统工程，各大高校的教育工作者进行了大量的研究与探索，取得了不少的成绩，在有关文献研究和实践的基础上，课程组就科技创新实践途径做了相应的探索。大学生科技创新实践能力培养要遵循教育规律和人才成长规律，培养工作应遵循以下原则：

（1）坚持“一切为了学生的发展”原则

发展是教育的永恒主题，教育的目的从根本上来说是要促进人的发展。社会面临生存型向发展型的转型，绝大多数社会成员的聚焦目标由物质的追求向对发展的追求转变，大学生对发展与自由、权利与义务的追求更加强烈。大学生科技创新实践能力培养工作只有坚持把学生的发展作为开展工作的基地，才能提高教育的针对性、增强实效性。也只有实现了学生的发展，才能推动经济社会的发展，体现教育的价值。大学生科技创新实践能力培养提升工作要做到“一切为了学生的发展”，最重要的是服从并服务于“帮助大学生实现全面、协调、可持续的发展”。

（2）坚持整体性与重点论相结合的原则

强化和提升大学生科技创新实践能力，既要讲整体性，也要讲重点论。大学生科技创新实践能力培养的整体性与重点论可以从两个方面来理解。一方面是教育对象的整体性与重点论相结合。大学生科技创新实践能力培养的目标是大学生总体科创水平的全面提升，在培养内容、培养方式、培养具体目标的制度上要考虑到教育对象的整体性特点，同时，在教育投入的配置上，应该对大学生和社会迫切需要的实践资源进行重点性倾斜投入。另一方面是教育内容的整体性和重点论的结合。大学生科技创新实践能力培养工作的重点是面向全体学生、促进学生全面发展，同时又要侧重提高学生服务社会的责任感、勇于探索的创新精神和善于解决问题的实践能力。

（3）坚持自我教育与学校教育、社会教育的有机统一

内因是变化的条件，外因是变化的依据。学生是学习的主体，教师起的是导向作用。要使大学生科技创新实践能力得到切实的提高，必须激发大学生的内在动机。当前的部分大学生自我意识比较突出，以自我为基地，缺乏高远的追求和脚踏实地的意志品质，如果不激发他们提升自我的内在动力，单纯的外部努力难以达到期望的教育效果。由此，在教育中必须把激发他们提升自我的内在动机放在重要位置。其次，要研究学校教育和社会教育在提升他们科创能力中扮演的角色，要创新教育方式方法，采取能被他们普遍接受的新方式、新方法进行教育。

1.2.2　人才培养模式基本要素

人才培养模式是对一定教育机构或教育工作者群体所认同和遵从的实践规范和操作样式的简要概括。它到底由哪些要素构成呢？这一问题看似简单，其实十分复杂。有“两要素说”：培养目标和培养方法；有“三要素说”：培养目标、培养过程、培养方法；有“四要素说”：培养目标、培养过程、培养途径、培养方法或培养目标、培养制度、培养过程、培养评价。当然，还可以列出“五要素说”“六要素说”。分歧主要在于，是否要将指导思想、培养制度、培养评价、培养主体、培养客体等作为单独的要素列出。

笔者以为，对人才培养模式的构成要素有多种分析方法。如果要列入指导思想、培养制度，则适宜从“观念—制度—行为”的维度进行分析，这样的分析方法虽然有许多好处，但行为层面的分析不会凸显出来，况且，行为有的来自制度要求，有的并不来自制度要求。如果要列入培养主体、培养客体，则适宜从“主体—中介—客体”的维度进行分析，这样的分析方法虽然也有许多好处，但中介的分析也不会凸显出来。

人才培养模式主要涉及三个方面问题：一是培养什么人；二是用什么培养人；三是怎样培养人。第一个问题主要涉及价值层面的培养目标和培养规格；第二个问题主要涉及知识层面的课程计划和教育内容；第三个问题主要涉及行为层面的教育途径和教育方法。下面主要围绕上述三个方面进行分析，而将教育思想、教育制度、教育评价等要素的分析渗透其中。

（1）目的要素

教育目的也称教育目标，它是全部教育工作的核心，是一切教育活动的出发点和归宿，同时也是确定教育内容、选择教育方法、检查和评价教育结果的依据。教育活动作为一种人为的活动，毫无疑问应该有明确的目的要求。给十分广阔的教育活动规定统一的目的要求是十分困难的。强调统一，必定要高度抽象；高度抽象，必定不会具体、明确。

在我国，在谈及教育目的问题时，莫不援引马克思主义关于人的全面发展的学说，其用意当然是非常好的，但是，人的全面发展理论本身并不是关于教育的理论，马克思在思考人类社会发展的宏大问题时，恐怕还来不及为具体的教育目的问题操心。由于教育目的具有多要素、多层次的特点，进入 20 世纪以后，国外一些专家对教育目的的表达，开始摆脱“全面发展”或“和谐发展”的抽象概括的框架，以 1938 年美国提出的《美国民主教育之目的》文献为例，教育目的被分为人自身发展目标、人际关系目标、经济效益目标、公民责任目标等若干细目。在联合国教科文组织国际教育发展委员会所著的《学会生存》一书中，关于教育目的的内容和结构，大体沿用了上述框架。在我国现阶段，教育目的指把受教育者培养成什么样的社会角色或具有什么样的知识和能力结构的人，具体内容是：培养青年、少年、儿童在品德、智力、体质等方面全面发展，成为有理想、有道德、有文化、有纪律的建设人才。这是对整个教育活动的总体要求，各级各类学校、各专业的培养目标或人才规格是教育目的的具体化。

人才培养模式中的教育目的是教育工作者用来对教育活动进行导向的、作用于受教育者身心的目的要求。它有“应如何”和“已如何”两种存在形态。“应如何”是理想形态，“已如何”是事实形态。就事实形态而言，它可能是与国家的教育目的相一致的，也可能是与国家的教育目的相背离的。分析教育目的，不看文件上是怎么规定的，也不看方案中是怎么阐述的，主要看实践中到底是什么动机和目的主导教育活动的进行。

教育活动中的目的要素可能受某种现实的功利要求的驱使，也可能受某种社会评价的直接影响。我国人才培养活动中存在严重的应试教育倾向。应试教育扭曲了人才培养活动的目的要求，主要受现实的功利要求的驱使。在教育实践中，从来没有系统的理论体系来指导应试教育，无论在历史上还是在现实中，都找不出曾有何人以何种学说来倡导应试教育。应试教育倾向是面对教育竞争而采取的一种态度选择，是教育活动中存在的竞争引发的直接结果。更确切地说，应试教育是教育竞争失控的教育，是被无节制的考试竞争所异化的教育。过度地竞争使考试变得至高无上，教师为考试而教，学生为考试而学。考试不仅左右了学的目的，也左右了教的目的，最终使教育活动“异化”为与教育目的相对立的活动。克服应试教育倾向，从根本上说，要抑制教育竞争。

（2）内容要素

教育内容是为实现教育目标经选择而纳入教育活动过程知识、技能、行为规范、价值观念、世界观等文化总体，一般以课程的形式体现。教育内容从人的发展结构看，包括德、智、体、美、劳等方面；从知识结构看，包括政治、经济、文化、科技、军事等方面。教育内容是为实现教育目的服务的，今天的内容结构就是学生明天的素质结构。在高等教育人才培养活动中，教育内容包括专业设置、专业开设的课程门类、每门课程所选用的教材、每种教材所涵盖的知识以及提供教学内容的方式方法和制度要求等十分广阔的内容。

教育内容就其本质来说，都是人类在漫长的历史中不断劳动、不断实践、不断探求而形成的对于客观世界的认识。人类对客观世界的认识是一个庞大的体系，其中任何一点对人类生活来说都具有某种意义或价值，但它的范围实在太大了，要求每一个个体掌握人类所创造的所有知识是不可能的，于是就产生了如何选择知识、组织知识、提供知识的问题。不同教育类别的差异，说到底就是知识选择和提供的差异；不同人才培养模式的差异，说到底也是知识选择和提供的差异。

（3）方法要素

教育方法是为实现教育目的、掌握教育内容而采用的程序、方式和手段的总和。教育方法既包括教育者施教的方法，也包括在教育者指导下受教育者领教及自我教育的方法；既包括教育活动的方法，也包括教育活动的程序；既包括教学方法，也包括考核评价方法。

方法是从某一初始条件走向特定目标的整个动作体系。人所制定的目标总是借助系统的动作或操作行为来实现的。一般来说，目标不是凭一种动作或操作就能实现的，而是通过一连串的复杂动作或操作才能实现，对人的培养活动尤其如此。一连串的复杂动作或操作，任何时候都是以慎密的顺序和步骤为前提的，这种慎密的步骤和顺序便是程序。程序在方法中具有特别重要的意义，没有程序就没有方法。人才培养活动的程序，在大的方面，有学制安排和教学计划安排，在小的方面，有单元教学程序和课堂教学程序等。

1.2.3 科技创新人才培养意义

随着社会进步和现代科技的发展，培养大学生的科技创新意识和创新能力，已经成为新时期人才培养工作的重要内容。大学生科技创新活动作为课堂教学的重要补充和拓展，即作为第一课堂之外的第二课堂，已经成为提高大学生实践动手能力、创新意识和创新能力的重要环节。为国家建设培养科技创新人才是教育发展的必然选择。高等院校在人才培养方面具有多项优势，在欧美国家，之所以有如此多的科技奖项获得者，得力于高等院校对人才的培养，在知识创造中一直起着重要作用。

（1）高等院校是知识创新体系的主体

如今，一个国家的核心竞争力主要得力于其创新能力，一般来说一个的国家的创新能力越强，其社会地位也将越高，而一个国家创新能力的发展主要依靠知识创新与人才的培养。高等院校和科研机构是我国科技创新人才培养的摇篮，而高等院校不仅承担着科学研究的职能，而且肩负实施高等教育的重担，在创新型国家建设中发挥着重要作用。伴随着知识经济时代的到来，各国政府已逐渐意识到，科学研究与高等教育在国家知识创新体系核心竞争力中有着重要的作用，即意识到高等院校在知识创新体系中的地位，并都将科学研究与高等教育上升到了各国的国家战略层面。高等院校所特有的优势，决定了它在建设创新型国家中发挥独特的作用。充分发挥高等院校人才聚集的优势，积极探索产、学、研相结合的新机制，使其在技术创新中发挥推动作用。

（2）高等院校是科技创新人才的培养基地

一个国家科技的发展，首先离不开人，因为科技的发展的基础是拥有科技创新人才，而高等院校是科技创新人才培养的基地。如何改革教育体制机制，与国家战略对接，培养我国经济发展所需要的科技创新人才，成为高等院校面临的重要挑战。目前，对于科技创新人才的培养，高校具有学科门类齐全、科技人才密集、研发能力强、整体实力在全国处于前列等优势。长期以来，培养了大批创新人才，创造了一大批优秀科技成果，为国家经济建设、社会发展、建设创新型国家发挥了重要作用，做出了重大贡献。重视我国高等教育的发展，营造自由、浓厚的学术氛围，培养建立适合我国科技发展的人才结构，为我国科技发展提供人才支撑。

（3）高等院校是先进科学技术的生长点

高等院校在科学技术的发展过程中起着重要的作用。科技创新人才广博的专业知识、卓越的个性品格、创新的思维方式以及实践的关键能力都不是天生的，而是通过接受先进的教育、学习总结前人的经验以及参与社会实践等逐步形成的。各高校应注重培养当代学生创新意识、创新能力，引导他们在学习的过程中，逐渐形成新的想法、新的知识以及新的科学技术成果等。高等院校的科技创新人才培养状况，与一个国家的科技实力直接相关，从人类发展史的角度来看，总体上来说，教育水平越高的国家或地区，创新人才的数量也就越多，该国的科技也就越发达。

1.3 大学生科技创新实践能力培养的途径

1.3.1 大学生创新实践能力培养的主要内容

创新包括创新意识、创新思维、创新能力和创新成果，除此之外创新实践能力培养的主要内容还包括培养学生个性、培养学生的团队精神等。创新意识是指人们根据社会和个体生活发展的需要，引起创造前所未有的事物或观念的动机，并在创造活动中表现出的意向、愿望和设想。它是人类意识活动中的一种积极的、富有成果性的表现形式，是人们进行创造活动的出发点和内在动力，是创造性思维和创造力的前提。

创新思维是人类思维的最高表现。在思维的类别中，与常规性思维相对，创新思维是指以新颖独创的方法解决问题的思维过程。这种思维不仅能揭示客观事物的本质及规律，而且，在创新思维的驱动下，人类的物质文明和精神文明将会极大程度地提高。不过，在进行创新过程中只有在正确认识自己的前提下才能建立起创新思维理念，进而产生创新的行为。

创新能力有广义和狭义之分：广义的创新能力包括创新意识、创新思维、创新成果等；狭义的创新能力，就是指基于创新意识和创新思维基础上，运用各种信息进行创新活动。创新能力与创造者的个性、团队精神息息相关。

任何创新都带有创造者的个性特征，因此大学生个性发展有利于创新。个性的实现实质上就是一种冒险，因为否定人们习惯了的旧思想，所以个性可能会遭致公众的反对。没有冒险精神就难以去挑战现有的权威、习惯，难以使个性变为现实。个性的发挥也是形成团队精神的基础。团队精神的形成，是基于尊重个人兴趣和成就，让每一个成员都拥有特长，表现特长，创造成果。

现代科学的发展已经让任何一个人都无法在其一生当中涉足各个方面的科学技术，而创新恰恰需要不同学科的交叉与融合。这就要求学生要学会和别人协同合作，无论在学习中还是工作中都要发扬团队精神，提高团队的工作成效。创新成果就是创新主体综合运用各项要素进行创新活动的成果。对于社会而言，创新最后的贡献就是要看创新成果。

1.3.2　大学生创新实践能力培养的特点

（1）大学生创新培养主体的阶段性

从理论上来讲，创新可以发生在人的一生中任何一个时间，创新的培养也可以在任何时间孕育人的创新思维。但必须清楚，不同时间的人有不同的特点，他们处在不同的环境下，因此创新培养的内容也不同。比如在幼儿园时期、小学时期、中学时期、大学时期、研究生时期、工作后，不同时期的条件不同，任务要求不同，因此创新培养的内容大相径庭。比如，在高校大学生创新培养的重要内容是创新意识、创新思维和创新能力的培养，而创新意识和创新思维的培养尤为重要。

大学生处在知识和能力的全面累积阶段，处于创新思维的形成阶段，实践机会少，学习时间有限。因此，对大学生的创新培养要针对这一特点，着重针对创新意识和创新思维的培养，适度重视创新能力和创新成果。只有创新意识和创新思维培养好了，创新这棵树苗才能茁壮成长，毕业后的创新能力才能在实践中不断提高，创新成果才能源源不断地涌现。

（2）大学生创新培养的系统性

创新培养的主体是创新教育的根本。因此，必须提高创新主体进行创新活动时所需要的基础素质。创新培养需要授予创新的主体，授予创新主体的创新素质越高，创新培养的效果就越明显。创新需要一个环境，其中包括硬件和软件。创新所需要的实验条件越丰富，创新培养的成果就越好；创新需要的软件越有优势，创新培养的效果就越明显。总之，创新培养是一项系统工程，需要进行系统协调才能取得良好的效果，需要大学生本人、学校和社会的通力配合。

（3）大学生创新培养的授予主体多元化

创新实践能力培养需要有良好创新能力的授予主体。授予主体的多元化是创新随时随地可能发生的必然要求，也是创新综合作用结果的必然体现。创新没有必然的公式，但其具有很强的偶然性、即时性。因此，提高创新培养的能力有赖于社会各个主体。

对于大学生，创新实践能力培养中最主要的授予主体是老师，他们承担了大学生教育的重要内容，他们的教学培养占用了大学生大量的时间，因此教师是大学生创新实践能力培养授予的最主要主体。企事业单位也可能成为创新实践能力培养的授予主体。学生在大学期间，可以利用课程实习和假期实践参与社会活动，他们在实践中发现问题、不断地探索创新，在这个过程中，实习单位自然就成了创新实践能力培养授予的主体。同时，学生家庭成员、朋友也可能成为创新实践能力培养授予的主体。

1.3.3　我国大学生科技创新水平急需提高

多年来，在应试教育体制下，高校教育都是教师教、学生学的模式，学生基本是被动地接受教师的观点，学习方法基本是记忆和模仿，而不是真正的理解。每一个问题只有唯一的正确答案，使得学生普遍重视书面知识，轻视实践、探索；重视考试成绩，忽视整体素质的提高。从小学到中学以至于到大学，这种做法是导致学生创新实践能力低的主要因素。

大学生创新实践能力较低主要表现在以下几个方面：一是缺乏创新意识和创新激情。许多大学生虽然是不满足于现状，但往往只是满腹牢骚，缺乏行动的信心和决心。二是缺乏创新的毅力。创新需要坚强的毅力，虽然有些大学生也能认识到毅力在创新活动中的重要性，但在实际工作中往往虎头蛇尾、见异思迁。三是缺乏创新的兴趣，现在大学生的兴趣广泛，但往往随着时间、环境、心情而经常变化，缺乏深度和广度。四是缺乏创新所需的观察力。在观察的速度和广度、观察的整体性和概括性、观察的敏锐性和深刻性、观察的计划性和灵活性等方面，大学生普遍存在着不足。五是缺乏创新性思维能力。有些人也想创新，但不知道如何去创新，他们在逻辑思维能力、联想思维能力、发散思维能力、逆向思维能力等方面都还比较稚嫩，需要加强培养和锻炼。尽管如此，大学生仍具有巨大的创新潜能，只要采取适当的方式、方法去启发，他们的创新能力是可以大幅提高的。相反，如果不进行创新教育，大学生的创新潜能很可能萎缩以至消失掉。

科技创新能力的形成是一个过程，需要一定的环境。科技创新能力的培养靠内因和外因相结合，外有环境建设，内有思维修炼，经过相对长的一段时间积淀，才能将创新能力展现出来，发挥巨大得潜力。

先说说内因：对于个人而言，科技创新能力的培养就是创新思维、创造力的培养，是思维的一种智力品质，是在客观需要的驱动和伦理规范的要求下，在已有经验和感性认识、理性认识，以及新获取的信息的基础上，统摄各种智力因素与非智力因素，利用大脑的有意识的悟性思维能力，在解决问题的过程中，通过思维的敏捷转换和灵活选择，突破和重新建构已有的知识、经验和新获取的信息，以具有超前性和预测能力的新的认知模式把握事物发展的内在本质及规律，并进一步提出具有独特见解的具有主动性和独特性的复杂的思维过程。

创新思维的动力：客观需求，思维主体的好奇心；

创新思维的基础：已经储备的知识和经验，新获取的不断变化更新的信息；

创新思维的方式：综合运用各种思维能力、分析综合成果和方法，突破原有成果和方法，重新构建成果和方法；

创新思维的结果：提出新观点、新理论、新形象、新办法、新思路；

创新思维的要求：必须符合伦理规范。

创新意识是一种创造力的体现，创造力的第一个能力素质是想象力。伟大的科学家爱因斯坦给想象力极高的评价，他说：想象力比知识更重要。哲学家康德说人是借助于令人惊异的能力——想象力来创造文化的生物。著名的数学家笛卡儿说："我思故我在"。所以说，只有人类才拥有创造性思维。

创造力的第二个能力素质是联想力。联想行为是某种记忆、印象而引发的一种观念或心像的产生，包括类似、延伸、逆反、因果联想等。

创造力的第三个能力素质是变通力。变通力即以一种新视角、新方式、新方法去看一个问题。变通力对科学研究至关重要，有好的研究条件和长期的学术积累也可能无益于科学猜想或假说的孕生，反而与重大科学成果失之交臂。我们要培养自己足够的变通力，千万不要让知识和视野束缚了自己。活知识有利于新方式的理解和解决问题，死知识只能束缚学习者的思维，孔子说"学而不思则罔"

就是这个道理。我们知道经验常常可以帮助人，但同时又给人一种惯性思维。惯性思维是生物大脑机械束缚于原有经验。我们要培养摆脱惯性思维束缚的能力。

创造力的第四个能力素质是观察力。观察对科学研究和科技创新是非常重要的。不论是对平淡无奇的实物的观察，还是对偶然出现的实物的观察或者是对跨尺度现象的观察力，都是创造力必不可少的。

综上所述，创造能力不决定于知识量，而决定于知识的理解深度和组合交融。多种能力的交错融合，在灵活掌握知识的基础上，敢于去质疑，敢于去猜想，敢于去联想，用自己的眼睛去发现前人所没看到的东西，去想前人没有想过的事，只要有质疑就可能推倒一切权威定律，这样才能创造新事物、开创新时代。

科技创新能力的外因形成有赖于以下三个因素：

一种良好的文化环境。例如，有一种尊重知识、尊重人才的社会氛围，有热爱科学的社会风气，有百花齐放、百家争鸣、追求真理、实事求是的学术教养和规范等。如果没有一个良好的软环境，就很难形成科技创新能力生长的土壤。当前，世界各国都出现了一些科技诈骗、学术腐败的案例，尽管这类事在急功近利的风气下难以避免，但必须加以有效地扼制。

一个较强的基础条件。在科技创新的基础条件中，最重要的恐怕是教育体系。中国的传统教育体系偏重于知识传授，厚重有余，活力不足，在某种意义上不利于创造能力的形成。中国的教育在课程设置、教授方式、考评方式等方面均有诸多待兴待革之处。

一种有效的制度支持。国家对自主科技创新的制度支持应是全面而有效的。例如，有有效的项目评估和资金支持体系，有有利于自主创新的政府采购制度，有明智的产业政策，有合理的知识产权制度，有有利于科技创业的社会融资系统等。

如果人们自觉而明智地去创造有利于科技创新的环境，就能激发科技创新的社会潜能，就能缩减从科技创新到产业运用的时间进程。

1.3.4　大学生创新实践能力培养的主要途径

（1）影响大学生创新实践能力的三要素

按照当代人本教育的观点，“创造性”可以分为“特殊才能的创造性”和“自我实现的创造性”两种。前者是科学家、发明家、艺术家等特殊人物所表现出来的创造性，它可以产生出新的具有社会价值的事物。而后者是指开发的可能性，自我潜在能力在这一意义上的创造性，这是每个人都具有的，能激发出其自身特有个性活动的创造性，大学生的创新主要是这种意义上的创新。这是符合素质教育关于重视学生个性发展的原则要求，即不要求所有学生都按统一标准达到同一发展水平，而是使其在本身已有的发展范围内得到充分发展。如上课时，学生不拘泥于书上或老师所讲的结论，而是提出具有独到见解的观点和方法；做作业时，不是照抄现成答案，而是通过自己独立思考，提出新的与众不同的解题途径和方法等。这种在接受知识时像前人创造知识时那样去思考、去发现，在解决问题时努力提出有新意的甚至是创新的见解和方法的活动，是学生阶段创新的具体体现，是为特殊才能的创造性打基础。

当一个人在某一活动领域中的经验达到谙熟精深的程度时，他就有可能从后者过渡到前者。所以，创造力并不神秘，人人都有创新的潜力。对此教育家陶行知就有“人类社会处处是创造之地，天天是创造之时，人人是创造之人”的观点。那么人的创新能力由什么因素决定呢？这是我们培养大学生创新能力的前提。多年来人们从不同的方面进行了研究，得出了侧重各自学科的一些结论。创新能力主要是三个基本要素相互作用的结果，即创新欲望、科学素质和想象能力。创新欲望是创新的前提，也是创新的动力；科学素质是创新的基础，是创新的实现空间，没有科学素质，创新就可能失去现实性；想象能力是创新的潜力空间，它为创新开辟各种可能的前景，没有想象能力，墨守成规，就不可能有创新。

①创新欲望。

创新欲望来源于对事业的强烈追求，而这种追求又来源于强烈的创新意识，来源于对祖国、对人民和对生活的深切热爱。没有这种强烈的追求、强烈的意识，不可能产生持久的创新欲望。“两弹一星”的成功充分证明了这一点。在“两弹一星”研制过程中，国家比较穷，科研能力、技术水平也不高，但科技人员为了祖国的强大，人民生活的安定，不计较个人得失，埋头工作，克服了一个又一个困难，终于取得巨大胜利。杨振宁先生就曾对朱丽兰部长说：“现在美国都在研究我们的两弹一星在当时的艰苦条件下是怎样搞上去的。”这一点正是我们不同于其他国家之处，是民族精神和对先进文化的追求所决定的。当然我们不否认个人志趣的影响，这种个体的欲望与冲动，在一定程度上或在某个时期会驱使人们产生巨大的创造价值。从创新欲望的含义看，大学教育对创新欲望的激发，应着重培养好大学生以下三个品质：

思想政治品质。这决定了我们培养的学生今后发展方向和服务方向，这是现在大学德育教育和思想政治工作着重强调的内容。

科学道德品质。就是热爱科学、追求真理的进取精神。任何一次创新都不可能轻而易举，其中会遇到无数的艰难险阻，甚至会有牺牲。正如马克思所说："在科学的道路上是没有平坦大道可走的，只有在崎岖小路的攀登上不畏艰辛的人，才有可能达到光辉的顶点。"而勇于创新是进取精神最集中的表现。这就要求我们必须解放学生的思想，使学生要敢于向传统挑战，不迷信权威，不轻信已有的结论。

心理品质。这是个人在实践中表现出来的意志、兴趣、情感、性格、专注力等，创新活动需要充分发挥高度的创造力和主观能动性。要能主动地发挥创造力，必须有优良的心理品质作为基础，这是创新的内在动力和保证，对人们掌握科学创造的内在规律，充分发挥人们的积极性、创造性，提高科学研究效率有着重要意义。优良的个性心理品质表现为有高度的事业心，有持之以恒、百折不挠的意志和毅力，有广泛的兴趣和强烈的好奇心等。培养和形成良好的心理品质，是大学教育的重要任务。

在这三个品质中，高尚的科学道德品质和良好的个性心理品质是现在大学教育中所忽视或未引起重视的一面。

②科学素质。

科学素质来源于对合理知识体系的吸收、理解和运用。这里所说的合理知识体系包括一个专门领域的理论知识和实践知识，也包括这个领域内必要的专业知识和相应的社会知识，以形成一个人在这个领域从事创新活动所必需的知识结构。

联合国教科文组织在"学无止境"的报告中提出：人类学习有两种模式，一种是继承性或维持性学习模式。这种模式就是通过学习获得已有的知识、经验、观点、方法和原则，来提高解决当前已发生的问题的能力，即"学会"。另一种形式就是创新性学习或自主创新性学习模式，其特点在于通过学习提高一个人发现、吸收新知识、新信息和提出新问题的能力，以迎接和处理未来社会发生的日新月异的变化，即"会学"。学习固然有继承，但主要是为了创造新社会、创造新生活、创造新文化，这是一种可以带来变化，可以创新、重建和重新系统地阐述问题的学习。

现代社会知识更新的速度越来越快，我们不能指望也不可能教给学生终生不变的知识。所以，大学教育应在加强基本理论与基础知识教学的同时，突出学生学习能力、研究能力、表达能力和组织管理能力的培养，实现从“维持性学习”向“创新性学习”的转变。

学习能力不但指课本知识学习能力，还包括阅读学术著作和科技期刊的能力、检索数据库的能力、查阅计算机网络信息的能力及使用工具书的能力；研究能力包括观察能力、分析能力、实验能力、设计能力和动手能力；表达能力指的是语言文字表达能力、曲线图表的表达能力及数理计算的表达能力；而组织管理能力则包括计划能力、决断能力及指导管理能力。传统教育的不足之处就是轻视了这些能力的培养，这正是我们教育改革所面临的任务。

③想象能力。

想象力是通过对已有的知识或已有的形象进行加工制作，从而产生一种新的形象和新的假定知识。想象力引导人们开拓新的领域，探寻新的知识，是人的主观能动性高度集中的表现；想象不能凭空产生，需要丰富的知识和生活经验做基础，但想象又是超出已有知识的一种探索。想象能力来源于思想的活跃，来源于思想的主动性和探索精神，培养想象能力是培养创新能力的关键。大学教育要注重培养学生创新意识、创新精神，要为学生提供想象的空间，提供思想驰骋的天地，锻炼学生勤于思维的品质。

（2）大学生科技创新实践的途径

①科技创新实践的准备。

创新意识是科技创新活动的初始。只有有了创新的意愿，才能把握创新的机会，实施科技创新行为。创新精神、知识储备则是创新的基础。创新精神是科技创新活动的精神引领，而必要的知识储备为创新活动的开展打下坚实的基础。

科技创新实践培养人的主体意识，发挥人的主观能动性。参加科技创新活动，学生应当根据自身的需要和爱好，主动去探索。经过了科技创新活动后，学生们将能够成长得更快、变得更加独立。

挑战精神包括挑战自我、寻求创新，也包括在困难面前的精神态度。科技创新实践与书本知识有差距，很多实践较少的同学，无论学习多么优秀，起初参与实践创新时都往往感觉很困难。没有挑战自我的精神，是不可能在科技创新实践中取得进展的。

科技创新是校园生活的一部分，学生不仅需要在快乐中生活，更需要在快乐中实践。在真正投身于科技创新活动之前，一定要为自己卸下负担，做好充分的思想准备。当学生参与进来之后，往往会发现科技创新并不困难，实践与探索中充满了快乐，甚至还有一些意外的收获。

②科技创新实践的方式。

科技创新实践在教学工作中占有非常重要的地位，可以加强学生对理论知识的理解和掌握，培养学生的工程设计能力和实际动手能力。通过科技创新实践锻炼，可以提高学生运用专业知识分析实际问题、提出解决方案的能力，培养学生自主研学和科技创新能力。

大学生科技创新主要有以下四种方式。

a. 不同功能电路的组合：如普通电子温度计与语音电路组合构成语音交互的温度监测系统。

b. 现有技术解决实际问题：如有学生观察到刮风下雨天没关窗户时室内被淋湿的问题，提出一种用风力和湿度传感器检测风雨大小来实现自动关窗的装置。

c. 理论应用于实际：如手势识别技术应用于车载人机交互系统。

d. 产品功能完善和改进：如对普通数控电压源系统进行短路保护、过热保护等功能模块完善设计。

科技创新实践过程是大学阶段的重要经历，结果和体会大致可分为以下四种。

a. 运气好的，每一步都很顺利完成，整个过程很享受。

b. 遇到问题很多，想了许多办法，最后完成设计；整个过程虽然很辛苦，但是也体会到喜悦，收获了知识和解决问题的方法。

c. 遇到问题很多，想了许多办法，最后未完成设计。但是知道问题出在哪里，也找到了解决方法，因为时间不够或器件不全等原因没有做出来。虽然做得很辛苦，但是收获了知识和解决问题的方法。

d. 没有做出来，也不知道问题出在哪里，也不去想办法，感受苦闷、沮丧，甚至对专业失去兴趣和信心。

③科技创新实践设计过程。

科技创新设计必须根据应用的具体要求，考虑应用对象、技术指标、应用环境及对功耗、成本、体积、可靠性的要求等进行综合的考虑。设计通常基于单片机进行应用系统设计，包括硬件设计和软件设计。

应用系统设计通常采用软件和硬件分开设计的方法。其设计指导思想是在总体设计的过程中，根据任务的需求，提出系统的基本功能的技术要求，根据技术分析和经验，把功能的实现分配到硬件和软件两部分中，在此基础上分别进行硬件设计和软件设计。在设计过程中有可能发现有改进的地方，可以再对硬件和软件功能的分配进行调整。在硬件设计和软件设计分别实现后，进行整个系统的集成调试，如果出现问题，可以根据需要返回修改，直到系统功能在单片机完全实现为止。

在软件和硬件开发设计中，可以采用先设计硬件，后设计软件的方式，这是单片机应用系统开发过程中常用的方式。根据在总体方案设计中硬件、软件功能的划分，首先完成硬件设计。硬件设计的完成，为软件的设计制定出约束条件和有关规定。这种方式中，硬件系统是整个设计的重心，软件用来进行系统的支持，对硬件功能进行完善和补充。在单片机应用发展的历程中，由于有相当多的各个不同技术专业人士的参与，他们对本专业的知识推动了单片机应用的推广，因此"先硬件，后软件"的设计成为应用系统开发中非常实用的方式。这种方式也有其局限性，如果设计中发现问题，需要返回修改或重新设计。特别是硬件和软件功能的分配和开发者的经验水平有一定关系。因此，比较适用于系统规模小的应用系统开发。由于应用系统开发中，软件设计对硬件电路的依赖性很强，"先软件，后硬件"的方式在单片机应用系统的开发中很少使用。

"先硬件，后软件"的应用系统设计过程主要包括总体方案设计、硬件系统设计、软件系统设计、系统仿真调试和系统运行维护。设计过程列出的这 5 个部分不是孤立的，而是相互关联、相互依靠、相互制约的。

第2章 历史进程中重大科技创新

2.1 古代的科学技术创新

在漫长的历史中，人类在制造工具，进行生产劳动的过程中，做出了一系列有重大意义的技术发明，逐渐掌握了改造自然的技能，并有了对自然界的理解和认识。考古发现表明，原始时代第一个重要的技术创造是石器。在旧石器时代，原始人主要利用打制的方法把石块加工成薄片，制造出砍削器、石刀、石斧、石锯、石凿等工具。石器是原始人改造自然的最有力、用途最广泛的工具。

原始人在石器工具的制作过程中逐步摸索石头的性质，知道什么石头易于加工，怎样根据不同的用途确定加工的形状和方法，这是人类最初获得的经验知识。从利用砍削器发展到在其上装入木柄或骨柄制成石刀、石斧，这意味着人类除了在实际上利用了尖劈原理，同时也学会了利用杠杆原理。古人再把石刀的柄加长，就发展成长矛，将其投掷出去，又成了梭镖。在这个基础上，将梭镖与弓结合起来，便成了复合工具——弓箭。大约在距今一万年以前，人类进入了新石器时代，人们主要用磨制的方法加工石器，可以磨光较硬的石头，掌握在石器上钻孔，使石器的效率更高，类型更多，用途更广，功能也趋于专一。

原始时代另一项伟大的发明是火的利用和人工取火技术，如钻木取火或击石取火，它标志着人类已经在实践上把机械能转化为热能。人类学会了用火，从而也逐渐掌握了烧制陶器。制陶是人类最初的化工工艺，也是冶铜炼铁技术之母，它标志着人类第一次使用自然能源改变天然材料的性质，制造出第一种人工材料。人类在烧制陶器的过程中有很多机会接触金属矿石，并逐渐学会冶炼它们。青铜是人类历史上一项伟大发明，它是红铜和锡、铅的合金，也是金属冶铸史上最早的合金。青铜被发明后，立刻盛行起来，人类历史进入了新的阶段——青铜时代。

中国使用铜的历史年代久远。1939 年在河南省安阳出土了我国迄今发现的最大、最重的古代青铜器——司母戊鼎。根据考古发现，中国在商代已有用陨铁锻制成的铁刀，到公元前 5 世纪已能进行生铁铸造，使用了柔化退火制造可锻铸铁，并有了多管鼓风技术，还出现了世界上最早的炼钢术和淬火技术。

铁制工具的使用和生产技术的进步，促进了农业的发展和劳动生产率的提高，人类历史上出现第二次社会大分工。手工业在整个人类社会发展过程中的作用是重大的。它不仅为其他人类社会活动提供了所需要的技术，而且它自身成了人类智慧和生产经验与生长的源泉。

经过几百万年的漫长岁月，人类结束了蒙昧的原始时代，进入了有文字可考的文明时代。古埃及、古巴比伦、古印度和中国在公元前 4000 年至公元前 2000 年间相继出现，并都做出了开创性的贡献。继四大文明古国之后，在西方，古希腊和罗马人创造了奴隶制时代科学技术发展的顶峰。古希腊文明的一个重要特点是自然科学知识与哲学思想交织在一起，出现了自然科学的一种形态，即自然哲学。古希腊哲学家对世界本原、物质结构、数学、天文学和力学等都做出了巨大的贡献。在古希腊出现一位著名科学巨匠，名叫阿基米德，他提出了杠杆原理，还发明了提水螺旋。据说他为了鉴别工匠们给叙拉古王做的王冠是不是纯金的，发现了浮力定律。阿基米德留给后人一句家喻户晓的名言："给我一个支点，我就可以撬起地球。"

公元前 2 世纪中叶，来自亚平宁半岛的罗马人征服了古希腊，建立了罗马帝国。罗马时代在建筑、水利、公路建设等实用技术方面都有重大进展。罗马的大型工程包括数万里的宽广大路，多条从各地通往罗马的水道，可容纳四万观众的竞技场，以及林立于罗马广场的神殿、会堂、拱门、柱廊等，庞贝的第一座石造大剧院，帝国繁盛时期的凯旋门、记功柱、浴场、剧场等，都以其雄伟豪华，显示出罗马已达到古代欧洲建筑技术的高峰。

在人类历史上，封建社会科学技术的最高成就是由中国人创造的。中国是一个具有五千多年历史的文明古国，殷墟甲骨文的发现证明，至少公元前 1600 年，我国就有了文字。商朝是铜器文明的高峰。铁器的应用引起了整个技术基础的巨大变化，春秋战国时期陆续开凿兴建了一批水利工程，其中著名的有秦国的都江堰、郑国渠和楚国的芍陂工程。

都江堰建成以前，岷江水一出山口，流速骤增，常泛滥成灾。距今约 2250

年的秦昭王时期，李冰和他的儿子吸取前人的治水经验，兴建了一座著名的水利工程——都江堰。这项工程由鱼嘴、飞沙堰和宝瓶口三部分组成。鱼嘴是修建在江心的分水堤坝，把汹涌的岷江分隔成外江和内江，外江排洪，内江灌溉，飞沙堰起泄洪、排沙和调节水量的作用，宝瓶口控制进水流量。内江水经过宝瓶口流入川西平原灌溉农田。建成后，成都平原沃野千里，“水旱从人，不知饥馑，时无荒年，天下谓之‘天府’也”。直到今天，来自世界各地的水利专家都对它的巧妙设计惊叹不已。

进入封建社会后，中国的文化和科技有了新飞跃，有许多重要的技术发明出现了，特别是东汉和唐宋时期。中国古代科学家和工匠完成了著称于世的四大发明——造纸术、印刷术、火药、指南针，同时还有独特的制茶、制瓷和丝织等技术。这些发明对人类文明做出了巨大贡献。从明代到清初，我国有多项领先于世界的发明创造。明代初期，我国在航海技术上继续保持世界先进水平。郑和率领庞大舰队在近 30 年的时间里，先后七次抵达了亚洲和非洲的三十多个国家，表明了当时中国造船与航海技术的成就。这些先进技术包括航海时使用的罗盘、计程法、探深器、牵星板及航海图的绘制。

中国古代领先于世界的创造发明难以计数。英国剑桥大学生物化学家、科技史家李约瑟教授曾呕心沥血数十年，撰写了一部卷帙浩繁的《中国科学技术史》。在这套书中，他高度评价了中华民族对世界科学技术的贡献，英国资深记者坦普尔利用李约瑟收集的资料，在李约瑟的指导下，写出了《中国——发明与发现的国度》一书，书中列举了中国古代科技的“100 个世界第一”。其实，“100”只不过是一种引人注目的数字，作者想要说的乃是他认为最重要的发现：现代社会赖以建立的基础，有一半要依赖于中国的发明。

2.2 近代科学革命

2.2.1 向宗教权威挑战

中国的指南针、印刷术与火药大约在 12 世纪后陆续传入欧洲，这几项重大发明为欧洲资本主义生产方式的产生与发展提供了重要的技术手段。近代科学领域的革命性创新是以两个标志性的成就为起点的。一个是哥白尼的日心说，另一个是血液循环论。前者在对大宇宙——天体结构的解释上，把天地翻转过来，推翻了被宗教奉为神明的地心说；后者在对小宇宙——人体结构的解释上，冲破了神学所说的人体内部不会有循环运动的信条，使生理学、解剖学、医学等自然科学从神学中解放出来。

在哥白尼之前，古希腊天文学家托勒密建立的地心说统治欧洲达千年之久，直到 14 世纪仍主宰着天文学。地心说主张地球是太阳系的中心，地球不动，其他星体围绕地球运动。哥白尼通过分析行星运动的资料，发现每个行星都有自转、公转和轴的回旋运动。他设想，如果地球也是运动的，是否就可以使对天体运动的解释变得简单呢？按这个思路，哥白尼最后创立了日心说。

1543 年，比利时人维萨留斯出版了《人体构造》一书。维萨留斯在巴黎大学学医时就表现出富有创新精神的个性。他对学校医学教学的保守方法深为不满，竟在深夜里偷回绞刑架上犯人的尸体，进行解剖。这在宗教观念仍很盛行 16 世纪，是极其大胆的行为。因为“上帝厌恶流血”，所以人体解剖在欧洲许多国家是被禁止的。维萨留斯在担任教授之后，根据自己通过解剖进行观察研究的结果，指出了古希腊医学家盖伦学说的许多错误。他批判了盖伦所说的血液可以通过人的心脏中隔从右心室渗入左心室的错误结论。西班牙医生塞尔维特继承了维萨留斯关于血液的研究成果，创立了肺循环学说。由于这一大胆见解，他被宗教裁判所以异端罪逮捕，1553 年被判处火刑。1628 年英国医生哈维提出了血液大循环理论，血液循环理论最终完成。

近代科学革命也表现在科学研究方法的创新上，其标志是实验方法的出现。科学实验作为人认识自然的研究方法，在很多方面优于一般的观察和生产实践活动。随着自然科学同宗教神学、经院哲学的激烈斗争，一批哲学家、科学家极力提倡科学实验，使科学实验日益成为独立的社会实践方式，它不仅使近代自然知识有了特有的实践基础，也促进了科学形态的变化，出现了与古代实用科学、自然哲学不同的崭新的科学形态，即实验科学。

意大利科学家伽利略通过对物理现象研究，发现了被奉为权威的亚里士多德学说的许多错误。亚里士多德认为物体下落的速度正比于物体的重量，所以重物体要比轻物体降落得快。据记载，1589 年伽利略在比萨斜塔当着其他教授和学生面做了一个实验，推翻了亚里士多德的观点。伽利略还制成了天文望远镜，通过观测到的新事实，批驳了经院哲学的教条。经院哲学认为，球状天体是绝对完备的，太阳毫无瑕疵，宇宙只能有一个中心。伽利略却用观测事实宣布，太阳有黑子，月球表面有山谷，木星有四个卫星，犹如一个小太阳系。伽利略还创立了动力学，即关于运动物体的科学。他通过思想实验的方法，提出了物体在不受外力作用的条件下，其运动速度将保持不变，这就是惯性定律。在这之前，自亚里士多德以来，人们一直认为，物体只有在不断受到力的作用时才能运动。惯性定律则彻底否定了这个错误的观点。

伽利略作为近代实验科学的奠基人，不仅以自己的实验成果启示人们如何进行自然研究，而且告诫人们必须用实验去获得物理学的基本原理以及考核推理的结果，而不能盲目相信书本。特别是伽利略还把实验的观测同数学的演绎结合起来，而不是单纯依靠经验。伽利略的实验方法、研究方法和分析方法，深刻地影响了与他同代和后来的科学家们，他创立和倡导的实验方法成为后来科学研究的基本方法。

2.2.2　科学方法论创新

继伽利略之后，近代自然科学的集大成者和重要奠基人是英国科学家艾萨克·牛顿。1665 年，牛顿提出了广义二项式定理，并开始发展一套新的数学理论和方法，也就是后来为世人所熟知的微积分。1687 年，牛顿的划时代巨著《自然哲学的数学原理》一书出版。在该书中，牛顿系统阐述了三大运动定律和万有引力定律。

牛顿在科学方法论上的贡献同样巨大，他提出了一套研究事物的方法论体系，在牛顿《自然哲学的数学原理》一书中集中体现了以下几种科学方法。

实验—理论—应用的方法。牛顿在《自然哲学的数学原理》一书的序言中说："哲学的全部任务看来就在于从各种运动现象来研究各种自然之力，而后用这些方法论证其他的现象。"牛顿是从事实验和归纳材料的巨匠，也是将理论应用于天体、流体、引力等实际问题的能手。

分析—综合方法。分析是从整体到部分，综合是从部分到整体。牛顿在《自然哲学的数学原理》中说："在自然科学里，应该像在数学里一样，在研究困难的事物时，总是应当先用分析的方法，然后才用综合的方法，从结果到原因，从特殊原因到普道原因，一直论证到最普遍的原因为止，这就是分析的方法；而综合的方法则假定原因已找到，并且已经把它们定为原理，再用这些原理去解释由它们发生的现象，并证明这些解释的正确性。"

归纳—演绎方法。牛顿认为，从观察和实验出发，用归纳法去做出普通的结论，即得到概念和规律，然后用演绎法推演出种种推论，再通过实验加以检验、解释和预测，这些预言的大部分都在后来得到证实。同时归纳—演绎法与分析—综合法是相互结合的。

物理—数学方法。牛顿将物理学范围中的概念和定律都“尽量用数学演出”。爱因斯坦说：“牛顿第一个成功地找到了一个用公式清楚表述的基础，从这个基础出发，他用数学的思维，逻辑地、定量地演绎出范围很广的现象并且同经验相符合。”“只有微分定律的形式才能完全满足近代物理学家对因果性的要求，微分定律的明晰概念是牛顿最伟大的理性思维成就之一。”牛顿将他的书命名为《自然哲学的数学原理》正好说明这一点。

牛顿还在《自然哲学的数学原理》的第三篇“哲学中的推理法则”中提出了科学研究的四条法则，即简单性原理、因果性原理、普遍性原理、否证法原理。牛顿的方法论体系被爱因斯坦赞为“理论物理学领域中每一工作者的纲领”。这是指引着一代一代科学工作者前进的开放性纲领。

2.2.3 科学创新的世纪

近代自然科学以实验科学和力学为基础来解释自然，这无疑是一个进步。但整个18世纪，在牛顿力学和机械自然观的束缚下，自然科学几乎百年没有大的突破。18世纪下半叶以来，随着自然科学从经验领域进入理论领域，自然科学取得了一系列重大成就，在机械自然观的壁垒上打开了一个又一个缺口，热力学、光学、电磁学、化学、地质学、生物学等学科都取得了重大的突破，并大都进入到理论综合的阶段，新学说、新理论如雨后春笋，使19世纪成为名副其实的“科学创新的世纪”。

对于热现象的解释，热质说在18世纪一直占统治地位，即把热当成一种物质，认为热的传递是一种热物质转移的结果。1798年，英籍物理学家伦福德公布了他的机械功生热的实验。他最后形成这样一种思想：热是物质的一种运动形式，是粒子振动的宏观表现。1860年，能量守恒和相互转化定律最终建立。同时焦耳对热功当量的一系列精确测定及能量守恒的数学理论的建立，确认热是物质运动的一种形式，热质说被彻底否定。

在对燃烧现象的解释上，1723年德国医生施塔尔提出燃素说，他认为火是由无数细小而活泼的微粒构成的物质实体。这种火的微粒既能同其他元素结合而形成化合物，也能以游离方式存在。大量游离的火微粒聚集在一起就形成明显的火焰，由这种火微粒构成的火的元素就是“燃素”。19 世纪，法国科学家拉瓦锡推翻了“燃素说”，创建了氧化学说。

在对电与磁的认识上，长期以来，科学界普遍认为电和磁是两种截然不同的现象，电和磁不会有任何联系。19 世纪 20 年代，这种陈旧观念首先被丹麦物理学家奥斯特打破。1820 年，他报告了他的一些实验，表明电流具有磁效应，从而揭开了电磁学的序幕。英国科学家法拉第则实现了由磁到电的转换。1831 年，经过 10 年的努力，法拉第通过一系列实验展示了产生感应电流的科学原理。英国科学家麦克斯韦是电磁学的集大成者，他在总结法拉第等人的基础上，建立了电磁理论体系，成为物理学上的又一理论大综合。

19 世纪化学的突出成就是英国化学家道尔顿的原子说和俄国化学家门捷列夫发现的元素周期律。1803 年，道尔顿提出了原子论，标志着近代化学发展到新时期。

在天文学上，1755 年，康德出版《自然通史和天体论》一书，提出有关太阳系起源的星云说。康德认为：太阳系是由一团星云演变来的。这团星云由大小不等的固体微粒组成。引力最强的中心部分吸引的微粒最多，首先形成太阳。外面的微粒在太阳吸引下运动，这些绕太阳运转的微粒逐渐形成几个引力中心，最后凝聚成绕太阳运转的行星。康德的星云说发表后并没有引起人们的注意，直到法国科学家拉普拉斯也发表了自己的星云说后，人们才想起了康德的星云说。

在生物学领域，1838 ~ 1839 年，德国植物学家施莱登和动物学家施旺分别提出了植物和动物的细胞学说，阐述了关于生物有机体组成的重大发现。18 世纪中叶以前，受宗教神学和形而上学世界观的束缚，人们普遍认为物种是不变的。18 世纪中叶之后，随着地质学、比较解剖学、胚胎学的发展，生物物种是进化而来的思想才被人提出来。法国科学家布丰是进化论的先驱者之一，布丰认为，物种是可变的。生物变异的原因在于环境的变化，环境变了，生物会发生相应的变异，而这些变异会遗传给后代。法国科学家拉马克在对动物化石研究的基础上，认为今天的生物是由古代生物进化来的，并提出“用进废退”和“获得性遗传”的观点。1859 年，英国博物学家达尔文出版了《物种起源》一书。在这本书中，达尔文用大量而丰富的资料系统全面地阐述了他的进化论思想。达尔文进化论以自然选择为核心，第一次对整个生物界的发主、发展，做出了唯物的、规律性的解释，推翻了神创论等唯心主义及形而上学在生物学中的统治地位。恩格斯曾把细胞学说、能量守恒和转换定律、达尔文的进化论并誉为19世纪三大科学发现。

2.3 近代工业革命与重大创新

2.3.1 第一次工业革命中的技术创新

（1）纺纱织布技术的创新

18世纪在欧洲出现了工业革命，这场革命的号角是由纺织工具的发明而吹响的。在人类历史上，虽然早就有纺纱机和织布机，但均为简单木制的机械，以及用手工操作的纺纱、捻线、织布，技术进展缓慢。1733年，英国一位名叫约翰·凯伊的工人发明家打破了这种千年一贯制的纺织程序。他首先在织布机上进行了创新，发明了一种叫飞梭的织布工具。这项发明在当时大幅提高了工作效率，原来用手工运梭织布时，工人的两只手需不停地将梭子递过来送过去；有了飞梭，织工只要坐在机器前，用手一下一下地拉绳，就能带动梭子沿着滑槽滑动。随着飞梭的普及，织布的速度大幅加快，缺纱、等纱的情况出现了。这时，又出现了一位名叫詹姆斯·哈格里沃斯的发明家，他发明了一台可以同时纺8根纱的纺车。经过不断改进，1765年，哈格里沃斯的新发明——珍妮纺纱机诞生了，这项发明给纺纱业带来突破性的革命。

珍妮纺纱机还是由人力来驱使，用越来越多的纺锤会提高效率，但人的体力负担并没有减轻，体力的不支同样会影响到生产效率。这时，出现了一位名叫阿克莱特的人。阿克莱特原是一位理发师，由于工作原因，他的接触面甚广，在与一些工匠的接触中，他认识到社会对新式纺纱机的迫切需求。阿克莱特听说一位名叫海斯的工匠制作了水力纺纱车，于是请求帮助做一台。不久后，对纺织机械一窍不通的阿克莱特，摇身一变成了水力纺纱机的发明家，并于1769年，申请了水力纺纱机的专利。阿克莱特虽然不是真正意义上的发明家，其成果也不是他的原创，但按今天的标准他是一个好的创新家，他凭借自己的整合本领，有效地将有关发明与生产的各种要素组织起来，使之成为提高生产效率的工具。从1774年到1779年，另一位发明家克朗普顿用了5年时间，发明了走锭精纺机，这种纺机能使纺出的纱更细更结实，同时它的动力又结合了水力纺纱机的结构。1875年，英国人卡特莱特发明一种可以靠机械力推动的卧式自动织布机，使织布效率大幅提高，近代纺织工业技术体系从此建立。

（2）蒸汽机技术创新

随着生产规模的不断扩大，工具、装备逐渐大型化，这就出现了蒸汽机、卷扬机、碎矿机等大型工具机。苏格兰铁匠纽科门和他的徒弟，接受了巴本和萨弗里的思想，在物理学家胡克的指导下，于 1706 年研制成功了水泵用的气压式蒸汽机。这种蒸汽机由于能更好地应用于矿井排水工作，因此它一出现便被普遍采用。1711 年，纽科门建立了一家公司，专门生产这种蒸汽机。在当时的英国北部，许多较深而被水淹没的矿井，由于使用了纽科门蒸汽机，摆脱了濒临绝境之危。但是，纽科门的蒸汽机耗煤量大，效率低下，最初热效率不到 1%，也就是说，产生的 100 份热量，只有 1 份用来工作。所以只能用于矿山排水，还不能作为其他工业用动力。

1768 年，英国著名发明家瓦特，对蒸汽机做出了历史性的改进，发明了带单独冷凝器的蒸汽机，使蒸汽机的效率大幅提高。此后瓦特在蒸汽机上有过多项发明，比如，行星轮装置和离心调速器等，这些发明宣告了人类从此进入一个向自然索取更大动力的“蒸汽动力时代”。瓦特敢于不断地克服困难，促使一个个理想走向现实。瓦特一生再也没有离开过蒸汽机，直到 1819 年，他以 83 岁的高龄离开这个因他的发明已经变得很热闹的人世。

（3）金属材料及加工技术创新

公元 1500 年左右，高炉炼铁法已经在欧洲各国普及。到 16 世纪末，英国主要产木材的森林地区先后建成烧木材的高炉炼铁基地。结果到 17 世纪中叶，英国森林几乎被砍伐干净，用木材作燃料的炼铁业面临严重的“能源危机”。正在英国炼铁业快走上绝路的时候，人们发现了地下含有大量可作燃料的煤，可用煤来炼铁要先去硫。1709 年，英国的达比父子发明并完善了用无硫煤炼焦，然后用焦炭做燃料的技术，大大推动了炼铁业的发展。

生铁普及以后，人们又发现生铁也有很多缺点：生铁制品虽然坚硬、耐磨，但是很脆，且难以进一步加工。1740 年，英国人本杰明 · 亨茨曼发明了一种可以熔炼液体钢的方法，叫坩埚铸钢法。1783 年亨利 · 考特等人发明了搅钢法。1855 年，英国发明家亨利 · 贝塞麦发明了转炉。钢铁的冶炼只能保证得到制造工具所需要的原材料，要想用它们制出各种工具和零件，还需要对原料进行加工，其中第一步加工就是锻造。最早实用化的锻造设备是蒸汽锤。1878 年巴黎世博会上，法国施耐德公司制造了一台硕大无比的蒸汽锤，高 20m，仅铁砧就重达 320t。这是自古以来力气最大的“铁匠”，远远超过了“亚军”德国克虏伯公司 50t 的弗瑞兹汽锤。

在工业化初期，工具机都是工人用手工制作的，大小规格并没有统一标准，质量差异就更大了。更主要的问题是，这种制作机器的办法太慢，当社会需要大量机器时，工匠方式就显得不行了。钢铁技术出现后，木制机器逐渐被钢铁机器所取代，1794 年，莫兹利制造出第一台螺纹车床。这台车床便是现代车床的鼻祖。这是一台全金属车床，能够沿着两根平行导轨移动刀具座和尾座。导轨的导向面是三角形的，三主轴旋转时带动丝杆使刀具架横向移动。这是近代机床所具有的主要机构，用这种车床可以车制任意节距的精密金属螺丝。莫兹利的移动刀架，作为一种重要的技术思想，启发了整整一代机械发明家，他们通过移动原理，并以不同的形式把它运用于各自的机械加工中，于是水到渠成般地出现了刨床、铣床、钻床和磨床等各种机床的发明。由于工作母机——机床的出现，人类实现了用机器生产机器的梦想。

（4）蒸汽机车的发明与创新

18 世纪时，法国一位名叫居纽的技术军官，在一家兵工厂负责生产军用大炮。因为炮身由生铁铸成，特别笨重，一门大炮需要好几匹高头大马才能拉得动，于是居纽开始琢磨用蒸汽力来拉这种大炮。经过 6 年的努力，1769 年，居纽制成了他设想的蒸汽机车。这个新发明的车身很长，有很重的木制框架，框架前面支撑着一个特大的大锅炉，在锅炉下面生着煤火，用来将锅炉里面的水加热成蒸汽，由锅炉上的一根管子将蒸汽引入车前轮上方的两个汽缸里，蒸汽被送进这两个汽缸，推动活塞上下运动，再通过连杆和曲轴把活塞的运动传给装在车框架下面的前轮，操纵前轮转动前进。

促使蒸汽车向实用化迈进的是两位英国人。一位是特里维西古，一位是斯蒂芬森。特里维西古 1792 年发明了高压蒸汽动力机。1801 年，他制成了第一台蒸汽机车，不过那时还没有铁轨，只是在普通的路面上运行。后来人们偶然发现，车辆走在铺着铁条的道路上非常省力，这启发了人们来修筑铁路，铁轨就这样被发明了。1804 年，特里维西古又制造了一台庞大的蒸汽机车，但生铁铸成的铁轨承受不了这么大的压力，铁轨经常断裂，还不时发生脱轨的事故，特里维西古没有知难而进，放弃了自己的研制工作。有幸的是，英国又出现了一位发明家，它就是被后人誉为“火车之父”的工匠斯蒂芬森。

经过多年奋斗，1814 年，斯蒂芬森造出了一台名为“布卢彻”号的蒸汽机车，用在矿山运煤。但是这台机车并没有受到多大欢迎，因为它放起汽来，发出的啸叫声尖厉刺耳，把附近的牲口吓得乱跑乱跳。加上一路上从烟筒口不断地向外喷火星、火花，也给当地的农作物和木制的房屋带来火灾的威胁。另外，它还不时地出点小故障，需要许多人来帮忙推动，使本来就不算快的机车行走得更慢了，速度远远不如马车。但斯蒂芬森一直坚持对其进行改进。

在发明蒸汽机车的事业上，斯蒂芬森之所以比他之前的研制者高明，就在于他对于决定蒸汽机车成功的因素上，比别人看得远，看得广泛。斯蒂芬森看到，要使蒸汽机车运转正常，还必须为它提供一种坚固合适的轨道。因此，他说服了一家钢铁厂的老板，进行制造新型铁轨的试验，不久，承受力更大的铸铁轨道诞生了。斯蒂芬森修筑了第一条铁路。这条从达林顿至斯达克顿的铁路，于 1825 年 9 月 27 日正式通车。第一辆在这条铁路上行驶的机车，就是斯蒂芬森设计制造的“旅行者号”。

自从 1840 年的鸦片战争之后，中国被迫打开了关闭多年的大门。伴随洋务运动的兴起，以及一些工矿企业在国内开始建立，我国开始主动引进西方的军事技术，仿制洋枪、洋炮。之后，洋务派又谨慎考虑应用采矿、冶金等近代技术。在中国铁路交通发展史上，也记载着许多中国发明家的辉煌业绩。我国铁路工程师詹天佑就是其中的代表。詹天佑于 1895 年从美国耶鲁大学铁路建造专业毕业后毅然回到了祖国。回国后，他进入中国铁路公司任工程师。这之后，他开始展现了自己的才华，其中最突出的业绩就是修建了北京至张家口铁路。京张铁路全长二百多千米，要经过居庸关、八达岭这几座高山峻岭，还要架设不少桥梁，当时外国人认为没有他们，中国人是建不成这条铁路的。詹天佑并没有被外国人的退出吓倒，他从亲自勘察路线开始，找到了一条最经济的路线，比外国人原来提出的线路要少建两千多米的隧道。修路最困难的地方就是一些高坡地段，詹天佑利用斜面原理，沿着山腰设计出“之”字形的路面，减少了坡度，并巧妙地为列车配备了一头一尾两台蒸汽机车，一台机车在前面拉，一台机车在后面推。这样一拉一推就保证了列车可以爬上坡度较陡的地段。京张铁路于 1905 年 9 月动工，1909 年 8 月通车，这一全部由中国人自己取得的成就，使全世界震惊。

2.3.2　第二次工业革命中的技术创新

18 世纪，蒸汽机等的发明，标志着人类历史上第一次工业革命。19 世纪，以内燃机、电力、照明和电信为标志，出现了第二次工业革命。这些变革改变了整个世界的面貌，奠定了今天的文明。

（1）内燃机技术创新

蒸汽机随着不断被运用，许多缺点也明显地暴露出来，已不能满足人们生产和生活的需要了。比如，由于必须有锅炉，蒸汽机必然庞大而笨重；燃料燃烧产生的热能要传给蒸汽，再转化成机械能，效率很低。蒸汽机的缺点跟锅炉与汽缸分离有关，也就是说，跟在汽缸外部的燃料方式有关。早在蒸汽机发明的同时，就有人设想，把外燃改作内燃，即不用蒸汽做工作介质，利用燃烧后的烟气直接推动活塞运动，把锅炉和汽缸合并起来。

早在 1618 年，荷兰物理学家惠更斯就提出利用火药的爆炸来推动活塞做功的设想，但他一直没有能将这个头脑中的想法变成现实。一百多年过去了，1794 年，英国人斯垂特向世人提出了一种采用燃料与空气混合的内燃机方案。但是斯垂特设想的燃料还不是汽油，而是松节油，他也没有造出这台机器来。当时人们对内燃机的工作原理的研究相当少，还没有找到提高效率的途径。历史上最先提出热机的热效率问题，并认真做了研究的人是法国的工程师卡诺。他提出了著名的卡诺循环和卡诺定理。到 19 世纪中叶，由于实践的需要，卡诺工作的重要性才开始被人们认识到。 1845 年，英国著名物理学家焦耳总结出热力学第一定律，即能量转化和守恒定律。

1851 年，德国物理学家克劳修斯和英国物理学家开尔文各自提出对热机效率具有普遍意义的热力学第二定律。1862 年，法国铁路工程师德罗夏在前人理论的基础上，提出了著名的四冲程理论。

热力学及内燃机理论的建立，为内燃机的发明创造了条件，首先制成四冲程内燃机的发明家是一名德国人，名叫奥托。1876 年，奥托制成了世界上第一台四冲程往复活塞式内燃机。由此，人们通常把内燃机的发明归功于他，把他称为“内燃机之父”。1883 年，德国机械师迈巴赫和戴姆勒分别制成了四冲程往复式汽油机。1886 年 1 月 29 日，本茨发明了世界上第一辆三轮汽车，获得了汽车制造专利权。 一位名叫狄塞尔的德国工程师，1890 年开始也从事新兴的内燃机的研制中，申请了柴油机专利。1893 年年底，狄塞尔的第一台样机制成，但在第一次试验中就失败了。5 年之后的 1897 年，世界上第一台压缩燃烧柴油的新型发动机——压燃式柴油机，终于成功运转起来。

（2）电动力与照明技术的创新

除内燃机发明外，第二次工业革命的重大创新还包括电力的发明和电照明。英国科学家法拉第在创立电磁感应理论的同时，也提出了发电机的原理，但他只是研制出模型，并没有完成制造出实用发电机。1832 年，法国人皮克西利用马蹄形永久磁铁线圈，制成了第一台手摇磁石发电机，并设计了能把发出的交流电变成直流电的整流器。从 1840 年至 1865 年间，已经有许多庞大笨重的永久磁铁发电机在运转，它们采用蒸汽机做原动机。由于发电机所采用的永久磁铁的磁场强度太弱，再加上高导磁率的硅钢片还没有发明出来，在结构上也有不少问题，因此难以进一步提高它们的输出功率。发电机更多地作为摆设或一种科学玩具。整个 19 世纪上半叶，人们主要依赖于各种化学电源，如蓄电池等，但是这些电源造价昂贵，应用极不普遍。

直到 1866 年，一位英国工程师怀特发明了使用电磁铁的发电机。为了给电磁铁的线圈供电，怀特专门设计了一个永磁体发电机。德国工程师西门子发明了一种新式电机，这种发动机发出的电可以作为它自身电磁铁的电源，不仅使发电机的结构大幅简化，而且可以把机械能高效率地转化为强大的电能。继西门子之后，发明家们又做了一系列的创新，19 世纪 70 年代，直流发电技术已经较为完善，从此，电力成为得以广泛应用的能源和动力，人类文明进入了以电气化为标志的新时代。

西门子于 1879 年的柏林世界科技博览会上，第一次向世人演示了用电拖动的小型机车，他自己亲自驾驶这辆小型电力机车进行了表演，车上乘坐了 18 个人。该机车电源不再是电池，而是外部 150 V 直流发动机，通过两轨道中间绝缘的第三轨向机车输电，这是电力机车首次成功的试验。就在这一年，西门子设计的世界上第一条电气化铁路在德国柏林建成。铁路长约 600m，有 3 根铁轨，其中有一根专门用来为电力机车输送电力。1885 年，西门子公司在法兰克福到奥芬巴赫之间修建了长 6 km 的电气化铁路，首次采用高架电线来输送电流。

人类对电的每一个新用处的挖掘，几乎都导致一场伟大的技术革命，除在交通和通信领域中应用外，电被用来照明，使人类告别油灯和煤气灯。用电来照明的设想早在 19 世纪初就有。英国科学家戴维首先用伏打电堆产生电弧，并发明了弧光灯，开创了电照明的历史。弧光灯由于太刺眼，不适合家用照明，于是人们开始进行白炽灯的研究。通过电流把灯丝加热，使灯丝发光，达到白炽状态。

理论上讲，这个设想在技术原理上是可行的，然而却找不到耐用的灯丝材料，因为一般的材料通电后，还没有达到白炽状态时就已经熔化了。寻找能满足条件的材料并不容易，当时人们知道用白金丝效果比较好，但白金太贵，不可能大规模商业化应用。1860 年，英国化学家斯旺开始进行白炽灯的研究，经不断探索，到 1878 年，他终于用碳丝做灯丝制成了可以实际应用的真空白炽灯，但遗憾的是，其寿命仍然很短。真正实用的电灯是由美国著名发明家爱迪生研制的。

1876 年，爱迪生建立了美国第一个工业研究基地，也就是爱迪生发明工厂。爱迪生改进了当时的电灯。为找到合适的灯丝材料，他做了一千六百多次耐热材料和六百多种植物纤维的试验。一次次的试验，一次次的失败，很多专家都认为电灯的前途黯淡。英国一些著名专家甚至讥讽爱迪生的研究是“毫无意义的”，是“在干一件蠢事”。一些记者也报道:“爱迪生的理想已成泡影。”面对失败，面对有些人的冷嘲热讽，爱迪生没有退却。在 1881 年的巴黎世界电气博览会上，爱迪生把蒸汽机和发电机直接连接发电，接通开关，可同时点亮 1000 盏电灯，这被认为是当时的一项奇迹。1882 年，爱迪生研究所在纽约制成了当时世界上容量最大的一部发电机——“巨汉”发电机，建立了世界上第一座直流发电厂，安装了 6 台每台能点燃 1500 个 15W 灯泡的发电机，建立了第一个民用照明系统。

为整个近代工业和电气文明注入了生命活力的另一位发明家是尼古拉 · 特斯拉，他发明了正弦交流电和供电系统。1888 年，特斯拉给美国电气工程师学会做了一个报告，提出了一种简明而又实用的新的科学技术原理，同时公布了他设计的第一台实用感应电动机的草图。由于这项科学原理的推广应用，整个技术界发生了一场名副其实的革命。由于有了特斯拉的感应电动机和供电系统，就可获得比直流电高得多的电压，就可以将电力输送到几百千米之外。

（3）电报与电话的技术创新

随着生产发展，贸易和军事等方面的需要，人们渴望有迅速地传递信息的办法。当电登上历史舞台的时候，人们看到了通信的曙光，最早想到用电传递信息的人是美国科学家亨利。1825 年，电磁铁被发明后，亨利就一直在研究这个有趣的电磁铁。由于他的基地与他家有一段距离，有事与妻子联系很不方便。他有了用电磁铁来进行信息沟通的想法。他从办公室到家里拉上两根电线，把电磁铁放在家里，办公室那一头接上电池和电键。当按下电键时，家里的电磁铁就有了吸力，把一个小铁锤吸动，去敲响一个铜铃。他和妻子编了一套通信密码。亨利发明了用电磁铁传递信息的办法，这就是原始的电报。但是，它只能传递一些简单的信息，不能传递大量的文字信息。

实用电报机的发明落在了美国人莫尔斯之手。莫尔斯是一位画家，他 41 岁时开始研究电报。他认为电报的关键是要找出一个传递字母的最佳方案。多年的绘画经历使他练就了很强的形象思维能力，他想出一个新办法：用点和线代表 26 个英文字母。莫尔斯放弃了收入优厚的作画订单，把自己的画室改为基地，日夜设计。1837 年，莫尔斯发明了用自己名字命名的电码编法，并最终制成了实用的电报机样机。

电报商业化后，很快占据了电信业的绝对统治地位，也成了科技界和工商界关注的焦点。但是电报的缺点也逐渐暴露出来。有没有一种方法弥补电报的缺陷又能快速传递信息呢？美国语音学家贝尔沿着这条思路走上的现代“有声的电报”——电话的发明之路。经过多年探索，1875 年 6 月 2 日，贝尔研制的电话取得成功。后来，电话又有了很多改进。1877 年，爱迪生发明了将声音永远“留住”的留声机。

电报和电话都离不开电线。铺设电线不仅麻烦，而且成本很高。况且在有些场合，如战场或海上，电线是无法架设的。于是，“如何去掉多余的电线？”这样的问题，不再被讥讽为痴人说梦，它已是一个现实而具体的技术目的了。1896 年，俄国人波波夫发明了世界上第一台无线电收报机。意大利人马可尼也加入无线电研制的行列。马可尼最初的设计方案比较简单。他从莫尔斯电报能传递点、横、空三种不同的信息符号得到启发。先把莫尔斯电码发射到空中，然后，在远处设置一个检波器，接收无线电信号，将电信号转译成电码符号，再把符号翻译成文字。马可尼的这个设想没有多少创新之处。但是，他巧妙地把两种已有的设备结合在一起，来完成一种新的传递方式，这本身就是一种了不起的发明创造。按这个设想，马可尼在自己家的小阁楼里制作了电磁波发射器和检波器，实现了用无线电来收发电报。1901 年，马可尼实现了无线电波信号飞跃大西洋的壮举，他将无线电信号从英国传到了北美。这次跨洋收发报距离达到 3200km。马可尼后来被人们称为“无线电之父”。

2.4 20世纪以来的科技创新

2.4.1 20 世纪以来的重大科学创新

（1）相对论创立

19 世纪末，许多科学家都认为，经典物理学的“大厦”已经竣工，后人只需做些修修补补的工作而已。人们在对这幢“大厦”赞叹的同时，又不得不承认在物理学晴朗的天空中还有两朵小小的令人不安的“乌云”。

1895 年，德国科学家伦琴在研究阴极射线的过程中，偶然发现了一种穿透力极强的射线。因为不知道这种射线的性质及产生的原因，因此命名为 X 射线。1896 年，法国科学家贝克勒尔和居里夫妇发现了放射性现象。1898 ~ 1902 年，居里夫妇又单独发现了钋，并提纯了镭等一些放射性元素。1897 年，英国科学家汤姆孙发现了电子。

上述三大发现都对经典物理学理论产生了极大冲击：发现比原子更小的电子，说明原子并非不可再分的最小实体。原子不可再分的观念由此也发生了根本动摇。

与 19 世纪末的物理学三大发现一样，那两朵“乌云”也预示着经典物理学存在危机，其中之一是迈克尔孙——莫雷实验。对于光的本质，存在粒子说和波动说两种观点。持波动说观点的人认为，光波需要振动的介质，于是科学家创造了“以太”这个概念，认为以太是传递光波的介质，以太充满整个空间且静止不动。但以太是不是真实存在的呢？从相对运动来看，地球相对太阳运动，以太是跟着运动还是向相反方向运动？ 1887 年 12 月，美国物理学家迈克尔孙和化学家莫雷利用光学干涉仪来测量“以太风”，结果他们没有测量到“以太风”。对这一结果，人们试图做出说明，但都难以自圆其说，这使许多持有光是以太波动观点的物理学家大失所望。

对这一问题的深入研究需要有革命性的突破，这就导致了相对论的诞生。1905 年的夏天，物理学家爱因斯坦完成了一篇名为《论动体的电动力学》的论文，这篇论文奠定了狭义相对论的基础。爱因斯坦在这篇论文中，批判了牛顿力学的超距作用观点，提出了狭义相对性原理和光速不变原理两个基本假设。指出绝对的时间和空间是不存在的，运动、时间和空间等都是相对的。在狭义相对论中，光的传播不需要以太，自然地解决了找不到“以太风”的难题。

1915 年，爱因斯坦又提出了广义相对论，这一理论为人类探索宇宙的奥秘提供了有力的工具。依据广义相对论，爱因斯坦又提出了有限无界的静态宇宙模型，开创了现代宇宙学理论的先河。1929 年，哈勃研究了河外星系的光谱红移现象，总结出星系离银河系愈远，谱线红移量愈大的规律。如果用多普勒效应来解释河外星系的谱线红移，可得到星系之间正在相互远离的结论，或者说宇宙正在膨胀。1948 年，美国物理学家伽莫夫等人在已有认识的基础上，提出了大爆炸宇宙模型。该模型由于得到河外星系谱线红移、氦元素丰度、微波背景辐射等观测事实的支持被认为是标准宇宙模型。但是，这种模型无法解释宇宙为什么那么均匀（视界问题）、那么平直（平直性问题）等问题，更不能解释零时刻宇宙起源问题。这些问题的解决似乎与宇宙最初 0.01s 中的行为有关。为了解决这些问题，20 世纪 80 年代起，物理学家在大爆炸宇宙模型的基础上，又创立了暴胀宇宙论和量子宇宙论。

（2）量子力学创立

19 世纪末还有一个未解难题与热辐射实验有关。热辐射是普遍的自然现象，物体在任何温度下都会以电磁波的形式向外辐射能量，其量值可以通过实验测定出来。由于黑体在受光照达到热平衡时将会把能量全部以热辐射的形式发送出去，黑体的热辐射要比相同温度下其他任何物体的热辐射都强，所以黑体是研究热辐射的理想模型。德国物理学家维恩发现，随着辐射温度的升高，辐射的峰值会向短波方向移动，即所谓的维恩位移定律。1896 年，他依据热力学，用半经验半理论的方法找到了一个公式，用以说明黑体辐射谱，发现这个公式在短波段同实验吻合，但在长波段却与实验不符。以后，英国物理学家瑞利根据经典统计物理学推出另一公式，它在长波段与实验符合，但在短波段则完全不能适用。这在当时被称为“紫外灾难”。

这一难题的解决导致了量子力学的诞生。量子力学由一系列的革命性理论构成，其中之一是量子论。它的提出者是德国物理学家普朗克。1897 年，普朗克开始研究黑体辐射问题，他发现只要认为能量交换时是“一份一份”进行的，就能避免“紫外灾难”，得到一个无论在短波段还是长波段都与黑体辐射实验吻合的新的公式。经典物理学认为，能量传输过程必定是连续的。而普朗克的研究结果与此相反，能量的交换是不连续的，是一份一份进行的，称为“能量子”。普朗克提出的能量子假说，曾一度受到冷落，只有爱因斯坦独具慧眼，于 1905 年把普朗克的能量子概念推广到光量子，提出了光量子假说。

1913 年，丹麦物理学家玻尔在原子有核模型的基础上，建立起量子化轨道的原子结构理论，提出了“玻尔原子模型”。1923 年，奥地利物理学家德布罗意受爱因斯坦光量子论的启发，提出电子具有波动性。1926 年，薛定谔把德布罗意物质波假说发展为系统的波动理论。海森堡则创建了矩阵力学，从另一侧面发展了量子力学。矩阵力学和波动力学后经证明是统一的，只是表现形式不同而已。量子力学揭示了微观物质世界的基本规律，使人们认识到波粒二象性是微观世界最基本的特征，同时推动了原子物理学的发展，对物质结构理论、电子的应用、化学、生物学的发展也产生了深刻的影响。

人们对微观物质结构的认识，在经历了原子结构和核结构之后，进入了对基本粒子的认识阶段。随着人们对微观粒子认识的深入，人们发现的微观粒子也越来越多，迄今已发现的粒子数已达三百多种。物理学家先后提出了多种关于粒子内部结构的模型。20 世纪 60 年代，美国物理学家盖尔曼提出了强子结构的夸克模型，标志着粒子物理学发展到一个新阶段。世纪之交的物理学革命不仅引起了物理观念的彻底变革，导致 20 世纪物理学的大发展，而且还引起了科学思想的变革。物理学的思想和方法被广泛应用于自然科学的各个领域，引起化学、生物学、天文学、地球科学等领域的革命性的变化。

粒子物理学、现代宇宙学、量子化学、分子生物学、系统科学等新学科的兴起，从微观粒子、宏观天体、宇宙及生命世界的各个方面，深刻揭示了自然界的本质和规律。现代自然科学正在形成一个多层次、综合性的科学体系。系统科学是第二次世界大战前后兴起的一门理论科学。系统科学以其特有的方法描绘了一幅崭新的世界图景，为人们从整体上分析与处理复杂性、系统性问题提供了有效方法，并带来人们科学观念和思维方式的革命性转变。

随着微观世界大门的打开，现代物理学、化学向生物学渗透，各种强有力的研究手段的运用，使生物学取得革命性的突破，主要标志是分子生物学的诞生。1953 年，沃森和克里克提出 DNA 双螺旋结构模型，被认为是这门科学诞生的标志。在这以后，人们又进一步搞清了核酸、蛋白质等生物大分子的结构，并揭示了遗传密码和核酸信息控制蛋白质特异结构的合成机制，由此建立了生物遗传信息的概念，为分子生物学的发展开辟了广阔的前景。分子生物学揭示了整个生物界在遗传物质和遗传信息上呈现出惊人的统一性，在分子水平上深化了人们对生命活动机制和生命本质的认识。以后，在分子生物 学基础上产生了基因工程，为进一步改变生物遗传性状与创造新物种开辟了光辉的前景。

2.4.2　20 世纪以来的重大技术创新

自 20 世纪 40 年代以来，在现代科学革命的基础上，出现了以原子能技术、电子计算机技术和空间技术为主体的技术革命。这场革命蔓延到 20 世纪 70 年代形成一个高潮，出现了以新技术发明及产业化为主题的世界范围的新科技革命，至今方兴未艾。这次革命以高技术和新产业发展为特征，出现了信息技术、新材料技术、新能源技术、激光技术、生物技术、空间技术、海洋技术等新的技术群及新产业，引起传统产业内容、形式的变化，也影响了社会的各个方面。

（1）原子能技术

1905 年，爱因斯坦创立了狭义相对论，他不仅建立了一个全新的时空观，而且提出了一个被誉为新时代标志的著名质能方程式公式。在传统的牛顿力学中，质量和能量是相互独立的，两者没有关系。而从这个方程可以看出，能量和质量是可以相互转化的，说明质量和能量是物质属性的不同方面。它反映出物质内部蕴藏着巨大的能量。

科学家用加速器产生的高能粒子作炮弹去轰击原子核。1932 年，一位名叫查德威克的英国科学家发现了原子核内的中子。中子不具有任何电性，所以不受原子核周围电子和核本身的影响，不要很高的能量就能打入原子核，引起核反应。于是科学家开始用中子来轰击原子核，在对铀原子轰击时候，发现了核裂变现象。1938 年，奥地利女物理学家梅特纳明确提出了“核裂变”。她用数学方法，把当时铀裂变的产物加在一起，发现裂变后的总质量比裂变前的铀质量要小，即铀的一些质量“消失”了。梅特纳认为“消失”的质量变成了能量，原子核裂变可以放出巨大的能量。这一分析结果，于 1939 年 2 月在国际著名期刊《自然》上发表。

核裂变的发现震惊了科学界，这意味着沉睡在大自然中的巨大能量可能会被释放出来。核裂变现象正好是在第二次世界大战的战火已经点燃的时候发现的。当时的人们都有一种紧迫感，甚至恐慌感。很显然，德国人很可能利用原子能制造出某种爆炸物。1941 年 12 月，美国罗斯福总统正式批准了全力以赴研制原子弹的计划，即曼哈顿工程。 曼哈顿工程是自然科学和工程技术史上的一次创举。它从 1941 年至 1949 年，共动员了 50 万人，其中有 15 万名科学家和工程师，耗资二十多亿美元，是人类有史以来第一次集体攻克科技难关，对后来人造卫星、登月计划等大科学项目有很大的帮助。

第二次世界大战之后，人们开始了和平利用原子能的历程。1954 年 6 月，苏联在奥布宁斯克首先建成了世界上第一座原子能发电站，它只有 5000kW 的发电功率，虽然这一功率并不很大，但它揭开了人类和平利用原子能的新纪元。

1915 年，美国化学家哈金斯提出一个惊人的论断。他说，氢原子核可以聚变为氦原子核，并释放出巨大的能量。当时尽管这一论断有很大的轰动性，但科学是讲求实证的，这一论断似乎很难被证实。所以，半个世纪以来逐渐被人们遗忘了。1945 年，原子弹爆炸成功，使人们寻找到产生数万度高温的途径，使核聚变的引发变成可能。1951 年 5 月，美国制成了以原子弹为点火装置的氢弹，但没有立即进行试验。直到 1952 年 11 月才在马绍尔群岛的一个名为比基尼的珊瑚岛进行首次试验。试验成功了，而所有不祥的预言也都应验了。人们已经成功地控制了核裂变所释放的能量为人类造福，那么，人们能否控制热核聚变反应所释放的更加巨大的能量呢？经过了十余年的努力，科学研究取得了很大的突破。1969 年，苏联科学家发明了一个非常新颖的装置，来解决反应堆抗高温的问题，这个装置叫托卡马克环形磁约束装置。我国磁约束核聚变探索也进入世界先进行列，所发明并建成的“中国环流器 1 号”，使其中的氘等离子体持续时间达 0.65s。1991 年 11 月，由欧洲 14 个国家组建的欧洲联合环形装置成功地进行了受控核聚变试验，在持续两秒的脉冲反应中获得了 1.7MW 的能量。这是受控热核聚变研究史上的一个里程碑。

（2）航空航天技术

人类很早就有插上双翅在天空飞翔的梦想。15 世纪意大利天才艺术家达·芬奇曾设计了一个复杂的扑翼机，其外形像一只燕子，有一双宽大的翅膀。整个机械用一个丁字形的支架支撑着，人趴在支架上用手拉动双翅。可惜的是，这一设计图当时并不为人知，直到几百年以后，有人才从他的画册中发现了这个天才设计。后来，人们又从风筝中得到启示，发明了滑翔机。最早研制滑翔机的人是英国的凯利。1849 年，他把滑翔机拉到一个山坡上，并请了一个 10 岁的小孩坐在吊舱里。滑翔机载着小孩从山坡上滑下来，慢慢地离开了地面，飘飞在空中。一直飞了好几米，这是人类第一次乘滑翔机上天。为了探索滑翔机的飞行性能，德国飞行家李林塔尔兄弟制造了一架很像蝙蝠的滑翔机，并轮流驾驶进行了两千多次试验试飞。李林塔尔兄弟的勇敢探索，付出的代价也是惨重的。在 1896 年的一次试飞中，由于控制失灵，滑翔机从高空摔到地面，哥哥奥图·李林塔尔因伤势过重而身亡，成了又一位为科学事业而献身的英雄。这位英雄对其从事的事业所表现出的气概是令人敬佩的，在临死前，他对弟弟说："我对自己的飞行试验没有后悔，飞行总要有人牺牲的。"他的这番朴实的话语激励了许多后来的飞行爱好者，其中就有现代飞机的发明人——美国的莱特兄弟。

1903 年 12 月 7 日，在美国北卡罗来纳州一片荒僻而寂静的海滩上，莱特兄弟驾驶的飞机，成功地飞上了天空。世界上第一架重于空气的飞行器——有动力、可操纵的飞机试飞成功了，这是一次前人所没有的，靠人操纵并带动力的飞行。1908 年，莱特兄弟的飞机已经能够飞行两个多小时了。它宣告：人类飞行时代的黎明来临了。

1928 年，科学家惠特尔提出，用燃气涡轮机的喷气去推动飞机，并提出了涡轮喷气发动机的设想。1937 年，第一台喷气发动机试制出来，但由于实际生产中许多材料问题得不到解决，直到 1941 年 5 月才装机试验成功。第一架使用喷气发动机飞行成功的是德国的 H-178 型机，设计者为著名的工程师奥海姆。这架飞机于 1939 年 8 月试飞成功，比制造出第一台喷气发动机的英国只晚了两年。

人类生存的世界实在是太大了，飞机可以上天，但仅是在大气层中飞。到宇宙中遨游，是人类自古以来的愿望。可是，飞向太空进入绕地球运动的太空轨道不是一件容易的事，如果还想摆脱地球的引力，成为太阳系的一颗行星，那就更是难上加难。1903 年，俄国科学家齐奥尔科夫斯基第一次把火箭原理和航天的概念建立在科学基础上。他大胆地提出，采用液体燃料作推进器的多级火箭，并建立人造地球卫星和近地轨道站的设想，科学地预言了人类到太空旅行的可能性。1926 年 3 月 16 日，美国人戈达德终于把人类第一枚用液氧和煤油作燃料的液体火箭送上了天空。这支火箭的液体燃料虽然仅燃烧了 2.5 min，推动火箭飞行了 68m，但戈达德非常了解它的意义。现代实用火箭技术是在德国实现的。德国人在 20 世纪 20 年代末期就开始研制液体燃料火箭，在 1933 年至 1936 年间，先后研制出了 A-1、A-2、A-3 型火箭。到了 1942 年，德国科学家在培内明德火箭研究所试验成功了可用于实战的世界上第一枚现代化火箭——A-4 型火箭。这就是后来著名的 V-2 导弹上所使用的火箭。有了火箭的推动，1957 年 10 月 4 日，苏联实现了将卫星发射到地球轨道的理想。1961 年 4 月 12 日，苏联宇航员加加林成为第一个进入太空的地球人。美国在发射卫星和载人航天的激烈竞争中都落在了苏联的后面，为了摆脱这种难堪的局面，美国制订了在10年内把人送上月球的计划，这项计划就是著名的阿波罗计划。

1969年7月16日，“阿波罗11号”飞船发射，7月21日，阿姆斯特朗和奥尔德林完成了人类首次登上月球的壮举。从此，在这宁静、无风、无云、无雨、无雪的月球世界，第一次印上了人类的足迹。当美国宇航员阿姆斯特朗从登月舱中走出，双脚踏上月球的时候，他激动地向全世界说了这样一句话：“对一个人来说，这是迈出了一小步，而对于全人类来说，则是伟大的一步！”

（3）电子计算机与互联网

人们认识了数的概念后，产生了计算之术，也逐渐形成了关于数的规律的学说——数学。除了人的手指外，石块、木块、绳结、鳄鱼爪等都曾经被当作计算的工具。春秋战国时代，中国人发明了世界上第一个人工计算器——算筹。宋朝时，中国人还发明了算盘。1620年，英国科学家冈特利用对数制作出世界上第一把计算尺。

1645年，法国人帕斯卡发明制成了机器加法机，1672年，德国的莱布尼茨在著名钟表匠的帮助下，终于制出一台乘法机。1822年，英国人巴贝吉做出了一台小型计算机样机，他把这种机器称为差分机。虽然它只是一种特地供制表人员使用的专用机，但是它能按照设计者的控制自动完成一连串的运算，这实际上是“程序设计”思想的萌芽。

1941年，一位名叫朱斯的德国人成功地研制出全继电器的机电式通用自动计算机Z–3。这是当时世界最先进的，也是第一台通用程序控制计算机。与朱斯同时还有一位专家也在埋头研制机电式计算机，他就是美国哈佛大学的应用数学系教授霍华德·艾肯。1944年5月，“马克1号”诞生。这台计算机在哈佛大学一直工作了15年。后来，艾肯又主持研制了“马克2号”计算机。

第二次世界大战期间的1943年，为了解决火力表的计算问题。美国陆军军械部下属的阿伯丁弹道基地找到了宾夕法尼亚大学摩尔机电学院的埃克特和莫齐利，请他们研制新的计算机。经过两年的努力，1945年，这台全电子管计算机诞生了，该计算机的全称是“电子数字积分机和计算机”（Electronic Numerical Integrator and Computer），英文简称ENIAC，中文译为“爱尼亚克”。

1948年，晶体管问世，这为日益复杂的电子设备带来了福音。晶体管使电子设备体积缩小、耗电减少、可靠性提高。然而电子元器件的这些变革，仍然满足不了电子工业迅速发展的需要。例如，飞机、导弹、卫星等复杂电子设备需要大量的晶体管和电阻、电容等元件，这就要求电路进一步向微型化发展。1952 年，美国雷达研究所的科学家达默提出了集成电路的思想。20 世纪 60 年代中期，人们发展了离子注入技术，可以将需要的杂质原子注入冷晶格里具有几何精确度的位置上。这样，在一片不超过小手指甲大小的单晶硅片上，就可以制成集成大量元件的集成电路。

1964 年 4 月 7 日，美国 IBM 公司推出了一台新型电子计算机——IBM360，它首次采用集成电路，从此使电子计算机进入到第三代。20 世纪 70 年代，大规模集成电路和超大规模集成电路出现，电子计算机进入了第四代。之后，最显著的特点是向微型化和巨型化发展。20 世纪 90 年代前后，研发人员开始向第五代电子计算机进军。

1957 年 10 月 4 日，苏联把第一颗人造卫星送上天。当时苏美正处在冷战阶段，苏联的技术进步对美国有巨大的威胁。美国决定成立一个直接由国防部长领导的新的战略研究开发机构——高级研究计划署（APRA），简称阿帕。阿帕的研究方向是：人造卫星、有关监测系统、战略导弹、宇宙空间站及月球基地。1958 年夏天，美国又专门成立了国家航空航天局，阿帕于是淡化与军方的关系，成为一个基础研究部门。新任署长鲁伊纳成立了一个行为科学项目组，由于阿帕信息处要协调军方与全国一些科研单位之间的关系，许多项目分成小组，交由几个大学做，各个课题组都需要计算机。可当时经费紧张，如果每个组都买一台价格上百万美元的计算机，太浪费资源了。阿帕的信息处处长泰勒决定把一些计算机连起来，做到资源共享。他聘请了麻省理工学院的奇才罗伯茨。罗伯茨上任后雷厉风行，到 1967 年 10 月，就拿出了建网计划。1969 年，在西海岸的 4 个节点间首先联网，它们是加州大学洛杉矶分校的网络测试中心、斯坦福研究院、加州大学桑塔芭芭拉分校和犹他大学。罗伯茨提出的计算机网络因为是为国防部高级研究计划署的项目服务的，因此叫阿帕网。

在阿帕网建立过程中，研究人员开发了许多独特的技术，奠定了现代计算机通信的基础。1960 年，美国兰德公司咨询公司的计算机专家提出了“分布式网络”的设想，它取消了中央控制中心，各个终端之间自己连接，数据在这种网中随便走什么路线都行，不会因为中央控制中心或分控制中心出故障，致使整个网络瘫痪，这是一种摧不垮的网络体系。加州大学洛杉矶分校的瑟夫博士创造出著名的TCP/IP协议。TCP是传输控制协议的英文简称，它是联网的不同型号的计算机共同遵循的标准，保证所有数据能完完全全地到达目的地。1977年7月，瑟夫等人将阿帕网与无线网、卫星网三网联在一起，一个有数据的信息包首先通过点对点的卫星网络跨过大西洋到达挪威，又经过海底电缆到伦敦，然后通过卫星网，连接阿帕网，传回南加州大学，行程十万多千米，没有丢失一点数据。

这之后，各种计算机网络在世界各地层出不穷，学校之间的、地区之间的、科研机构之间的，更不用说部门内部的了。到1989年7月，全世界大大小小的网络有650个之多，各个网络的相连主机数由1969年的4台，猛增至1982年的235台。从这一年开始，这650张网按TCP/IP协议连成了一张大网，慢慢组成了一个超级计算机联合国，这就是我们今天家喻户晓的因特网(internet)，又称国际互联网。

（4）生物工程技术

人类同自然打交道的同时，也时刻与另一类重要的对象打交道，那就是人自身。如果说生物学和医学的进步使人对自身奥秘的认识越来越全面、越来越深入的话，那么生物技术和医疗技术的进步正是人们自觉地利用已经取得的科学成果，并结合人的想象力、创造力和艰苦的探索，为人类丰富、发展和完善自身，同疾病做斗争的必然产物。特别是在生物工程领域，这种进步逐渐显示出巨大的价值。

从1960年开始，英国剑桥生物学家爱德华兹就开始研究人类卵子及体外受精技术，并于1969年在试管中培育出第一个胚胎。随后他与帕特里克·斯台普托合作，研究从女性的子宫中提取卵子的方法。1977年冬季的某天，爱德华兹成功地从一位名叫莱斯莉的妇女体内取出卵子。在他的基地，让卵子与约翰·布朗的精子在培养液中混合、受精，5天之后生成了5个胚囊，它们被植入莱斯莉的子宫。1978年7月25日晚11点47分，世界上第一个试管婴儿通过剖腹产诞生了。这个名字叫路易斯·布朗的婴儿健康而正常，以事实证明了人类胚胎学的一项重大突破。

在科学上，“克隆”指某一生物体的复制品。它的适用面很广，包括基因、微生物或细胞等。动物克隆的基本技术是细胞核移植——将一个胚胎的细胞核移入一个去核的卵细胞中，或者将一个体细胞的细胞核经培育移入一个去核的卵细胞中，由此获得的成体动物叫克隆动物。所以，克隆又有胚胎细胞克隆和体细胞克隆之分。1950 年，美国费城兰肯诺医学研究所的科学家罗伯特·布里格斯和同事托马斯·金开始用多细胞动物做核移植实验。他们选择了北美洲的一种豹蛙做实验，他们从豹蛙胚胎中取出一个细胞，用玻璃微针管取出其中的细胞核，再成功地将之注入去核的卵细胞中。两年后，两人完善了移植技术。在豹蛙的一系列实验中，40% 的重组卵发育成胚胎、蝌蚪和幼蛙，这是人类第一次培养出细胞核移植蛙，即克隆蛙。

最初的成功来自胚胎细胞的细胞核，下一个问题是：已经分化的体细胞是否也还保留了发育成胚胎的全能性呢？他们用不同种类的青蛙来做实验，但未获成功，也因此认为物种间的核移植具有局限性。两人于 1957 年得出结论：已经分化的细胞很难再发育成胚胎。1981 年，中国科学院水生生物研究所的科学家用成年鲫鱼的肾脏细胞克隆出一条鱼，证明成年鱼的体细胞也可去分化和再程序化，这是世界上第一例由体细胞核移植克隆的脊椎动物。这比用成年体细胞克隆出的多莉羊早了 15 年。由于种种原因，这一艰苦卓绝的研究鲜为人知，未引起学术界应有的重视。1996 年，世界第一例从成年动物细胞克隆出的哺乳动物绵羊多莉诞生。这个秘密直到 1997 年 2 月才向世人公布。苏格兰罗斯林研究所的几位科学家用从一只成年母羊乳房内取出的体细胞克隆出多莉羊。当克隆改变了人们对这个世界的认识时，一种新的技术——异种克隆闯进了人们的视野。

1953 年，沃森和克里克提出 DNA 双螺旋结构模型。为了研究真核细胞中基因的调控，先必须获得足够量的特定 DNA 片段。20 世纪 60 年代末，瑞士生物学家阿尔伯发现了一种能够切割 DNA 的酶，命名为 DNA 限制性内切酶。这一发现不仅推动了基因的基础研究，同时也为 DNA 重组技术提供了必要的工具，从而开辟了广泛的应用前景。1972 年美国斯坦福大学的生物化学家伯格首次将 不同的 DNA 片段连接起来，并且将重组的 DNA 分子有效地插入细菌的细胞之中，重组的 DNA 进行繁殖，产生了重组 DNA 的克隆，伯格成了基因工程技术的创始人，也因此获得了 1980 年的诺贝尔化学奖。

重组 DNA 技术或称基因工程，成为当代新产业革命的一个重要组成部分。研究转基因技术从转基因植物和转基因动物两个方面展开。1982 年，国际上首次报道了转基因“超级鼠”的诞生。转入大鼠的生长激素基因，使小鼠体亶为正常个体的两倍，因而被称为“超级小鼠”。1983 年，世界上第一例转基因植物——一种含有抗生素药类抗体的烟草在美国成功培植。当时有人惊叹：人类开始有了一双创造新生物的“上帝之手”。

自 1983 年首次获得转基因烟草、马铃薯以来，植物基因工程的研究和开发进展十分迅速。1993 年，世界上第一种转基因食品——转基因晚熟西红柿正式投放美国市场。这种西红柿耐存储的特性使其货架寿命大大延长。目前国际上获得转基因植株的植物已达 100 种以上，包括水稻、玉米、马铃薯等作物；棉花、大豆、油菜、亚麻、向日葵等经济作物；番茄、黄瓜、芥菜、甘蓝、花椰菜、胡萝卜、茄子、生菜、芹菜等蔬菜作物；苜蓿、白三叶草等牧草；苹果、核桃、李子、木瓜、甜瓜、草莓等水果；矮牵牛、菊花、香石竹、伽蓝菜等花卉。

转基因和克隆技术被认为是生物学革命的两件重要利器。科学家根据破译出的多个物种的基因组成果，协调使用转基因和克隆技术，培育出人类从来未敢想象的超级生物。这一方面给医疗、传统农业等多个领域带来曙光，另一方面又不能不让普通人担心：这次是不是真的打开了潘多拉盒子？有关这两种生物技术引起的伦理问题、法律问题等争论还将继续下去，这也再一次证明，今天的科技进步绝不仅仅涉及科技本身，必然要与社会方方面面联系到一起，科学技术与社会的协调发展已经被提到一个重要的高度来认识。

第3章　杭州电子科技大学科技创新育人体系研究

3.1　科技创新教育面临的挑战及现状

3.1.1　科技创新教育面临的挑战

随着信息技术的发展和"互联网+"技术的应用，新工科建设和工程专业认证，促使基于教育信息化的实践教学改革不断深化，需要不断更新教学资源和教学模式。传统的科技创新实践教学存在以下问题。

①现有实践教学与管理滞后于信息技术发展，实践教学模式单一、教学效率低下，难以适应新技术的发展需要。

②实践教学内容围绕理论知识点设立，很少超越书本，脱离工程实际，学生分析研究空间不足，不利于多学科交叉复合型人才培养需要。

③创新实践环境和资源开放共享机制滞后匮乏，忽视能力培养和达成，难以满足学生自主研学和创新实验设计的需求。

杭州电子科技大学作为一所以电子信息为特色的高等院校，肩负着为国家培养电子信息高层次人才的重任，必须面对信息技术日新月异带来的挑战，在实践教学模式和教学手段上进行探索与创新。本书以培养学生科技创新能力为目标，从课程改革入手，依托信息化技术，重构教学环境；通过构建"线上线下混合、课内课外融合、理论实践结合"的育人模式，结合开放共享网络课程教学、校企共建实践基地、动态更新实践项目库等资源建设，形成培养目标引领、育人模式配套、优质资源支撑的实践育人体系。

3.1.2　科技创新教育现状

21 世纪是电子信息的世纪，以集成电路发展为原动力，嵌入式系统、计算机技术、工业控制等信息技术领域蓬勃发展；作为这一领域的核心课程——科技创新系列课程，其地位和重要性也被推到了前所未有的高度，也对这一系列课程的教学内容提出了极大的挑战。然而，国内众多高校该系列课程教学内容难以适应信息技术的发展需要。

①人才培养成本增大，软硬件资源欠缺：随科技息技术不断向高频化和微型化发展，科技系统设计辅助仪器软硬件设备也朝着精密化和复杂化方向演变，成本骤然提高，高校在有限教育经费下只能购买一定数量的仪器设备。传统教学方式下，学生对高精度、高复杂度的软硬件接触机会有限，必须在教学方式上进行革新。

② MOOC (Massive Open Online Course) 等网络化教学模式的兴起，向传统课堂教学模式发起了挑战，各大高校都开始开放式网络教学的探索与研究。与之相对应的实践模式和手段也必须进行创新，虚拟仿真平台是基于互联网的实践教学、技术交流、共同研究和协同工作平台，能够与 MOOC 等网络化教学方式有机结合。

③在国防、军工、化工、能源等领域涉及高危或极端环境、不可及或不可逆操作、高成本、高消耗和大型系统中，学生鲜有机会进行系统检测、控制等工业自动化方面的项目设计，如何借助信息化技术进行远程设计或仿真设计已成为高校进行实践教学必不可少的选择。

本书围绕“实践教学理论研究”“创新型人才培养体系”“三元融合实践教学模式创建”“开放式虚拟仿真教学平台建设”“高阶性和创新性实验项目开发”五类实践教学资源进行建设。通过项目实施，能够提升学生的知识完整性和实践能力，工作方式的创新性，工作过程的协作性，培养具有较强实践创新能力的科技创新型人才，从而提高学生的职业选择性和就业竞争力，为人才培养探索新途径。同时，通过项目实施，以点带面，引领各地各校围绕教育现代化建设热点和难点问题，探索基于技术的教育教学融合创新，推动我省智慧教育上新台阶，支撑和引领教育现代化。

3.2 科技创新教育改革目标及举措

3.2.1 科技创新教育改革目标

杭州电子科技大学大学生科技创新教育研究依托学生科技社团建设进行实

施，科技创新教学紧跟学科发展、对接行业需求，以科技项目为载体、以任务和要求为驱动、以培养学生解决实际工程问题为目标，重构了适应新技术发展的创新人才培养体系。借助信息化技术，重构实践教学环境，以满足"高阶性、创新性、挑战度"实验教学和学生"泛在化"学习需要。

科技创新教育改革目标如图 3-1 所示，团队教师在"跟踪学科发展、对接行业需求"的育人理念指导下；以综合性科技项目为载体，教学紧跟学科前沿、对接行业需求、注重学科交叉融合；通过信息化实践教学资源建设，落实产出导向教学理念，推进创新型人才培养模式和机制改革。通过研究将进一步提升我校科技创新实践教学能力，更好地服务于省属高校本科学生的工程创新能力的培养目标。通过项目实施，以点带面，引领各地各校围绕教育现代化建设热点和难点问题，探索基于技术的教育教学融合创新，推动高新智慧教育上新台阶，支撑和引领教育现代化。

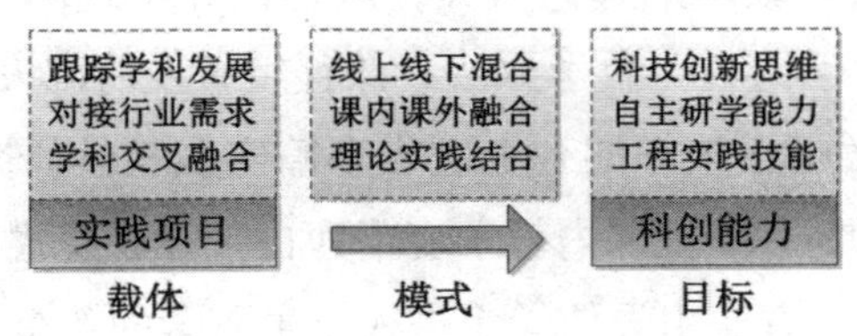

图3-1　大学生科技创新教育改革目标

（1）解决如何让信息技术深度融合，渗透到创新型人才培养实践教学环节

教学团队将积极探索将信息技术运用到实践教学的实施过程；通过在网络教学平台上开设科技创新系列课程，在虚拟仿真实验教学平台上开放共享实验教学项目等，满足学生随时获取课程教学资源的需要，实现了线上线下混合式教学；依托科技创新俱乐部、机器人俱乐部、无线电俱乐部等大学生科技创新育人基地，延伸了实践教学的时间和空间，实现了课内与课外实践环节的融合；通过组织学生积极参与国家、省、校以及院级等学科竞赛，参与国家、省、校以及院级等创新创业训练计划，使学生将掌握的理论知识更好地应用到创新实践中，实现了理论课程教学和实践教学的融合。

（2）实践教学与科学研究紧密结合，着力培养学生工程实践创新能力

针对传统实践教学的局限性，团队教师将跟踪学科发展，以培养多学科交叉复合型人才为出发点，结合科学研究和行业需求，精心设计系列"高阶性、创新性、挑战度"科技项目，并采用持续动态更新的模式完成实践项目库的建设，着

力培养学生的工程实践创新能力。

（3）开放式虚拟仿真教学平台助推实验教学改革，满足学生泛在学习需要

借助信息化技术，重构实践教学环节，通过建设飞行器隐身性能分析等虚拟实验平台，有效地拓展了教学的时空领域，学生可随时随地在线预约实验，开展项目设计、测试、研究等工作。同时，通过 3D 虚拟环境，让远程学习者有身临其境的体验，了解实验过程细节及实验结果，满足泛在学习需要。

3.2.2 科技创新教育改革举措

科技创新教育研究以学生需求为出发点，借助信息化技术，重构实践教学环境，建立适应新技术发展的科技创新实践教学体系，实施“线上线下混合、课内课外融合、理论实践结合”的实践育人教学模式。

（1）加强实践教学理论研究，培养自主研学能力

进行科技创新实践教学的理论研究，从理论和实践两个方面解决传统科技创新实践教学中“教学内容、教学方法、课程组织及时间安排”上存在的问题。2016 年以来，团队教师在核心期刊上发表多篇实践教学研究论文；基于理论研究，逐步实施“翻转课堂”，把课内教学变革为自主开放模式;通过工程项目分析、任务驱动、考核激励、方法引导使学生进入自主研学的各个场景，逐步培养学生的自主研学能力。

（2）建设适应新技术发展的创新型人才培养体系

对“创新性实验”“智能物联科创实训”“社会实践”等课程大力实施教学改革，优化课程内容，强化实践环节，理论与实践的融合;对体系的其他相关课程，如“数字系统课程设计”等也进行相应的课程教学内容调整，重构适应新技术发展的创新型人才培养体系；基于体系构架，培养学生扎实的理论基础，同时提升了工程实践创新能力。

（3）创建适应新技术发展的三元融合实践教学模式

以适应信息技术的发展需求，创建“线上自学与线下实践相混合、课内实验与课外实践环节相融合、理论课程教学和实践教学相互结合贯通”的三元融合实践教学模式。通过教学模式的实施，让学生提前进入理论与工程实际相结合的训练阶段，鼓励和帮助学生尽早进入基地完成自主性、创新性实验项目的设计，积极参加各种课外科技活动，培养学生的实践创新能力。

（4）建设满足泛在学习的开放式虚拟仿真教学平台

团队教师将以打造全方位开放式教学为宗旨，围绕如何拓展实验内涵、激发学生的学习兴趣、培养工程创新意识等问题开展虚拟仿真平台研究。虚拟仿真平台有效地解决了教学过程中时间、地域和安全因素等限制的现实问题；对于探索教学新模式、满足泛在学习具有重要而深远的意义。

（5）开发“两性一度”实验项目，着重培养学生的工程实践创新能力

结合科学研究和行业需求，团队教师将开发系列“高阶性、创新性、挑战度”实验项目，让学生运用已经掌握的理论知识，通过分析思考，高水平地完成实验要求。团队教师还将采用持续动态更新的模式完成实践项目库的建设，将企业工程实践创新项目、教育部协同育人项目和科研项目等应用于实践教学，学生将实践教学项目进行功能拓展后可用于创新创业训练，经传承培育后孵化为产学研合作项目。

3.2.3 科技创新教育改革特色

（1）基于工程实践创新能力培养，重构科技创新人才培养体系

以智能物联科创实训课程改革为切入点，优化课程内容，强化实践教学，将系列科技创新类课程授课时间进行提前；由点到面，重构适应新技术发展的人才培养体系；让学生提前进入理论与工程实际相结合的训练阶段，尽早进入基地完成自主性、创新性实验项目的设计，参加各种课外科技活动，参加国家、省、校以及院级的竞赛活动，参与国家、省、校以及院级的创新创业训练项目，提升培养学生的实践创新能力。

（2）创建了适应新技术发展的三元融合实践教学模式

为适应新技术的发展需求，依托各类网络教学平台、大学生科技创新育人基地、学科竞赛，创建了“线上自学与线下实践相混合、课内实验与课外实践环节相融合、理论课程教学和实践教学相互结合贯通”的实践教学模式，有效地延伸了实践教学的时间和空间，拓展了学生的视野，加强了学科之间的交叉融合，更新了工程型人才知识体系；以研发企业资助项目为载体、以项目驱动创新为机制、以校企协同考核为激励，系统化实现校企协同培养新模式，实践教学与行业应用无缝对接，满足学生工程实践创新能力培养的需要。

（3）建设了支撑实践教学模式的开放式虚拟仿真教学平台

为支撑教学模式实施，基于“资源开放与共享机制协调，硬件平台与软件资源协调、自主研学与质量监管协调”的理念，建设以国家级教学团队、国家级实践平台、国家规划教材与国家精品课程为标志的资源平台。以满足“高阶性、创新性、挑战度”实验教学和学生泛在化学习需要，建设开放式虚拟仿真教学平台，实现项目自主预约、智能考核、在线提交及批改实验报告、项目库开放共享等教学质量保障功能。

3.3 科技创新教育方法及能力培养

3.3.1 创新查询法

创新思维的训练离不开环境，集思广益是不断建立自身创新思维的一种好方法，如何对大家的想法进行查找收集呢？这里介绍一种方法供大家借鉴，这种方法可以用几个小工具来完成。下面我们分别介绍一下在创新思维查找时用到的小工具：

第一种：百度学术小工具

百度学术搜索是百度旗下的提供海量中英文文献检索的学术资源搜索平台，2014 年 6 月初上线。涵盖了各类学术期刊、会议论文，旨在为国内外学者提供最好的科研体验。

“世界很复杂，百度更懂你”，百度学术搜索可检索到收费和免费的学术论文，并通过时间筛选、标题、关键字、摘要、作者、出版物、文献类型、被引用次数等细化指标提高检索的精准性。百度学术搜索频道还是一个无广告的频道，页面简洁大方延续了百度搜索一贯的简单风格。

在百度搜索页面下，会针对用户搜索的学术内容，呈现出百度学术搜索提供的合适结果。用户可以选择查看学术论文的详细信息，也可以选择跳转至百度学术搜索页面查看更多相关论文，让用户自由选择。

在百度学术搜索中，用户还可以选择将搜索结果按照“相关性”“被引用频次”“发表时间”三个维度分别排序，以满足不同的需求。

有业内观察人士指出，随着中国科学技术的不断发展和教育水平的逐步提高，对专业性文献资料的需求也呈现出爆炸式的增长速度。任何一家文献网站都无法覆盖所有的文献资料，这就使用户在搜索过程中投入的时间、精力成本不断增加。百度学术搜索功能的推出，就像在各文献网站中架设起了错落有致的桥梁，使用户可以随意穿梭，最快找到自己需要的文献资料，极大地降低了搜索的成本；而对于专业学术网站，丰富的内容也找到了最大化的输出渠道。

百度学术搜索全面融合了互联网最优质的数据与应用内容，极大地提升了用户学术搜索体验，同时也促进了互联网大生态圈的良性发展。通过百度这一互联网第一入口对近 5 亿中国网民的全面覆盖，为学术型网站铺设服务普通大众的全新通道，在带给用户更卓越的服务体验的同时，也扩大了自身影响、促进了自身发展，同时百度学术搜索也为最终形成开放共赢、绿色健康、持续发展的学术分享新生态而努力。

利用百度学术搜索如图 3–2 所示，查找与你所要了解的关键字相关的期刊论文、学位论文和会议论文等。搜索到的结果如图 3–3 所示，并可以从发表时间、领域、期刊级别、获取方式、关键词、作者、期刊名称、机构等范围中进行精确搜索。

图3–2　百度学术搜索首页

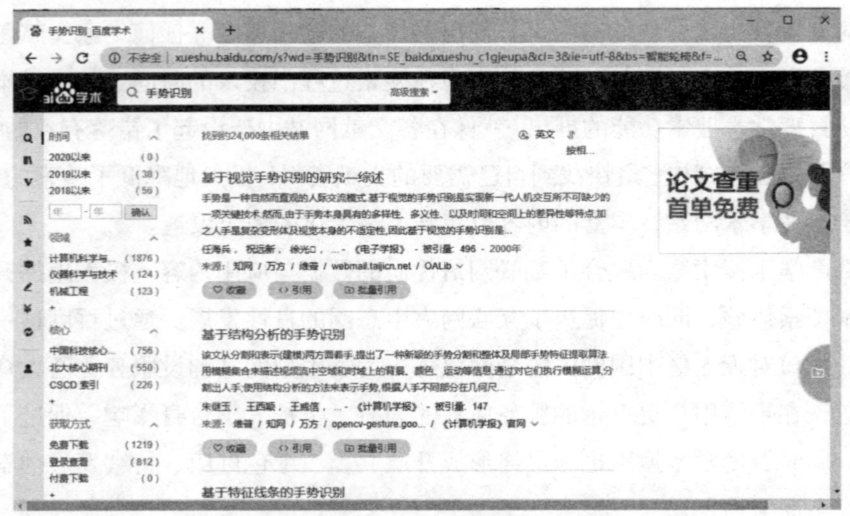

图3-3　百度学术搜索结果图

第二种：中国知网

知网的概念是国家知识基础设施（National Knowledge Infrastructure，NKI），由世界银行于 1998 年提出。CNKI 工程是以实现全社会知识资源传播共享与增值利用为目标的信息化建设项目，由清华大学、清华同方发起，始建于 1999 年 6 月。在党和国家领导以及教育部、中宣部、科技部、新闻出版总署、国家版权局、国家发改委的大力支持下，在全国学术界、教育界、出版界、图书情报界等社会各界的密切配合和清华大学的直接领导下，CNKI 工程集团经过多年努力，采用自主开发并具有国际领先水平的数字图书馆技术，建成了世界上全文信息量规模最大的“CNKI 数字图书馆”，并正式启动建设“中国知识资源总库”及 CNKI 网格资源共享平台，通过产业化运作，为全社会知识资源高效共享提供最丰富的知识信息资源和最有效的知识传播与数字化学习平台。

CNKI 工程的具体目标：一是大规模集成整合知识信息资源，整体提高资源的综合和增值利用价值；二是建设知识资源互联网传播扩散与增值服务平台，为全社会提供资源共享、数字化学习、知识创新信息化条件；三是建设知识资源的深度开发利用平台，为社会各方面提供知识管理与知识服务的信息化手段；四是为知识资源生产出版部门创造互联网出版发行的市场环境与商业机制，大力促进文化出版事业、产业的现代化建设与跨越式发展。

凭借优质的内容资源、领先的技术和专业的服务，中国知网在业界享有极高的声誉，在 2007 年，中国知网旗下的“中国学术期刊网络出版总库”获首届“中国出版政府奖”“中国博士学位论文全文数据库”“中国年鉴网络出版总库”获提名奖。这是中国出版领域的最高奖项。国家“十一五”重大网络出版工程——“中国学术文献网络出版总库”也于 2006 年通过新闻出版总署组织的鉴定验收。

通过与期刊界、出版界及各内容提供商达成合作，中国知网已经发展成集期刊杂志、博士论文、硕士论文、会议论文、报纸、工具书、年鉴、专利、标准、国学、海外文献资源为一体的、具有国际领先水平的网络出版平台。中心网站的日更新文献量达 5 万篇以上。

网站提供文献搜索、数字搜索、翻译助手、图形搜索、表格搜索等服务，搜索首页如图 3-4 所示。

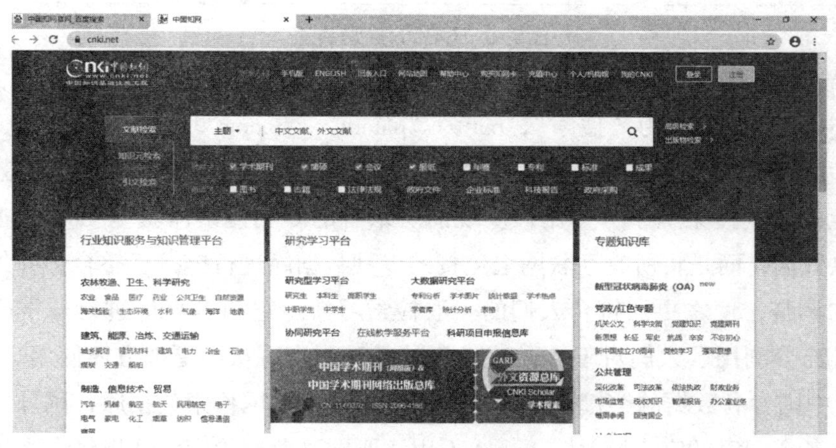

图3-4　中国知网搜索首页

第三种：CSDN

中国专业 IT 社区 CSDN (Chinese Software Developer Network) 创立于 1999 年，搜索首页如图 3-5 所示，致力于为中国软件开发者提供知识传播、在线学习、职业发展等全生命周期服务。包含原创博客、精品问答、职业培训、技术论坛、资源下载等产品服务，提供原创、优质、完整内容的专业 IT 技术开发社区。

旗下拥有：专业的中文 IT 技术社区：CSDN.NET；移动端开发者专属 APP：CSDN APP、CSDN 学院 APP；新媒体矩阵微信公众号：CSDN 资讯、程序人生、GitChat、CSDN 学院、AI 科技大本营、区块链大本营、CSDN 云计算、GitChat 精品课、人工智能头条、CSDN 企业招聘；IT 技术培训学习平台：CSDN 学院；技术知识移动社区：GitChat；人工智能新社区：TinyMind；权威 IT 技术内容平台：《程序员》+ GitChat；IT 人力资源服务：科锐福克斯；IT 技术管理者平台：CTO 俱乐部。

图3–5　CSDN搜索首页

第四种：专利查询网

Soopat 中的 Soo 为“搜索”，pat 为“patent”，Soopat 即“搜索专利”。正如其网站所宣称的那样，Soopat致力于做“专利信息获得的便捷化，努力创造最强大、最专业的专利搜索引擎，为用户实现前所未有的专利搜索体验”。Soopat 本身并不提供数据，而是将所有互联网上免费的专利数据库进行链接、整合，并加以人性化的调整，使之更加符合人们的一般检索习惯。它和 Google 进行非常高效的整合，充分利用了人们对于 Google 检索的熟悉程度，从而更加方便使用。例如，Soopat 中国专利数据的链接来自国家知识产权局互联网检索数据库，国外专利数据来自各个国家的官方网站。Soopat 不用注册即可免费检索，并提供全文浏览和下载，尤其对中国专利全文提供了免费打包下载功能，且速度极快，如果选择注册成为 Soopat 的会员，还可以选择保存检索历史并进行个性化的设定。Soopat 专利搜索首页如图 3–6 所示。

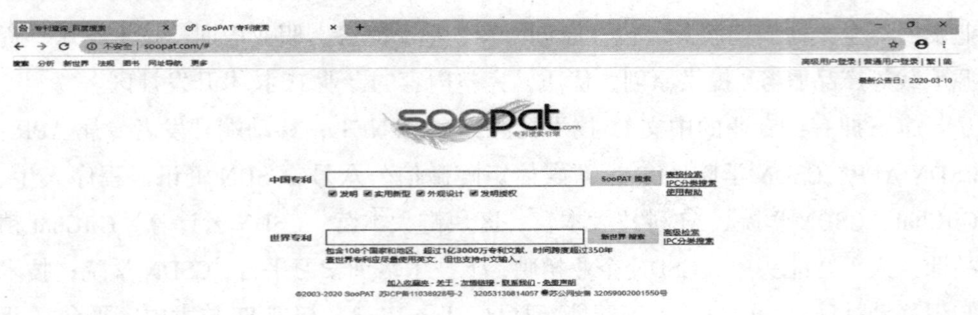

图3–6　Soopat专利搜索首页

第五种：词云

“词云”由词汇组成类似云的彩色图形。这个概念由美国西北大学新闻学副教授、新媒体专业主任里奇・戈登（Rich Gordon）于近日提出。戈登做过编辑、记者，曾担任迈阿密先驱报（Miami Herald）新媒体版的主任。他一直很关注网络内容发布的最新形式——那些只有互联网可以采用而报纸、广播、电视等其他媒体都望尘莫及的传播方式。通常，这些最新的、最适合网络的传播方式，也是最好的传播方式。因此,“词云”就是通过形成“关键词云层”或“关键词渲染”，对网络文本中出现频率较高的“关键词”形成视觉上的突出。

词云图过滤掉大量的文本信息，使浏览网页者只要一眼扫过文本就可以领略文本的主旨。在教育、文化、计算机软件等领域有着广泛的应用。

教育:词云在外语学习中有着开拓式的应用。在优秀的最新电子学习网站中，已经有使用人工智能方式辅助用户进行外语单词的学习。采用自动分析的方法，进行概率统计与分析后,提供给外语学习者相应的词汇表与词云图。教育工作者，可以利用 Wordle 工具，以加强学习。提供阅读整个信息的新重点，提供给学生，揭示关键概念并使用新的模式看到以前看不到的新颖材料，预计这种工具会得到广泛的应用。词云有可能成为最新的计算机辅助外语学习的新形式。

文化：在小说阅读中，词云图会提示关键词和主题索引。方便用户在互联网上快速阅读。在娱乐中，变幻莫测的词云图给用户提供了充分的想象空间和娱乐趣味。可以相互采用彩云图卡片进行教育与娱乐。也可以将这些词云图保存打印下来，或者印在 T 恤、明信片上，甚至是放到自己的网络相簿内，都是展现自己极佳的方式。

计算机软件：国外已经研究并开发了相应的软件 Wordle。Wordle 是一个用于从文本生成词云图而提供的游戏工具。词云图会更加突出话题并频繁地出现在源文本。可以调整不同的字体、布局和配色方案。用图像与 Wordle 创建喜欢的模式。可以打印出来与朋友一起欣赏。

3.3.2　检索查新综述

查新是选题的前提和基础，查新不仅是网络搜索、数据库检索或委托专业机构查新，还应该能查阅往届参赛和获奖作品，这些都是资格审查和专家评审的重要依据。查新的目的是培养学生在做科学研究时形成一种良好的习惯，增强规范性，并不鼓励花钱找专业机构简单出一个报告，专家在评审时并不看重专业机构报告，甚至有些反感。《科技查新规范》对查新作出了规范的定义："查新是科技查新的简称，是指查新机构根据查新委托人提供的需要查证其新颖性的科学技术内容，按照相关规范操作，并作出结论。"查新是对项目的新颖性作出结论。那么如何判断项目的新颖性呢？对于查新来说，项目是否存在新颖性的判断原则如下：相同排斥原则；单独对比原则；具体概念否定一般概念原则；突破传统原则。

查新有别于文献检索。文献检索针对具体课题的需要，仅提供文献线索和文献，对课题不进行分析和评价，侧重于对相关文献的查全率。

查新是文献检索和情报调研相结合的情报研究工作，它以文献为基础，以文献检索和情报调研为手段，以检出结果为依据，通过综合分析，对查新项目的新颖性进行情报学审查，写出有依据、有分析、有对比、有结论的查新报告。因此，查新有较严格的年限、范围和程序规定，有查全、查准尤其是查准率的严格要求，要求给出明确的结论，查新结论具有鉴证性。这些都是单纯的文献检索所不具备的。

查新有别于专家评审。专家评审主要是依据专家本人的专业知识、实践经验以及所了解的专业信息，对被评对象的创造性、先进性、新颖性、实用性等作出评价。评审专家丰富的专业理论知识、实践经验以及对事物的综合分析能力，是一般科技情报人员难以具备和无法代替的。查新和专家评审所依据的基础不同，评价的内容也是有差异的。信息机构所具有的丰富的文献信息资源和现代化检索系统，情报专业人员所具有的一定学术水平、较宽的知识面和丰富的文献情报工作经验等优势，也是评审专家难以取代查新机构的原因。

查新工作在科技研究开发、科研管理和国民经济建设中发挥着十分重要的作用。具体说来，表现在以下三个方面：

①为科研立项提供客观依据；

②为科技成果的鉴定、评估、验收、转化、奖励等提供客观依据；

③为进行研究开发提供可靠而丰富的信息。

3.3.3 创新启发立题

科技创新大赛活动目标是培养青少年的创新精神和实践能力。因此，一个优秀的参赛项目不但应该遵循青少年科技爱好者的认知规律，还应该是能够鼓励青少年首创和奇思妙想的。

从一定意义上来说，选题是科学研究中最重要的一环，是科学研究成功的起点，选题决定着后续研究工作的方向，也是研究者思考课题工作的意义和价值的过程。爱因斯坦曾经说过，“提出问题往往比解决问题更重要”。正确而又合适的选题，对参赛项目来说具有重要意义。选题不仅仅是给项目确定一个题目和简单地规定一个范围，选题的过程，是初步进行科学研究的过程。一个好的选题，需要经过多方思索、互相比较、反复推敲、精心策划。题目一经选定，也就表明作者头脑里已经大致形成了项目的轮廓。这是因为，在确定题目之前，作者总是先大量地接触、收集、整理和研究资料，从对资料的分析、选择中确定自己的研究方向，直到定下题目。选题可以决定项目的价值和效用。选题可以规划项目的研究方向，弥补知识储备不足。选题有利于提高青少年的研究能力。

科技创新大赛提出“三自”和“三性”的规则作为评审标准，其中“三自”是指：自己选题、自己设计和研究、自己制作和撰写。“三性”是指：科学性、创新性和实用性。就项目选题而言，首先要符合创新大赛的规则，即必须是由作者自己发现、提出、选择的，我们称为“自发性”，并且是以遵循科学性、创新性和实用性的原则为前提，同时还应适应青少年知识和技能，即选题还要遵循可行性。因此，选题要遵循“自发性、科学性、创新性、实用性、可行性”五个原则。

虽然掌握了选题的基本原则，青少年一旦进入具体的科研选题往往会觉得“题海茫茫”，自己依然无从下手，这恰恰说明科学探索的魅力，由第一次选题的不如意到如意的过程，某种意义上就是在培养青少年的创新能力。下面，介绍八种常见的选题方法，供大家参考。

问题扫描法——从别人的论文、著作中选题。

疑问猜想法——从怀疑、猜想中选题。

悬案借用法——从学术争论的焦点中选题。

需求感知法——从社会现实问题的难点中选题。

偶然发现法——抓住科学探究过程中出现的“意外”。

科学验证法——从总结实践经验中选题。

变换角度法——从不同角度中选题。

课堂延伸法——从已有选题的挖掘拓展中选题。

总之，科研选题的方法很多，每个人都可以根据自己的具体情况，包括自己的兴趣点、特点等，采用适合自己的选题方法。值得强调的是：选题思路固然很重要，但须与个人实际能力结合，与自己及学校的具体情况结合，而且每个人的科研选题范围要有一定的系统性、连续性，没有目标的选题，其论文是难有深度的。

选题的误区也是大家在选题时需要避免的，常见的有：选题缺乏新意；集中在热点问题的表面；找不准切入点；课题不切实际；选题过大或过小；选题笼统抽象等问题。青少年可以根据自己所处的环境，可能利用的实验条件，能够得到哪个领域的专家指导，来确定自己选题的角度，注意切入点应小：最好是小题大做，选择重要的小课题，捉住其本质和核心多方面多层次进行挖掘，有理有据地阐述自己的新观点，把一个重要的小问题彻底解决，论文就会有分量有价值。还要注意课题最好是半新型：就课题新旧程度而言，有全新型、半新型、较旧型课题之分，一般应选择半新型课题进行研究。选择已有一定研究成果的课题，寻找一个新颖的角度进行研究，加大其深度和广度。

选题时应当充分分析估计以下条件，以进行选题的可行性分析。

第一，现实的主观条件。主要是指自身的知识结构、研究能力、对课题兴趣、理解程度、责任心等。

第二，现实的客观条件。主要是指实验资料、研究条件、时间、协作条件等，对应用性课题，还应考虑到成果的开发、推广条件。

第三，积极创造条件，除已具备的条件外，对那些暂不具备的条件，可以通过努力去创造。

除了满足这些可行性分析的基本内容外，我们还可以从下面四个角度进行课题的可行性分析：选题是否围绕自己兴趣的科学问题；选题是否恰当地选择自变量和变量；选题是否具有可测量性；选题是否可以保证写作的顺利进行。

3.3.4 解决方案设计

自然科学项目往往是通过对科学问题的研究和探索的方式完成项目，工程学项目则主要针对具体的技术问题，以技术问题的解决或应用目标的实现作为项目完成的衡量标准。

“科学家试图了解自然运作的规律，工程师则创造前所未有的事物。”这句话从某个角度反映了自然科学项目与工程学项目研究的不同之处。科学探究常常会涉及现象观察—发现问题—查阅文献—提出假设—设计实验—完成实验—分析讨论—得出结论等环节。仔细观察你所关注领域的任何现象（包括偶然现象）。所谓发现来源于观察，做一个生活和学习中的“有心人”。养成留心观察，并根据观察的现象而产生联想和思考的习惯，不难找到一些值得研究的问题和新的解决方法。发现问题并将问题提出是科学研究中重要的环节，也是研究项目起始的关键。良好的开端是成功的一半，完整准确地表述问题，有助于后续环节的有序开展和把握。其实，发现问题的过程就是问“为什么”的过程，对观察到的现象，要多问为什么。对于提出的这些“为什么”，同学们会发现有些可以从书本、老师或者朋友那里寻找到答案，有时甚至会找到确定性的答案。但是，同学们也会发现，对于某些问题，从老师以及一般的书本中是得不到确定答案的。这种情况下，就需要进行文献查阅了。

一般来说，查阅文献的目的有两个。一是针对前面提出的“是什么”以及“为什么”寻求答案。如果查阅文献的结果可以确切地回答“是什么”和“为什么”这样的问题，说明这个问题已经充分研究了，我们也获得了知识。但如果查阅文献后发现，已经有的研究还不能充分回答提出的问题，那这个问题就是值得做进一步研究的“科学问题”了。因此，查阅文献的第一个目的就是识别和明确“科学问题”。查阅文献的第二个目的是要了解前人针对类似的科学问题已经做了哪些工作，采用了哪些方法。要尽可能地收集身边的材料，弄清楚他人对于此类课题做了哪些研究，采用了什么方法，从而为我们自己的科学研究提供参考。查阅文献可以帮助我们了解，要回答和解决某个特定的科学问题需要什么样的研究条件，需要具备什么样的科学知识，这样就可以排除掉那些过于复杂和昂贵的实验了，也可以避免一些在实验中遇到的问题，减少研究中可能出现的偏差，同时还为解释研究结果提供了背景和佐证材料。

什么是假设？简单地说，假设是一种科学猜想。一个成功的科学研究往往具有表述清晰的假设，很多伟大的发现都是通过建立假设完成的。假设它要满足两个基本的条件，一是可以用来合理地解释问题，并据此来决定寻找证据的方向。二是，假设要具有可检验性，能够被实验或系统的观察来证实，这与数学证明的原理是一致的。一定要记住，设计实验和做实验的目的就是验证前面提到的“科学假设”，这样就能够保证所设计实验内容的针对性，与检验假设没有直接关系的实验内容也就不需要包括在科学研究中。

完成实验即按照实验设计完成收集证据的活动，通常包括动手操作、观察和数据记录等。数据记录是在这个环节中要完成的重要工作。下面是给参赛选手关于数据记录的几点建议：规范操作、记录数据、写实验日志。

通过对实验得到的数据进行统计分析，通过分析归纳出数据背后的规律，随后将得出的规律与研究之初提出的假设进行比较，从而得到研究结论。具备一定的统计学知识是做好数据分析工作的基础，常用的统计分析工具如方差分析、显著性检验、回归分析等，现在常常借助一些统计分析软件来进行，如 MATLAB 等，在使用统计软件时，至少要大致了解你将应用的统计方法原理。选择合适的表格或图形方式来呈现数据，再从图表中概括出内在的规律。

从提出问题到给出答案，才完成了一次完整的科学探究。得出结论主要是针对问题，结合分析讨论中得出的主要观点，做出最后的陈述。如果说分析讨论部分参赛选手主要靠发散思维，那么在这一环节则需要聚合思维，用高度凝练、准确的语言表述研究结果。

工程学项目研究流程在整体思路上与科学探究开展过程有类似之处，但是工程学项目研究在某些具体环节有特别要求，比如生活中充满对产品的需求，对产品的需求往往是工程学项目的起源。工程学项目开展的全过程都应该是围绕着产品需求来进行的。接着确定预期项目产品将具有的特征和使用范围，适用的对象和环境，量化表达产品的技术参数。发明项目针对不同对象，可设计为专用特种产品，也可设计为通用、具有互换性、量大面广的通用产品。接着是围绕着需求做背景研究，通过查阅文献等方式，关注相关工作的研究进展，或是已有类似产品的特征。在参考已有产品时，注重多方面比较它们的优缺点。接着确定具体的方案，使得按照方案制作出来的产品符合设计要求。在完成设计方案时，要考虑到其可行性，包括成本费用、制造工艺等方面，提出完成项目产品所需材料清单。按照设计方案制作产品后，要针对各项参数做出检验，判断是否达到指标要求。检验中也要根据产品的使用情况，对实用性作出评估。在满足设计要求的基础上，可以对其他方面的相关问题作出思考和讨论。综合考虑上述问题后制订出来的设计方案具有较高的合理性和可行性。

3.3.5 科技论文撰写

研究论文是按照一定的规范格式，对研究性学习、发明创造等科技创新成果进行的书面表述。研究论文是将科技创新成果呈现给评委的最基本的也是最主要的形式，是青少年研究性学习的总结和科技创新成果的说明，也是参加创新大赛的一个重要材料，即使是以发明创造为主的工程类项目或以软件设计为主的计算机类项目，除了用实物和程序来展示科技创新成果之外，还需要用图文来表述其研究过程和研究成果。

研究论文是论述研究性学习和科技创新成果的文章，因此研究论文具有内容的科学性和格式的规范性的特点，同时研究论文还应该展示研究项目的创新性和分析的理论性两个特点。研究项目的创新性是指项目要有新发现、新观点、新发明，具体表现为在实践上采用的方法是先进的；在理论上提出了具有一定深度和广度的新观点。分析的理论性是指研究论文要对实验、调查所得的结果，从理论高度进行分析，形成一定的科学见解，包括提出的一些有科学价值的问题，对其见解和问题用事实和理论进行符合逻辑的论证。

研究论文总的要求是：主题鲜明，重点突出，着重阐述对科技创新成果中有意义的、有创造性的见解或发明。行文要思路清晰，论证严密，前后贯通。语言表达要准确、简明。研究论文格式分为前置部分、主体部分和结尾部分，前置部分有题目、署名和所在单位、摘要、关键词、目录等；主体部分有前言、正文、结论等；结尾部分有致谢、参考文献等。

研究论文的题目，既要起到提挈全文、标明项目的作用，又要能引人注目、乐于阅读。拟定一个好的题目，题目的用词要能鲜明、具体、准确地反映出论文科技创新成果的内容、范围和目标，题目用词要概括、精练。对于一些实在无法缩短的题目，可采用加副标题的方法。摘要是一篇记述研究论文重要内容，反映研究论文的概要、内容提要的短文，内容包括：本课题研究的主旨、目的、范围；本课题研究的对象及方法；所取得的结果；结论。

摘要要求精练、完整、简短，注意不加评论，只对论文的内容做忠实介绍。关键词是一种表达论文要素特征并具有实质意义的检索语言。它能够反映论文的中心内容或主题，显示论文的特征。

研究论文的主体内容一般包括：项目所解决的问题或作出的成就；项目的目的和意义；前人对本问题做过哪些工作；作者进行研究的过程；所用方法、手段、工具、仪器、技术路线和方案；观测试验结果；主要数据及例证；必需的图片；理论分析；提出的论点；对前人工作结果的分析及对某些有关理论的看法和评论；遗留问题和解决这些问题的途径，以及今后进一步研究的建议。

前言是论文的开头，又称引言、序言。前言的内容包括：①课题来源；②研究的目的、范围和相关领域的前人工作和知识空白；③本课题研究过程、研究方法和实验设计及其理论基础与实验依据；④获得的研究结果及其预期效果和意义。

前言通常写得简明扼要，直接入题，一般不超过 500 字。

正文是研究论文的核心部分，是分析和解决问题，运用材料论证观点（结论），全面反映青少年进行科技创新和研究性学习的过程、成果、收获的部分。研究论文根据科技创新成果的特点可以分为技术发明、科学研究两大类，进而细分为发明成果、软件研究、理论研究报告、实验研究报告、调查结果报告五小类。

技术发明主要指涉及工程设计、发明创造、计算机软硬件等以实物发明为主的、能够以直观形式向评委和公众演示创新成果的项目，具体分为发明成果和软件研究报告。

发明成果一般包括项目调研：研究问题的提出，对以往相关工作或成果的调查、分析，提出作者研究的目的或解决问题的思路。方案设计：制订出发明的设计方案，实施步骤。研制过程：制作实物并不断改进的过程。成果的测试及使用：对发明成果的测试和使用方法。成果应用原理：发明成果所涉及和使用的原理说明并配有相关图表。

软件研究是指计算机学科中关于软件方面的科技创新成果的研究论文。主要内容应包括研究思路及设想、软件工作原理及设计方案、模块及工作流程设计、程序设计和功能四个方面。

科学研究主要包括以理论推导、实验分析、调查研究三个方面为主的、主要以论文形式向评委和公众展示创新成果的项目，可分为理论研究报告、实验研究报告、调查结果报告等。

理论研究报告是以阐明理论为主，主要用于运用科学事实，通过逻辑推理和假设来得出创新成果的项目。论文从实验或观测事实出发，利用公认定律、定理，通过逻辑推理，对研究对象层层剖析，得出有理论价值和实用价值的结论。理论研究报告的正文没有固定的格式，其结构可以多样化。其正文主要反映逻辑推理的过程，常见结构形式有证明式、剖析式、运用式。这一类型的研究论文以数学、物理学科为多。

实验研究报告是指研究论文所描述的科技创新成果是通过实验、试验等途径获得或得到证明。实验型论文的正文一般由材料和方法、结果、讨论等几部分构成。材料主要是指实验材料的性质、质量、来源、材料的选用和处理。方法主要是指实验的仪器、设备、条件及其数据的获得过程和方法。包括实验对象，实验目的、实验材料的性质和特性、选取的方法和处理的方法，使用的仪器、设备和器材，实验及测定的方法和过程，出现的问题和采取的措施。结果，是指在实验过程中所观测到的现象和数据，实验仪器记录的图象和数据，对上述现象和数据进行初步统计及加工形成的资料。结果的写作，要做到精确、精选、精当、精粹。精确是对每一个现象乃至一切细节都不能有所疏忽。精选是必须选出能说明结论依据的那些必要的、关键性的、有代表意义的、准确可靠的资料和数据。精当是结果要按一定的逻辑顺序编排，条理清楚，恰到好处。精粹是用简洁明确的语言表述出来。分析和讨论是对上述两个部分进行综合分析和研究。目的是通过分析和讨论，获得对“结果”的规律性认识，并借以指导一般。作者创造性的发现和见解，主要是通过这部分表现出来的。分析和讨论部分一般包括对“方法”和“结果”两方面的研究。要从论文内容表达需要出发，决定讨论什么、不讨论什么、什么要着重讨论。

调查结果报告主要指行为与社会科学类科技创新成果的研究论文，这类论文的第一手资料主要通过调查或调研的途径获得。一般包括：调查研究的方法及方案，主要介绍调查所采取的方法，如问卷、座谈、入户；调研方案，如选点方法、抽样原则、调查安排等；调研及分析的工具、方法；调查研究过程，描述开展调查研究的过程和重点；调查研究的资料；现状、存在问题的分析及对策。

结论又称结束语，是对研究论文总体上所做的最终总结。它是在理论分析或实验结果与讨论的基础上，通过严密的逻辑推理而得出的新的观点，它集中体现了项目的研究水平和创新成果。结论的内容包括：概括而简要地说明本文解决了什么问题，有什么理论意义和使用价值，得出了什么规律，建立了什么方法；对前人或他人的相关研究做了哪些检验，与自己的研究结果相比，哪些一致，哪些不一致，自己做了哪些修改、补充、发展、证实或否定；自己的研究有哪些不足之处，还有哪些未解决的问题，以及解决这些问题的设想等。结论的写作，要有严密的逻辑性，措辞必须严谨，要用肯定的语气和可靠的数字，不能含糊其词、模棱两可。

致谢是科学研究中职业道德的一种表现，是对支持、帮助者的劳动表示尊重。

参考文献是学术论文的一个必要的组成部分。它具有的作用是：证明在论文中引用的论据是真实的；有利于读者查阅、核实和理解前人的科研成果；体现了尊重前人劳动、严谨治学的态度。

在列参考文献时应注意：所引文献必须是作者直接阅读过的公开发表的文献，

一般不从他人的文献中转引；所引文献要忠实于原著，著录时要仔细核对；文献著录要符合规范。参考文献在正文中的标注方法，依正文中所引文献首次出现的次序，以阿拉伯数字为其序号，并加方括号，标注在据引文字的结尾处的右上方。然后在文后按此序号的顺序排列成参考文献表。参考文献应根据不同的类别有各自的著录格式：

专著的著录格式是:作者、书名、版本、出版地、出版者、出版年、起始页。

连续出版物（如杂志、学报等）的著录格式是：作者、题名、连续出版物名称、年、卷（期）：起始页。

专利文献的著录格式是：专利申请者、专利题名、其他责任者、附注项、专利国名、专利文献种类、专利号、出版日期。

3.3.6 答辩注意事项

科技创新大赛评审期间，除项目展示之外，和评审有关的活动主要包括专家问辩、素质测评和技能测试，这是考查参赛选手对于项目的理解和掌握程度，测试选手综合素质，综合评定项目奖项的主要方式。其中专家问辩是评审最重要的环节。

专家问辩主要考查选手以下几个方面的情况：

①选手的创新能力和项目独创性。

②选手的科学思维能力和解决问题的能力。

③项目研究过程的完整性、工作量以及项目的真实性。

④选手的综合素质和表达能力。

⑤集体项目的每个组员在项目研究过程中的贡献。

专家问辩时长为一天时间。问辩采取封闭形式进行，现场只有评委、参赛选手及相关工作人员可以进入。每个项目会有若干名评委来问辩，一般为 3 ~ 5 位。封闭答辩时，参赛选手须做好一切答辩准备，并在自己的展位前等待评委。每位评委问辩项目的时间为 10 ~ 15min，选手介绍自己的项目以及回答评委的问题均须在这一时间内完成。

参赛者与评委交流时，要自然大方、语气平和、语速适中，语言表达清楚，展现自信。问辩时，参赛者要向评委清晰介绍项目研究工作和背景知识，要注意证据和结论在逻辑上的对应关系，不要过多背诵多媒体展示内容。评委提出问题时应先明确问题、谨慎思考之后作答。被评委问及事先没有准备的内容的情形是常见的，参赛选手应有心理准备。当遇到作答困难的问题时，不妨向评委请求一定的考虑时间，稳定情绪思考作答。

在问辩阶段，参赛选手要随时做好简要的问辩记录，以便做出改进和调整。有时评委在结束问辩时会留给学生思考题，或就某个方面向参赛选手给出建议，参赛选手也要及时记录。在问辩结束时，参赛选手也不妨请评委给出一些指导和建议。

问辩阶段，每个评委针对不同的项目会采取不同的问辩方式，提出不同的问题。参赛者要根据自己的项目，事先考虑问辩中可能会问到的问题以及可能发生的事情，做好各种应对准备。一般情况下可能会问到的问题：

①项目选题是怎样发现的？

②做了哪些工作？

③得到了什么结论？

④创新点是什么？

⑤项目的意义是什么？

⑥问一些涉及项目学科及其研究领域的一些基本知识。

⑦问一些与项目本身有关的技术问题。

⑧参加创新大赛的目的是什么，有什么收获？

⑨在项目实施过程中，有没有一些终生难忘的事情发生？

⑩你克服了哪些实际困难？

⑪你借助了哪些研究机构？有科学家指导吗？

⑫如果给你机会，你将对项目进行怎么样的改进和深入研究？

参赛选手对参赛项目内容的准备是准备阶段最重要的工作，参赛选手可以从以下几个方面做尽量全面的准备。

①参赛项目的概述。在问辩环节中是参赛选手一定要完成的一环，通常由评委要求参赛选手在一定时间内完成对参赛项目的介绍，不同评委给出的规定时间不同（3min、5 min、10min 等）。参赛选手在准备阶段可以设计不同时长的项目概述。参赛项目的概述可能包括研究意图的由来或设计意图的产生、研究开展的假设或设计目的的明确、相关背景的介绍、实验设计或产品开发流程安排、实际操作、实验结果或产品展示、对研究项目的分析和讨论。参赛选手在作概述时，可以对“研究的假设或设计目的”“自己在参赛项目中的任务和完成的工作”“参

赛项目的创新点”几方面作说明。针对不同的时长，可以对以上内容作取舍安排。规定时间较短时，从实验结果或产品展示直接介绍项目可能是一种好的策略。

②对于开展科学探究或工程设计的总体流程的理解和把握是参赛选手科学素养的重要体现之一。参赛选手可能熟悉参赛项目完成的环节，而没有意识到其对应的科学探究的相关环节（发现问题、提出假设、设计实验、完成实验、分析讨论等）。以科学探究的思路从整体上对参赛项目相关内容作梳理可能有所帮助。

③参赛选手对于参赛项目应有客观的评价和进一步的展望。参赛项目可能并非尽善尽美，认清参赛项目中尚待改进之处、明确参赛项目与其他相关研究的创新之处，是参赛选手严谨的科学态度和对参赛项目客观认识的体现。能够以发展的角度看待研究项目也是参赛选手应具备的从事科技工作的能力。对于科学探究类的项目，可以从理论的纵向深入研究或者横向系统化研究方面做出规划和展望;对于工程设计类的项目，可以从投入生产使用的可行性角度做出进一步考虑。

④在问辩时，选手可以借助各种形式的辅助资源。除了展板、工程类项目展示的产品之外，也可以准备相关研究背景资料、问辩思路设计等以备不时之需。参赛选手对辅助资源呈现的信息应该有充分的了解和准备，以应对围绕辅助资源出现的各种问题。参赛选手需要合理设计，在适当的时机运用适当的形式发挥辅助资源的作用，如在介绍到实验结果时，以展板呈现图表，并结合加以分析说明，得出结论;在介绍到某个过程时，以计算机动画展示动态变化，并结合分析说明，得出结论。对于工程类项目，参赛选手不妨以展示产品为中心完成对项目的介绍，但是应将内容介绍和演示活动合理结合。

第4章　杭州电子科技大学科技创新育人基地建设

4.1　科技创新育人基地概况

4.1.1　科技创新育人基地建设任务

杭州电子科技大学是教育部“教育信息化——面向工程人才培养模式创新的智慧校园”试点单位，拥有先进的信息网络软硬件支撑平台，为开放式科技创新实践基地建设提供有力保障。结合信息技术特点，充分发挥虚拟仿真技术，支持和鼓励教师和学生自行研制开发了电子设计自动化技术、电子系统集成虚拟实验技术、虚拟现实技术等数字化实践系统。

基地的任务是通过信息化教学，改变以往受实验条件限制只能开设简单硬件实验的局限性，打破跨学科的实验屏障，以科技创新类项目内容为基础，支撑复杂的多学科交叉的系统性实验，提升实践教学效果，降低教学成本。不仅使学生成为科技创新实践教学的受益者、实践者，也肩负着培养未来科技创新技术开拓者、创造者的重任。

在信息化教学中，以学生为主体，采用集中与分散、本地与远程、课内与课外多种形式相结合，虚拟现实、多媒体、人机交互、数据库和网络通信等多技术融合的多元化虚拟仿真实验教学模式，实现虚实互补、相互促进，把能力和素质培养渗透到数字化实践教学的各种形式、各种技术和各个环节之中。

4.1.2　科技创新育人基地建设思路

（1）优化信息化教学资源

依托基于物联网技术的智慧校园，实现对象的感知、定位与控制功能，采用虚拟场景和虚拟漫游等信息技术，重构教学资源；课程资料存放在数据库中，虚拟项目通过超链接与虚拟场景联系，生成交互式虚拟基地数据文件，输出网络浏览格式。学生可以使用如同实体的虚拟仪器，配置、连接、调节和使用仪器设备。教师利用虚拟器材库设计项目和案例。虚拟环境为学生提供映象，在云终端上使用，不需要在终端上安装特定服务、解决方案堆栈或数据库。依托校虚拟平台，进行三维可视化虚拟场景开发，让用户身临其境地参观浏览教学环境。

（2）完善科技创新实践基地的社区互动模块建设

一是开发基地社区开源项目。部分开放项目源代码，为师生提供学习与研究空间、素材；学生可以申请立项，组建团队，参与开源项目开发，教师可以招聘同学参与开源项目开发。二是开发工程化社区群项目。在虚拟服务器端建立资源数据库，它不是传统意义的习题库或案例库，而是由大量单项案例构成，按课程知识点设置，建设开源社区管理空间。三是建立互助共享式虚拟社区。为项目开发、设计创新、科研竞赛提供实验资源、竞赛专题、积分排名、精英论坛等交互式网络实验教学环境。引导同学自主性、个性化、研究型、开放式、协同化学习；探索项目资源精品化、网络化、远程化，让学习无所不在。

（3）科学研究与实践教学良性互动

科研反哺教学，以高素质人才培养作为科研工作的出发点与落脚点；将学科建设的成果转化为人才培养优势。促进教学与科学研究的紧密结合，从科研项目中提炼具有工程应用背景的工程实践项目，培育原创性项目，持续提高设计性、研究创新性项目的比例。紧密结合工程实际，为学生提供各种科研实践的途径，吸引学生参与教师的科研项目，激励学生的学习动力和创新潜能。

（4）实现教学资源优质化与可持续性

从科研项目和解决工程实际问题出发，提炼综合设计型项目，解决将工业系统引入实验教学的难题，研制和推广结合学科前沿、专业与行业特色鲜明的虚拟仿真教学设备，扩大基地影响力。与国际著名公司建立联合基地，与国内知名企业建立实习实训场所；积累与更新网络实验教学案例库，确保数字教学资源的优质化和可持续性。

4.2 科技创新育人基地管理体系建设

4.2.1 科技创新育人基地组织保障

科技创新实践基地依托校团委建设而成，团委负责基地的规划、建设和管理工作；由校内外相关学科具有丰富实践经验的专家、教授组成的指导委员会负责基地的育人体系建立、教学计划制订、基地发展规划制订、社会服务功能实施等工作。

基地实行主任负责制，基地主任全面负责基地的实践教学和日常管理工作，统一规划经费使用，有效避免了重复购置，提高了教学资源的利用率。基地下设信息部、创新教学部、管理部等工作机构。教学部负责日常教学工作，信息部负责基地信息平台建设，管理部负责基地制度制定、队伍建设、对外交流和服务工作。基地与各部门之间实施高度集中管理，既各司其职，又互相协作，建立了一套具有现代化管理水平的运行模式。

4.2.2 科技创新育人基地制度保障

管理制度是基地规范化运行的保障手段。制定了基地管理、仪器设备管理和实验实践教学三大系列管理制度，在实践中严格贯彻执行，不断总结经验并加以完善。

管理制度有效地规范了师生的教学行为，提高了师生的责任心。重要的规章制度上墙，学生进课堂前进行培训，并在教学运行中切实加以落实。

制度化的管理保证了师生的人身安全，提高师生的“做人、做事”的基本素质，培养高尚的学术道德和养成良好的工作行为规范。

系统性的规章制度和管理措施有力地保障了教学的正常秩序和教学效果。为了强化实践教学质量，学校还出台了实践教学工作规范、教学质量考核、学科竞赛、创新学分认定等相关政策，促使基地教学的新理念和新模式探索。

4.2.3 科技创新育人基地管理规范

（1）开放管理

基地开放可以最大限度地利用教学资源，充分发挥基地在实施科技创新教育中的重要作用，培养学生的创新意识和现代工程动手能力。学校和基地应采取以下举措。

①实践项目的开放可常年申报。基地根据自身条件设计一定数量的、切实可行的、具有创新性的开放实验项目。

②基地开放形式分为：自主项目、学生科研课题、学生科技竞赛等。

③开放教学入学生实践教学环节，支持学生参加课外开放活动。

④鼓励基地通过不同方式、渠道为教学、科研和社会服务，创造良好的办学和社会效益。

（2）过程管理

实施教学资源有效配置与利用、共享开放与反馈评价的全过程管理机制。根据学生评价和改革创新等结果进行工作考核。定期组织以资深专家和领导为首，骨干教师参加的教学质量评估专家组，综合评价实践教学的内容、方法、水平和效果等。为保证基地教学质量，基地制定了完整的教学质量保证体系。

①教学规范：制定实践教学规范，强化实践教学的主要环节，规范教学程序。

②质量监控：建立系统化的质量监控措施，包括阶段交流、过程监控、督导、听课制等。

③成绩考核：分为操作考核（方案、设计、调试、数据的测试、处理、分析），平时考核（态度、能力、学时、报告）和科技竞赛考核（完整性、规范性、熟练性、创造性）。

4.3 科技创新优质教育资源建设

4.3.1 科技创新教育资源概况

基于“资源开放与共享机制协调、硬件平台与软件资源协调、自主研学与质量监管协调”的实践资源建设理念，建设了高层次的优质资源平台，包括“基本实验教学”“科研成果转化”“企业合作共享”三大类科技创新实践教学资源。

（1）基本教学资源

包含电子设计、系统设计和工程应用三部分科技创新实践内容，注重学生基本技能的培养。电子设计由“数字电路系统设计与仿真实验”“模拟电路系统设计与仿真实验”“集成电路设计与仿真实验”“基于开源模块的片上系统虚拟实验”四部分组成。系统设计由“基于 NetFPGA 的参考路由器”“程序设计仿真实验”“远程计算机控制技术仿真”“系统集成虚拟设计”四部分组成。工程应用主要由“运动控制应用仿真实验”“机器人虚拟现实仿真实验”“流程工业拟实仿真实验”“炸药生产线拟实仿真实验”四部分组成。

（2）科研成果转化资源

实践教学资源由“高度仿真环境下的虚拟现实平台”和“云计算与应用软件共享实验平台”两大部分组成，注重学生新技术及应用能力的培养。依托我校优势特色学科，将科研成果转化为实验教学资源，科研反哺实验教学，以高素质人才培养作为科研工作的出发点与落脚点；将学科建设的成果转化为人才培养优势。

（3）企业合作共享资源虚拟仿真教学平台

注重学生工程应用综合创新能力的培养，主要从解决工程实际问题出发，采用工程通用仿真软件进行电路仿真设计、虚实结合调试、产学研项目开发等逐级深入的实践培养环节；与行业应用实现无缝对接，满足电子信息技术人才培养需要。让学生达到在基地所学所见即工业现场所用的高度，在建立现代工业自动化的宏观概念同时，实现仿真系统、真实过程控制系统的组态调试。

4.3.2　科技创新实践课程建设

求学之路，道阻且长。科技创新实践基地为每一位有志于科技研发的同学准备了科创实践课程群，如图 4-1 所示，从目标选择到生涯规划，到专业技术培养，再到统筹全局能力的锻炼。

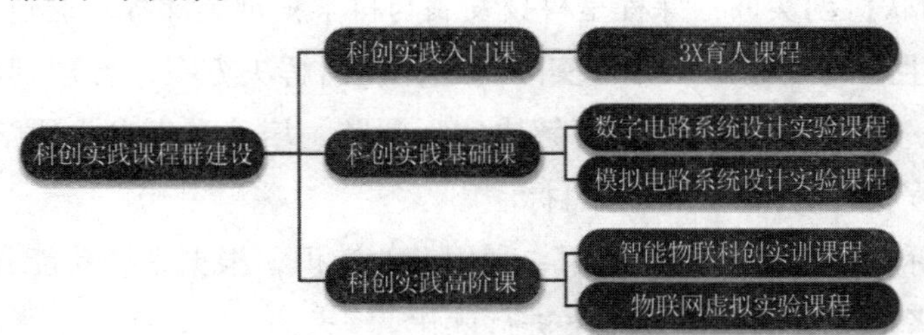

图4-1　科创实践课程群结构

结合大学生科技创新孵化器研究方向，开设了“智能物联科创实训”课程。该课程是电子信息类专业重要实践性课程，课程总学时为 32 学时。面向专业为电子信息工程、电子信息科学与技术、电子科学与技术、通信工程、信息对抗与技术、光信息科学与技术等专业。是在学生在完成基础实验后，针对实际工程问题，三人一组，自主思考，申报完成一个应用实验项目，课程授课重点是科技创新。

学生在完成基本的电子技术学习和入门后，必须迅速地转向基于现代电子设计技术的基本方法和基本理念，在学习与实践中培养自主创新能力。本课程通过介绍基于手势控制的汽车人机交互系统、基于视频识别的远程机械臂控制系统、无线自组网智能照明系统等数个科技前沿的综合创新性项目，给出科创项目设计的思路和方法以及对应的实验要求，引导学生去探寻掌握科创项目设计技术及其创新的途径。实验内容注重自主研学学习为能力培养手段，注重科技前沿、基础理论和实验方法的介绍，注重工程能力、分析能力和实践能力的培养，构建了一个创新能力培养和实践的阶梯。通过教学的启迪和大量的有创意的实验项目训练，能动地激发创新意识，从而使学生在基础理论、实践能力和创新精神三方面能得到同步收获。

课程涉及范围较广，学生可以结合电子竞赛、挑战杯、学生科研项目等自行选题申报。要求学生先期完成数字电路、模拟电路、单片机、EDA 技术、电子设计等课程学习，专业课学习成绩较好，有较强动手及创新能力前提下选修本课程。课程中学生基本上靠自己能力完成查阅资料、设计方案、设计硬件电路、编写软件程序、调试电路和程序，并写出实验报告，从而提高利用所学知识分析解决实际问题的能力。

智能物联科创实训课程目标及要求如下。

（1）课程目标

“智能物联科创实训”课程是科技发展与科学精神类课程。通过本课程学习，可以提高学生运用专业知识分析实际问题，提出解决方案；合理利用人工智能、物联网技术、“互联网 + 思维”等解决实际问题，培养学生自主研学和科技创新能力。本课程实施，拟达到如下目标。

课程目标 1：能结合实际应用，利用专业知识，根据系统功能和指标，设计实现方案或者对现有的系统或方案进行优化。

课程目标 2：针对复杂工程问题，利用人工智能、物联网技术、“互联网 + 思维”等解决实际工程问题，完成方案设计。

课程目标 3：自由组队（3 人一组），培养团队合作意识，胜任团队成员的角色与责任，组织团队成员开展工作完成团队分配的工作。

课程目标 4：结合科技前沿完成选题申报、中期汇报、期末答辩、撰写报告等环节，通过 PPT 答辩完成项目结题。

“智能物联科创实训”支撑课题目标的指标点，课程目标与相关要求及其指标点的对应关系如表 4–1 所示。

表4–1　课程目标与要求对应关系

要求	指标点	课程目标
设计：能够设计针对电子信息复杂工程问题的解决方案，设计满足特定需求的电子器件、电路和系统，并能够在设计环节中体现创新意识，考虑社会、健康、安全、法律、文化以及环境等因素	能够利用专业知识，根据设计指标，确定电路和系统的设计方案； 能综合利用专业知识，运用电子系统组成单元，针对复杂工程问题的电路及系统设计方案进行优化，体现创新意识	1
使用现代工具：能够针对电子信息复杂工程问题，选择与使用恰当的PCB 加工工艺或芯片流片工艺，开发与使用各种电子测试相关仪器设备，包括信号发生器、示波器、数字万用表、电源、频谱分析仪等，选择与使用各种仿真软件，如 spice、multisim 等，包括对电子信息复杂工程问题的预测与模拟，并能够理解其局限性	能针对复杂工程问题，选择并合理使用现代工具与仿真平台	2
个人和团队：能够在多学科背景下的团队中承担个体、团队成员以及负责人的角色	能胜任团队成员的角色与责任，组织团队成员开展工作完成团队分配的工作	3
沟通：能够就电子信息复杂工程问题与业界同行及社会公众进行有效沟通和交流，包括撰写报告和设计文稿、陈述发言、清晰表达或回应指令。并具备一定的国际视野，能够在跨文化背景下进行沟通和交流	能够针对电子信息领域的工程问题通过书面或口头方式表达自己的观点	4

（2）课程内容与基本要求

“智能物联科创实训”课程实验项目及学时分配如表 4–2 所示。

表4–2　课程目标与实验内容、教学方法的对应关系

序号	实验名称	实验类型	实验内容	教学方法	课程目标			
					1	2	3	4
1	课程介绍及选题	综合	介绍创新途径方法、课程实施、分组等要求	讲授、研讨	●		●	●
2	科创项目—方案设计	设计	对项目进行合理的方案设计	自行设计、研讨	●		●	●
3	科创项目—硬件设计	设计	设计选题系统的硬件电路	自行设计、研讨	●	●	●	●
4	科创项目—硬件制作	设计	制作选题系统的硬件电路	自行制作、研讨	●	●	●	●
5	科创项目—硬件调试	设计	调试选题系统的硬件电路	自行制作、研讨	●	●	●	●

续表

序号	实验名称	实验类型	实验内容	教学方法	课程目标			
					1	2	3	4
6	科创项目—软件流程设计	设计	设计选题系统的软件流程	自行设计、研讨	●	●	●	●
7	科创项目—软件编写	设计	编写选题系统的软件程序	自行设计、研讨	●	●	●	●
8	科创项目—软件调试	设计	调试选题系统的软件程序	自行调试、研讨	●	●	●	●
9	科创项目—软硬件联调	设计	调试选题系统的软硬件	自行调试、研讨	●	●	●	●
10	科创项目—系统测试及完善	设计	对选题系统的软硬件进行完善	自行调试、研讨	●	●	●	●
11	科创项目—答辩及验收	综合	对最终结果进行测试验收，并让学生介绍整个制作完成过程	测试、答辩			●	●

该课程详细教学内容和方法如下所述。

①主要内容。

本课程针对实际工程问题，利用人工智能、物联网技术、“互联网＋思维”等理论知识，学生三人一组，自行组队，自主申报并完成一个科技创新项目设计。课程中学生自主独立完成查阅资料、设计方案、设计硬件电路、编写软件程序、调试电路和程序，并写出实验报告，从而提高利用所学知识分析解决实际问题的能力。

②教学方法与要求。

任务布置。“智能物联科创实训”课程共32学时，学生三人一组需完成一个科创实验项目设计，指导教师在开课前一周通过网络平台发布课程综实验设计任务。

选题申请。课程提前录制了实验教学视频并发布在学校网络教学平台，视频内容包括仿真软件的操作使用、简单的仿真举例、典型案例设计等内容，学生结合专业方向及兴趣进行选课申请。

课堂实验。为达到更好的实验效果，课堂对实验人数进行了一定的限制，每个实验班最多允许30名学生进行实验设计。课堂实验以学生为主体，实验课上学生承担“讲解、补充、质疑”任务，教师承担“质疑、引导、归纳”任务，指导教师每周挑选两组优秀团队对实验设计进行讲解及心得分享。调动学习气氛，提升实验教学的趣味性、研究性及可研讨性。

实验考核。课程采用“自主设计论文答辩”的实验考核模式，学生制作PPT

进行实验项目汇报，并通过网络教学平台提交实验总结报告。实验考核注重实验的过程性，避免以实验考试定成绩的方式。关注学生实验报告质量的同时，更关注学生在综合设计性实验中所展示的积极性、团队合作意识和工程创新能力等。

③重点难点。

本课程通过介绍基于手势控制的汽车人机交互系统、基于视频识别的远程机械臂控制系统、无线自组网智能照明系统等数个科技前沿的综合创新性项目，给出科创项目设计的思路和方法以及对应的实验要求，引导学生去探寻掌握科创项目设计技术及其创新的途径。实验内容注重自主研学学习为能力培养手段，通过教学的启迪和大量的有创意的实验项目训练，激发创新意识，从而使学生在基础理论、实践能力和创新精神三方面能得到同步收获。

④实践环节及要求。

"智能物联科创实训"课程实践环节主要内容和基本要求如表 4–3 所示。

表4–3　实践环节及要求

序号	实验名称	实验内容	基本要求
1	课程介绍及选题	介绍创新途径方法、课程实施、分组等要求	学生以组为单位提交选题申请表，并描述实验项目的功能指标及设计方案规划
2	科创项目—方案设计	对项目进行合理的方案设计	学生以组为单位详细讲述实验设计方案，并对组内成员进行分工
3	科创项目—硬件设计	设计选题系统的硬件电路	按照验设计方案，完成硬件设计，并对组内成员进行分工
4	科创项目—硬件制作	制作选题系统的硬件电路	按照验设计方案，组员合作完成硬件制作
5	科创项目—硬件调试	调试选题系统的硬件电路	按照验设计方案，组员合作完成硬件调试
6	科创项目—软件流程设计	设计选题系统的软件流程	按照验设计方案，组员合作完成软件流程设计
7	科创项目—软件编写	编写选题系统的软件程序	按照验设计方案，组员合作完成软件流程编写
8	科创项目—软件调试	调试选题系统的软件程序	按照验设计方案，组员合作完成软件调试
9	科创项目—软硬件联调	调试选题系统的软硬件	按照验设计方案，完成软硬件联调
10	科创项目—系统测试及完善	对选题系统的软硬件进行完善	按照验设计方案，组员合作完成系统测试及功能完善
11	科创项目—答辩及验收	对最终结果进行测试验收，并让学生介绍整个制作完成过程	制作PPT参加项目汇报、测试、答辩

（3）课程考核方式及成绩评定方法

“智能物联科创实训”课程是考查课，课程采用“自主设计论文答辩”模式对实验设计进行验收和考核。除对仿真正确性、实物完成度、实验报告规范性等实验结果进行要求外，实验结果更注重发挥学生的自主性。实验教学考核关注实验的过程性，避免以实验考试定成绩的方式。注重学生实验报告质量的同时，更关注学生在综合设计性实验中所展示的积极性、团队合作意识和工程创新能力等。实验课程考核与成绩评定方法如表 4–4 所示。

表4–4　实验课程考核与成绩评定方法

考核项目	考核内容	考核关联的课程目标	考核依据与方法	占总评成绩的比重（%）
选题讨论	选题的质量	1,3,4	从选题实用性、创新性、工作量等方面考评，共计20分	20
中期检查	选题阶段性任务完成情况	1,2,3,4	做PPT汇报项目进展情况，如是否完成电路或程序设计及调试，根据完成情况评分，共计10分	10
答辩	对项目了解程度和参与程度	4	项目组成员各自介绍承担的任务，依据其参与了解情况单独评分，共计20分	20
实物测试	项目分析设计和仿真结果，焊接制作验证结果	1,2	根据实物设计制作的方案、焊接工艺，功能指标实现情况验收评分，共计40分	40
报告	报告质量	3,4	根据报告的规范性、各部分内容质量，批阅评分，共计10分	10
总评成绩				100

4.3.3　科技创新智能实训平台建设

随着现代科技的发展，时代对当代电子类大学生的要求越来越高。实验是培养优秀电子类大学生的重要环节，但是当今的电子类实验教学无论从教学方式上还是从教学仪器上都无法满足当代大学生的学习需要，如何最大化地使大学生学到行之有效的知识成为实验教学改革的首要目标。

“工欲善其事，必先利其器”，以深化基地教学改革为指导，以提高学生的工程创新能力和可持续发展能力为培养目标，依托杭州电子科技大学电工电子国家级实验教学示范中心、电子信息技术国家级虚拟仿真实验中心和全国大学生“小平科技创新团队”自主研发了适用于电工电子实验教学、学科竞赛集训和开放实验使用的实训平台及配套管理软件，如图 4–2 所示。

该平台希望通过人机交互系统实现实验的线上预约、个人信息核对、实验分数评定等功能；通过智能实验管理系统对实验的硬件设备进行管理、自动生成与评定实验报告以及采集与统计实验数据；通过丰富教学套件给学生提供发挥思维的广泛空间；通过通用实验桌上的电源管理设备对平台的电源进行管理以及通过桌上的视频设备对图像进行实时传输；最后希望将四个分立的系统有机结合形成一个整体，优化实验操作从而优化实验教学方式，最终提高学生的工程创新能力和可持续发展能力，使学生受益。

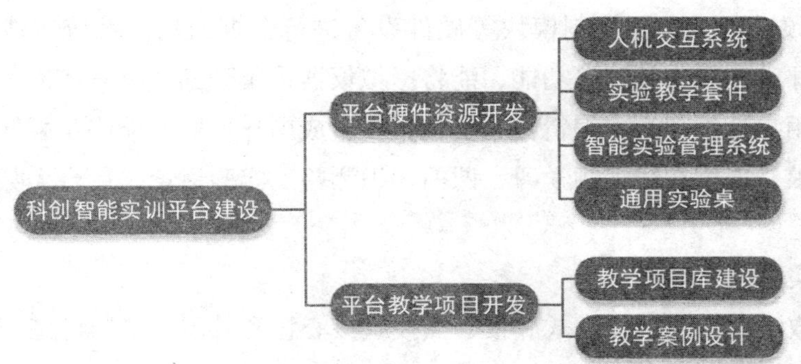

图4-2　科创智能实训平台建设组成图

（1）平台硬件资源开发

大学生科技创新智能实训平台包括人机交互系统、实验教学套件、智能实验管理系统、通用实验桌四部分，结构框图和实物图如图 4-3 示。

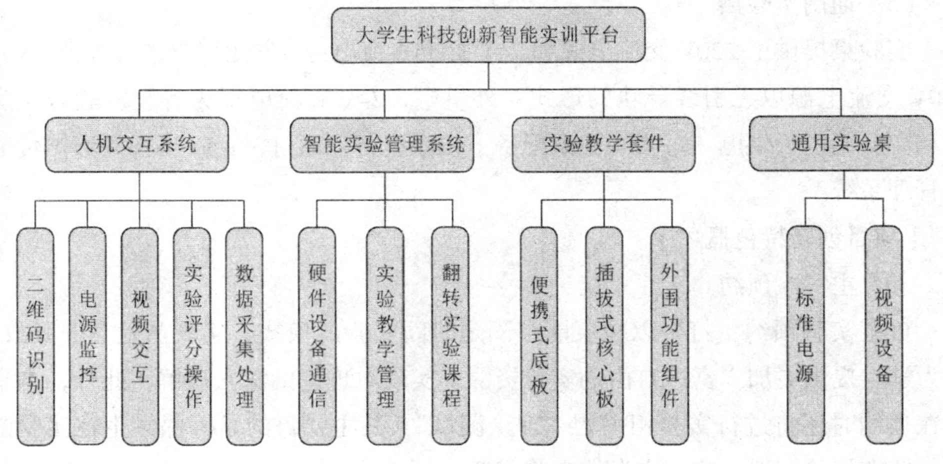

图4-3　平台结构框图

（2）人机交互系统

系统主要由二维码识别模块、语音模块、显示模块以及图形交互界面组成，承担电源监控、视频交互、实验呼叫应答和数据采集处理等功能。学生通过扫描包含学号信息的二维码进行实验预约验证及实验操作，教师扫描包含工号信息的二维码后对学生的实验操作进行成绩评定。

（3）智能实验管理系统

不同于常用的教学管理软件，智能实验管理系统能通过 Wi-Fi 与实验教学套件、视频设备、电源控制模块等硬件设备进行数据通信。系统集成了实验教学、成绩评定和报告管理等功能，能将虚拟仪器采集到的数据直接嵌入实验报告中，并为用户提供超文本编辑器和实验报告生成向导。同时能满足翻转实验课程的教学要求，提供在线视频学习、课前知识测验、实验讨论、后台大数据统计等功能。

（4）实验教学套件

实验教学套件包括便携式底板、插拔式核心板和外围功能组件三部分。便携式底板提供 3.3V、5V、± 12V 和 24V 电源等；插拔式核心板包括 51 单片机核心板、PIC18 单片机核心板、STM32 单片机核心板和 FPGA 核心板，可根据实际需要进行插拔更换；外围功能组件包括物联网开发组件、机电控制开发组件、无线电开发组件、电源学习组件及各类教师自制组件等。

（5）通用实验桌

实验桌提供了 220V 交流电源和 24V 标准直流电源，方便用户进行选择使用。220V 交流电源以无引线导轨的形式对外供电，24V 直流电源为各类实验教学套件和实验箱进行供电。每张实验桌配备了视频设备，通过 Wi-Fi 将视频数据传输到管理系统。

【项目创新特色概述】

①自主实验预约。

自主实验预约，打破以往仅能在固定时间实验的模式，实现基地 24h 开放。这为学生提供更加丰富、自由的实验资源，实现对理论的深入理解。此外，本平台在预约时还将进行实验相关的“理论测试”，其主要目的是确保学生在实验前已经拥有相关知识，节约宝贵的实验资源。

②智能数据采集。

智能数据采集在实验中实时、自动进行，相关数据自动上传云端，打破以往手动收集数据的方式，实验台的屏幕可以实时显示相关数据，取代以往实验台的示波器、逻辑分析仪等大型仪器。由于实时、自动采集数据，可以方便使用计算机进行多组数据对比分析，避免数据浪费，打破以往测量仪器数据量少的情况。

③自动报告生成。

自动报告生成，改革了以往学生根据实验中记录的数据，手动撰写实验报告的形式。统一的报告格式，方便老师进行比较、评分。实验报告在实验结束后自动生成，学生仅需要填写实验反思等回顾性栏目，对实验进行相关总结。

④云端教师评分。

云端教师评分，辅助实现了 24h 无人监管实验，实验的教师仅仅需要在空余时间，对标准格式的实验报告进行评分。教师仅需登录实验管理系统的网站，即可查看相关学生的实验报告及实验的过程，并对学生的实验表现进行评分。

【项目研究技术路线】

①云平台技术实现。

实验预约技术实现：这一部分，我们参考了 restful api 的设计模式，将功能拆解为微服务，通过进程间通信同步数据。

为了实现实验预约技术，我们在 ThinkPHP 搭建的主服务中设计了多个 API，用于发送数据实现预约状态改变的功能。而服务器与单片机之间，使用了基于 node.js 实现的 http api 服务器，单片机通过 TCP/IP 发送数据包至服务器，API 服务器对该数据包做出响应，从而实现了预约功能。

在数据安全上，由于单片机与服务器通信没有通过校园网，单片机链接的 Wi-Fi 信号也是隐藏 Wi-Fi，我们对数据加密没有考虑，以此实现高效的数据传输，但是在单片机链接时，我们使用 Outh2 的方式对单片机身份进行了验证，提高安全性，防止有黑客抓取到数据包后通过发送伪造的 http 请求篡改数据。

自动实验报告生成技术实现：我们选择 markdown 作为页面内报告编辑器的填写方式，并集成了代码高亮截图上传和 latax 等实用功能，便于学生操作。当学生填写完一部分内容后，页面内 js 将会在浏览器的 localstorge 内对应字段（实验编号）内追加存储当前学生填写内容直到进行到最后一项。

当学生填写完最后一项内容后，页面内 js 将 localstorge 中的内容追加载入页面内，通过特定 css 进行修饰，以满足打印需求，最终将其打印为 PDF，实现实验报告即时存储和导出。之后，这部分数据将被存放在数据库内，当教师需要导出时，重复上述操作，即可进行打印。

②后台数据库技术实现。

数据库部分采用 MySQL 构建。在前端可通过调用后端接口对数据库进行查询，对数据进行显示。数据库用 ER 图进行设计，并将其转换为数据表。服务器框架图如图 4-4 所示。

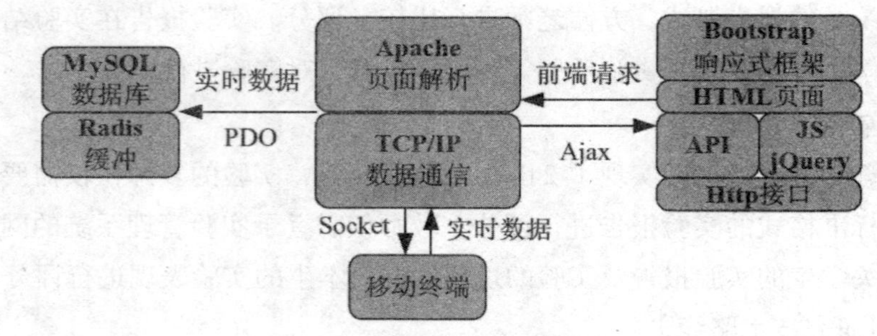

图4-4 服务器框架图

服务器通过 TCP/IP 协议与地面站通信，通过 PDO 与数据库之间的交互连接，通过 http 并由 ajax 辅助与前端页面交换数据，是构建本系统必不可少的部分。

PDO 是 PHP DataBase Object 的缩写，是一个高度抽象的数据库对象，将各种数据库指令抽象为统一的函数，当业务量扩张时，整个程序仅需修改 PDO 的 object 名称，而不需要大范围修改程序。

【智能实验桌技术实现】

①用户交互系统技术实现。

硬件部分：该系统以 STM32 为控制芯片，ESP8266 Wi-Fi 模块实现实验台与云平台的通信，科大讯飞的 XFS5252 语音合成模块为用户提供语音提示，4.3 寸 TFTLCD 电容式触摸屏与用户进行交互，二维码扫描模块 GM-65 用于验证用户身份，继电器用来控制实验台的上电。已在云平台预约的用户可在预定的时间，在预定的实验桌进行二维码扫码验证，学生信息会通过 Wi-Fi 模块与云平台预约信息对比，验证成功后交互系统为实验台提供 24V 直流电压，学生可进行实验，预定时间结束后自动断电。用户交互系统硬件设计图如图 4-5 所示。

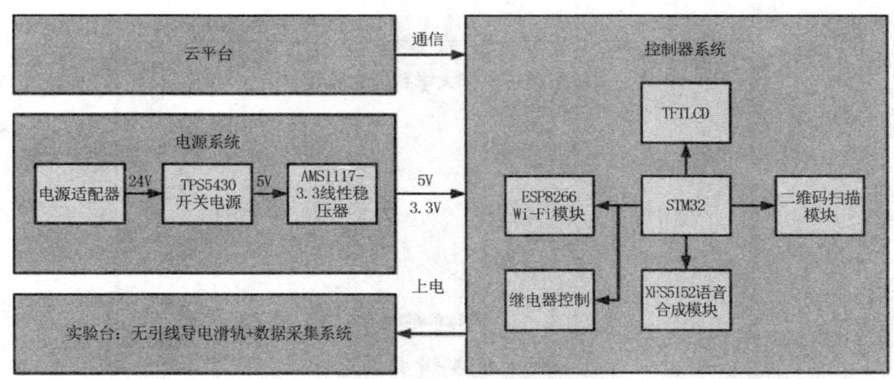

图4-5　用户交互系统硬件设计图

软件部分：实验桌交互系统软件部分以 ucosⅢ嵌入式操作系统为基础，结合 STemWin 专业级图形库，包含了实验桌预约信息显示，学生教师身份验证，控制实验箱上电断电，教师打分并数据回传服务器，Wi-Fi、提示音设置等功能，承担实验前后与师生进行信息交互的任务。用户交互系统软件设计图如图 4-6 至图 4-8 所示。

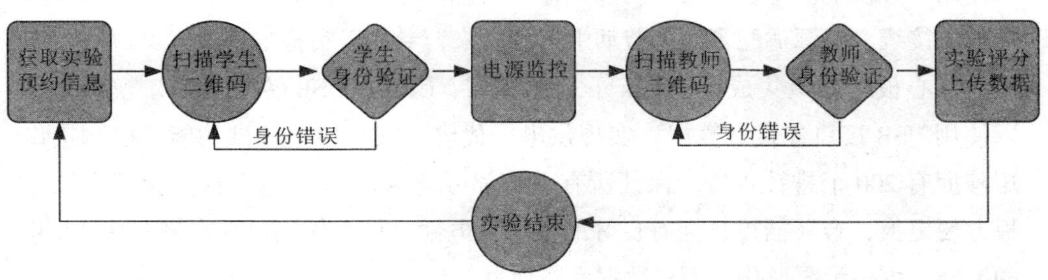

图4-6　用户交互系统软件设计图

图4-7　交互系统UI结构图（学生界面）

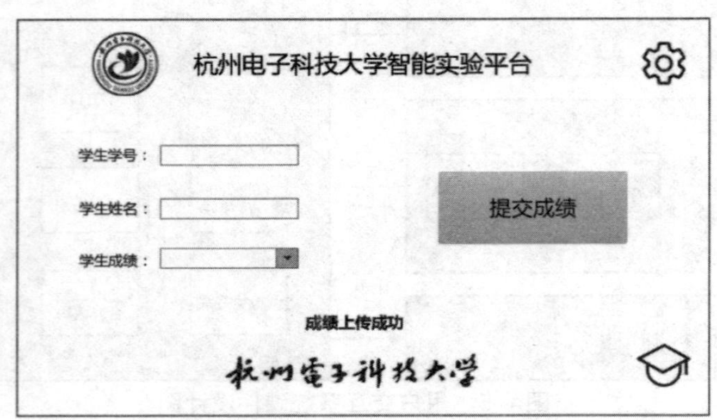

图4-8　交互系统UI结构图（教师界面）

②开发套件技术实现。

本产品为便携式智能实验平台模块之一。安装方便，使用简单，拥有统一且丰富的接口资源。可方便地更改核心板型号、模块类型和数据输入输出接口。可以让用户方便地测量各个接口的输入输出情况。这作为实验平台，可以将用户从烦琐的接线、电源适配等简单劳动中解放出来，专注于实验本身。

核心板接口板集成了J-link下载调试器、CH340 USB转TTL串口模块，可以使用USB接口连接计算机，实现供电、代码下载和串口调试功能。引脚接口矩阵拥有200个排针接口，保证所有引脚都可连接。“金手指”接口保证了核心板方便更换，容易插拔且拥有良好的接触导电性。核心板接口板自带一块2.8寸触摸屏，可显示图形化界面和数据状态信息。

机电模块使用12V DC座供电以保证功率器件正常使用，使用L298N电机驱动芯片，可控制两个直流电机或一个两相步进电机。编码器可读取电机转速，方便控制电机。多个舵机或伺服器使用PWM控制，可实现多种功能。模块使用杜邦线连接排针的方式实现与核心板的连接。用户可方便地更改连接方式。

③智能测量技术实现。

数据采集装置是一款为实验数据采集、数据分析、数据显示的智能产品，由Digilent Analog Discovery 2和PC端组成。Digilent Analog Discovery 2是一个迷你型USB示波器和多功能仪器，可以让用户方便地测量、读取、生成、记录和控制各种混合信号电路。同时，可以搭配PC端LabVIEW软件调用DIGILENT智能仪器基础硬件进行编程控制及用户界面设计的API函数来自行定制属于自己的智能仪器创新应用及创新仪器用户界面，例如函数信号发生器、电压表、示波器等。极大提高了工作效率，降低了开发成本，使用起来更加方便。智能测量系统布局图如图 4–9 所示。

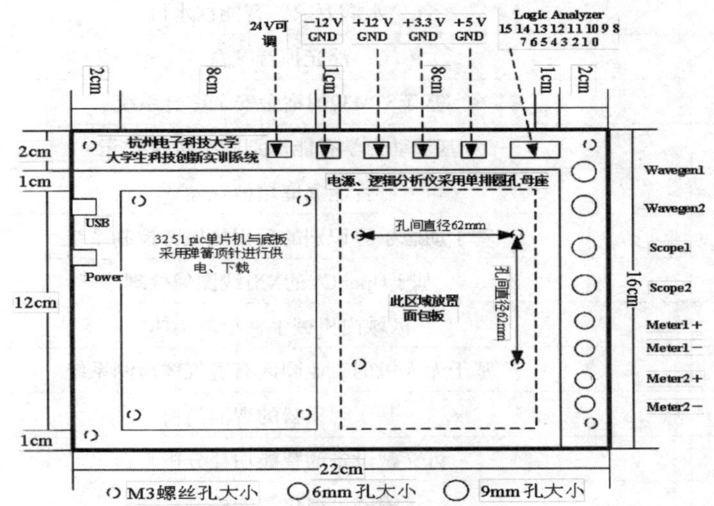

图4–9　智能测量系统布局图

4.3.4　科技创新实践项目建设

建立教学项目库可以将各种竞赛的参赛项目资源收集起来，这些项目作为案例供学生学习借鉴，通过学习讨论启发发现新问题、新方法、新思路、新需求、新功能、新设计，从而为创新提供基础。表 4–5 所示为部分教学项目库的列表。

表4–5　教学项目库部分项目列表

序号	项目名称
1	"婴育宝"—智能婴儿床
2	基于红外图像增强技术的森林火源检测装置
3	基于STM32的智能绿植护理机
4	基于树莓派的无人机光流定位系统研究
5	基于树莓派和神经网络的跨信道声纹识别门锁
6	基于STM32的安防智能小车
7	个性化智能生活管家
8	基于蓝牙的远程控制锁
9	可移动存储的多终端电子听诊器

续表

序号	项目名称
10	“哆啦A梦的魔法箱”智能分类垃圾箱
11	“水润万家”智能饮水机
12	浮光掠音魔盒
13	基于STM32的宿舍安全综合系统
14	基于动力学智能识别的手机保护壳
15	智能家庭培植花盆
16	基于动态手势识别的远程机械臂控制系统
17	基于OpenCV的X射线图像处理
18	区域内机械手臂拾取物体
19	基于无人机的工业园区有害气体检测系统
20	基于阿里云的智能门窗
21	可穿戴设备的智能功耗分析平台
22	运输链可视化智能检测系统
23	基于BLE5.0 Mesh组网的数据储存与传递框架
24	基于机器视觉的火焰检测系统
25	基于FPGA的自定义可调视频采集处理系统
26	基于物联网和深度学习的智能防近视台灯
27	基于树莓派的多功能智能清扫小车
28	搭载舒曼波与负离子发生器的智能音箱
29	一种荷控忆阻器实验模型设计与实现
30	基于物联网的高风险人群实施健康与环境检测及应急保障系统
31	基于PYNQ的智能绘图机器人设计
32	基于STM32的充电站智能监测套件
33	无线遥控爬墙车
34	基于NB-IoT的分布式多传感器森林火灾监测预警系统
35	基于STM32单片机的智能寝室控制
36	智能加热保温装置
37	基于STM32的自动扫描仪
38	室内定位懒人垃圾桶

续表

序号	项目名称
39	加热型智能食品售货机的研究与改进
40	基于STM32的便携式家用激光雕刻机
41	基于STM32的垃圾桶智能语音识别分类设计
42	捡乒乓球机——基于FPGA的图像识别处理
43	基于STM32的饭店点餐系统
44	宠物自动喂食机
45	基于Lua和js的智能可编程手表
46	基于STM32的天然气管道安全检测系统
47	基于Sub-G频段的组网系统设计与研究
48	智能酒店房门人脸识别系统
49	集中供热系统温度流量监测模块
50	基于树莓派的物联网滴灌系统
51	智能驾驶辅助预警系统
52	基于机器识别的指针式仪表识别系统
53	基于K66的无人监守点滴自动监控系统
54	基于K66的无人驾驶消防车
55	便携式无线室内外空气质量监测器
56	基于移动互联网络的远程遥控机器人
57	智能机械臂
58	基于阿里云的电力需求响应终端设计
59	垃圾分类智能垃圾箱
60	基于谐振式高校无线充电的智能蓝牙音箱
61	基于物联网的动态密码锁
62	石墨烯/磁性纳米颗粒复合材料的制备
63	面向物联网的宝宝房甲醛监测空气净化系统
64	基于STM32的智慧公厕环境监测仪
65	高温振动检测用钛酸铋陶瓷的制备与压电物性研究
66	基于机器视觉的电力系统检测无人机
67	基于FPGA的卧床病人压疮预防系统

续表

序号	项目名称
68	基于FPGA的老年人跌倒报警系统
69	基于OpenMV的污损条码识别技术研究
70	简易无线充电器的设计与制作
71	基于云控制平台的智能保险柜
72	基于 ZYNQ 的教学用 SDR 设备
73	基于视觉交互的触控投影系统设计
74	基于生物识别模块的无线门禁系统
75	灭火器智能监测装置与一体化物联网消防系统
76	基于YOLOv3深度学习的自动灭火系统研究
77	水中“漫步”
78	基于树莓派的智能交互式音乐喷泉
79	基于智能检测的全自动多功能医疗床
80	高功率脉冲电容用弛豫铁电体材料探索
81	基于STM32的自动调速兼人群跟踪风扇
82	基于深度学习的心电图（ECG）辅助识别
83	基于蓝牙5.0和微信小程序的家庭小型水生脊椎动物养殖和环境检测
84	基于STM32的智能家居系统
85	双目测距仪的研究与实现
86	基于树莓派的温度调节及婴儿监控系统
87	基于蓝牙通信的办公辅助手柄
88	无线射频物流信息采集系统
89	3D纺织机器人电机阵列控制系统
90	给予无线充电技术与神经网络的无人驾驶
91	基于FPGA的脉冲神经网络的无监督分类学习
92	基于FPGA和全栈开发的智慧食堂系统
93	基于SFM的大场景三维重建系统
94	智能仓储盘点系统
95	基于树莓派及深度学习的情绪感知调节系统
96	智能“机器人”

续表

序号	项目名称
97	基于NFC技术的多场景智能锁
98	物流智能分拣整理运输小车
99	基于RISC-V的神经网络算法的手势识别系统
100	基于FPGA的人脸识别及加速
101	基于FPGA的智能家用药品存取箱
102	智能灯泡
103	一表非凡
104	基于SPI总线的针织横机多组步进电机联合控制系统
105	无线射频物流信息采集系统
106	基于毫米波雷达的室内人员定位和跌倒检测
107	基于组网系统和Unity3D的虚实结合仿真平台
108	面向物联网的宝宝房甲醛残余监测空气净化系统
109	优视——基于FPGA 的超高清视频缩放转换器
110	忆阻器、忆容器、忆感器模型设计与实现
111	基于物联网技术的室内综合检测系统
112	LTCC器件用低温烧结W型钡铁氧体的技术研究
113	基于可穿戴惯性传感器的可视化人体姿态检测系统
114	基于STM32与云端的智能自来水水质监测系统
115	基于深度学习的毫米波探测成像识别系统
116	基于 NB-IoT 和神经网络算法的森林火灾监测与火情预测系统
117	基于合成孔径雷达的灾后地形快速成像系统
118	穿戴式防止老年人摔倒的气囊系统设计
119	基于机器视觉的电力巡检无人机
120	基于RISC-V的神经网络算法的手势识别系统
121	基于ARM处理器的饭店点餐系统
122	MOOOD ——基于深度学习的感知调节系统
123	基于物联网和嵌入式系统的共享充电装置
124	基于卷积神经网络的夜间车载监控仪

车载手势识别系统形态学处理设计及 FPGA 实现

【实验内容与任务】

使用 3×3、5×5、7×7 等结构元素，对二值化处理后的手势图像进行腐蚀、膨胀、开运算和闭运算等形态学处理。实验操作流程如图 4-10 所示。

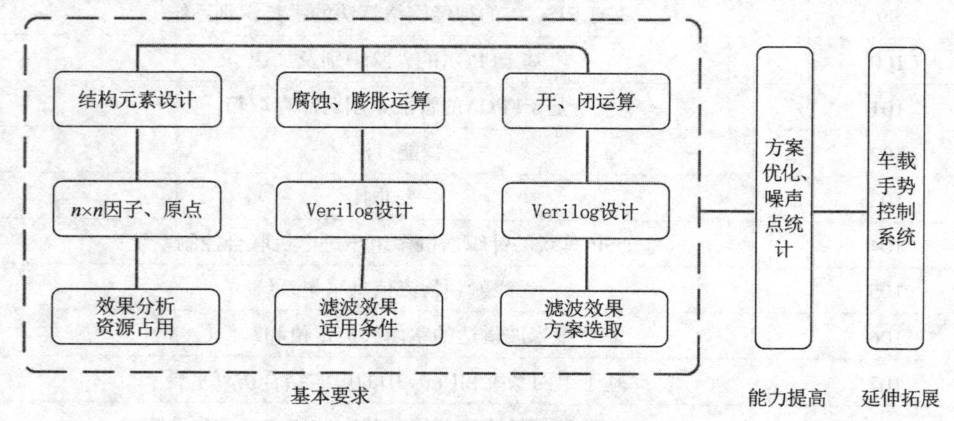

图4-10 实验操作流程

实验任务 1：结构元素选择。使用 3×3、5×5、7×7、9×9 和 11×11 共 5 类结构元素对二值化图像进行腐蚀操作。观察和比较使用不同结构元素达到的实验效果，同时查看 FPGA 平台在不同结构元素下所消耗的逻辑资源和存储器 RAM 资源。针对手势图像分析和选取合适的结构元素，并计算存储器 RAM 消耗的资源数量。

实验任务 2：根据实验任务 1 所选取的结构元素，对二值化图像进行单一的腐蚀和膨胀操作。根据观察到的实验效果归纳总结两种形态学操作各自的特点和适用范围；思考和讨论为达到更好的滤噪效果所需的有效操作途径。

实验任务 3：根据实验任务 1 所选取的结构元素，对二值化图像进行腐蚀和膨胀组合操作。先进行开运算即先腐蚀再膨胀，然后进行闭运算即先膨胀再腐蚀。根据观察到的实验效果归纳总结两种形态学操作各自的特点和适用范围；思考和讨论手势图像处理效果较佳的形态学运算方式。

上述实验内容其结果均不具有唯一性，学生需根据多样性的实验数据和实验效果进行分析和归纳，寻找针对当前图像最佳的形态学处理方案，并大胆尝试、探索推导形态学处理方案的规律性和普适性，从而达到综合能力的锻炼。

【实验过程及要求】

① 了解形态学图像处理的原理和适用范围。

② 掌握结构元素，腐蚀，膨胀，开、闭运算的 FPGA 实现方式。

③ 使用 3×3、5×5、7×7、9×9 和 11×11 共 5 类结构元素对二值化图像进行腐蚀操作。

④ 对二值化图像进行单一的腐蚀和膨胀操作。

⑤ 对二值化图像进行腐蚀和膨胀组合操作。

⑥ 观察不同形态学处理效果，分析系统所消耗的逻辑资源和存储器 RAM 资源。

⑦ 归纳和分析噪声滤除效果及资源消耗情况，探讨手势二值图像的最佳形态学处理方案。

⑧ 撰写实验设计总结报告，结合实物效果进行课程设计验收。

【相关知识及背景】

车载手势识别系统为多学科融合综合性实验项目。实验内容涉及人工智能、图像处理、数学形态学、现代数字电子技术、计算机技术、FPGA 设计与应用等多学科课程知识。

【教学目标与目的】

了解形态学的基本运算原理，掌握使用 FPGA 进行形态学运算设计的方法。

通过分析和归纳影响系统滤波效果的原因，探索较佳的形态学处理方案。

提高学生的成本意识，通过自主设计和算法优化，降低系统对硬件指标的要求。

【教学设计与引导】

本实验教学项目是一个多学科融合的综合性实验，实验过程以学生为主体，教师进行适当的引导。

实验教学：

教师演示往届优秀课程作品、学科竞赛获奖作品等，并指出这是身边同学设计的作品，引发学生的好奇心理和探究欲望；

简介车载手势控制系统的基本原理和应用场合，让学生体会到数字技术改变和影响我们的生活和学习，激发学生的学习兴趣；

教师引出话题，我们如何使用现有所学知识解决车载手势识别系统的核心技术难题——二值图像的形态学处理与 FPGA 实现，并让学生分组讨论；

总结学生讨论话题的基础上，简要介绍二值图像的形态学处理过程和如何使用现代数字电子技术进行 FPGA 设计实现；

学生分组完成结构元素的选取和分析、腐蚀和膨胀运算的设计、开运算和闭运算的设计三部分实验内容，组织优秀学生分享设计心得，全体讨论是否有改进方案；

学有余力的同学，进行扩展任务设计。

要点及难点引导：

如表 4–6 所示，实验内容分为 3 部分进行操作，教师对实验步骤中的要点及难点进行适当的引导，为学生指明设计方向。

表4–6　车载手势识别系统形态学处理设计及FPGA实现要点及难点

实验内容	实验要求	实验结果	难点引导
结构元素的选取和分析	使用 Verilog HDL 语言完成 3×3、5×5、7×7、9×9 和 11×11 共 5 类结构元素设计，使用上述结构元素对二值化图像分别进行腐蚀操作	下载硬件平台进行调试，比较和分析使用5类结构元素处理后的图像效果	针对图像处理效果进行分析，确定合适的结构元素
腐蚀和膨胀运算的设计	使用 Verilog HDL 语言完成腐蚀和膨胀运算的设计，对二值化图像分别进行腐蚀和膨胀操作	下载硬件平台进行调试，分析图像处理效果，归纳总结各自的特点和适用	思考和讨论为达到更好的滤噪效果所需的有效操作途径
开运算和闭运算的设计	使用 Verilog HDL 语言完成开运算和闭运算的设计，对二值化图像分别进行开运算和闭运算	下载硬件平台进行调试，分析图像处理效果，归纳总结各自的特点和适用	思考和讨论手势图像处理效果较佳的形态学运算方式

【实验原理及方案】

实验原理：

对二值图像的数学形态学处理过程如图 4–11 所示。

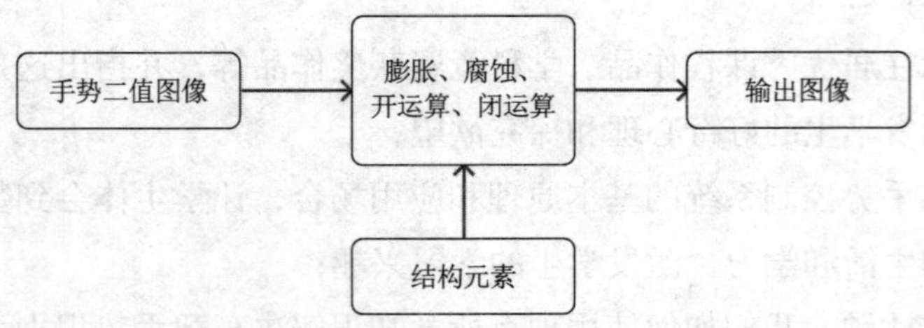

图4–11　二值图像的数学形态学处理过程

输入的原始图像就是基于 H 值提取的二值图，该二值图像是基于图像肤色部分的轮廓，然后对轮廓里的部分进行膨胀、腐蚀和开、闭等数学形态学运算。

膨胀和腐蚀是所有符合形态变换或形态分析的基础。如果用 A 表示输入图像，B 便是结构元素，那么 B 对 A 进行膨胀的结果就是图像 A 相对于结构元素 B 的所有点平移 b(b 属于结构元素) 后的并集，而腐蚀的结果是图像 A 相对于结构元素 B 平移的 –b 后的交集，它们的数学表达式分别为：

膨胀运算：$A \oplus B = \left\{ x,y \left| (B)_{xy} \cap A \neq \varnothing \right. \right\}$ （4–1）

腐蚀运算：$A \ominus B = \left\{ x,y \left| (B)_{xy} \subseteq A \right. \right\}$ （4–2）

膨胀可以填充图像中比结构元素小的空洞，以及在图像边缘出现的小凹陷部分，有对图像外部滤波的作用；腐蚀可以消除图像中小的成分，有对图像内部滤波的作用，并将图像缩小。

形态开、闭运算是膨胀和腐蚀的串行复合运算，它本身是最基本的形态滤波器，它们的数学表达式如下：

开运算：$A \circ B=(A \cdot B) \oplus B$ （4–3）

闭运算：$A \bullet B=(A \oplus B) \cdot B$ （4–4）

开运算是先腐蚀后膨胀，具有消除细小物体、在纤细处分离物体和平滑较大物体边界的作用。闭运算是先膨胀后腐蚀，具有填充物体内细小空洞，连接邻近物体和平滑物体边界的作用。

形态学图像处理的基本思想是利用一个称作结构元素的“探针”收集图像的信息。当探针在图像中不断移动时，便可考虑图像各个部分间的相互关系，从而了解图像的结构特征。结构元素是重要的、最基本的概念，它在形态变换中的作用相当于信号处理中的“滤波窗口”。对同一幅图像，结构元素不同，则处理的效果也不同，所以结构元素很重要。

FPGA 设计实现思路：

在 FPGA 中，常见膨胀的算法就是将一个 3 × 3 像素窗口内的像素进行“与”操作；同理膨胀即为“或”操作。

腐蚀算法过程如图 4–12 所示，将 3 × 3 窗口内像素进行相与的逻辑运算。实现了将结构元素单元内的杂点进行清除；若各个点用 Pn 来表示，则该算法表示为：

P1 = P11 & P12 & P13 ;

P2 = P21 & P22 & P23 ;

P3 = P31 & P32 & P33 ;

P = P1 & P2 & P3

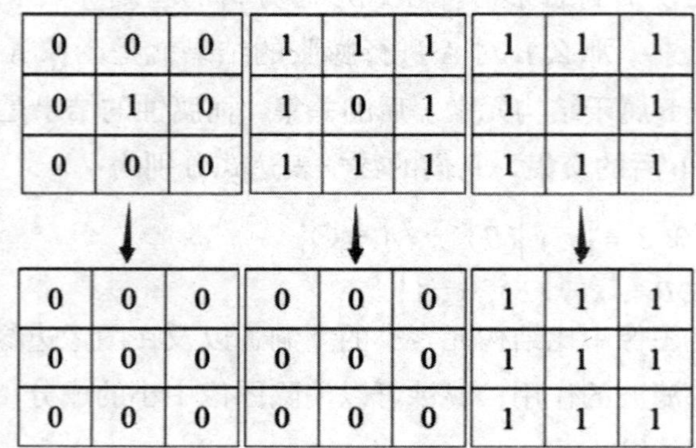

图4-12　腐蚀算法运算过程图

膨胀算法过程如图 4-13 所示，将 3×3 窗口内像素进行相或的逻辑运算。只要区域内出现 1 个需要的点，则经过运算之后，整个 3×3 方格内都会变成该点。

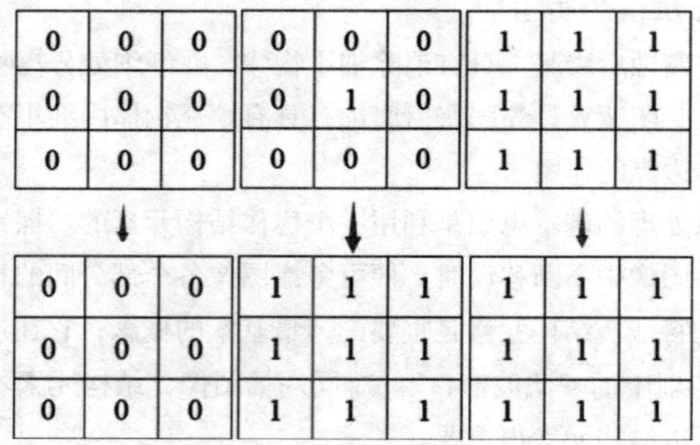

图4-13　膨胀算法运算过程图

【教学实施进程】

任务布置：

“数字系统课程设计”课程共 32 学时，“车载手势识别系统形态学处理设计及 FPGA 实现”实验共 8 个学时；学生通过教学网络管理平台提前了解实验任务及要求，学生二人一组，进行实验方案构思。

课前预习：

实验课程提前录制了实验教学视频并发布在学校网络教学平台，实验内容包括仿真软件的操作使用、简单的仿真举例、仿真注意事项等内容，让学生提前熟悉实验操作并预习，完成实验方案的设计。

课堂实验：

实验教学采用“小班化实验教学模式”，每个实验班 20 名学生进行实验设计。

课堂实验以学生为主体，实验课上学生承担“讲解、补充、质疑”任务，教师承担“质疑、引导、归纳”任务，指导教师每周挑选两组优秀团队对实验设计进行讲解及心得分享。调动学习气氛，提升实验教学的趣味性、研究性及可研讨性。

【实验考核】

采用“自主设计论文答辩”的实验考核模式，学生制作 PPT 进行实验项目汇报，并提交实验总结报告。实验考核注重实验的过程性，避免以实验考试定成绩的方式。关注学生实验报告质量的同时，更关注学生在综合设计性实验中所展示的积极性、团队合作意识和工程创新能力等。

（1）实验报告要求

学生按实验教学任务要求，经过实验方案设计、教学视频观看、分组讨论实验操作、实验效果分析归纳等环节完成实验设计，对所设计的实验进行硬件调试、参数调整，给出系统优化方案，提交实验总结报告。

结构元素的选取和分析实验设计中需比较和分析使用 5 类结构元素处理后的图像效果，针对手势图像分析和选取合适的结构元素。腐蚀和膨胀运算的设计及研讨实验设计中需使用 Verilog HDL 语言完成腐蚀和膨胀运算的设计，思考和讨论为达到更好的滤噪效果所需的有效操作途径。开运算和闭运算的设计及研讨实验设计中需使用 Verilog HDL 语言完成开运算和闭运算的设计，思考和讨论手势图像处理效果较佳的形态学运算方式。

报告要求如下：

①按照实验原理和实验步骤进行实验设计，完成实验后上传 Word 文档实验报告。

②实验报告文件命格式为：姓名—学号—×××××（实验名称）.doc。

③报告内容至少应包含实验目的、实验仪器、实验原理、实验数据、实验总结、心得体会等部分。

（2）考核要求与方法

考核方法：

实验教学项目对学生的考核主要体现在“参与性、要点总结、实验拓展、文档资料表述”等方面。实验成绩由实验效果、生生互评、实验综合素养等组成。在整个项目实施过程中，引导学生充分关注操作行为规范、实验安全和职业伦理等问题。

考核时间节点：

实验学时为 8 个课时数，第 2 个课时后进行结构元素的选取实验验收，第 4 个课时后进行腐蚀和膨胀运算实验验收，第 6 个课时后进行开运算和闭运算实验验收，第 8 个课时组织讨论和优秀作品分享。

考核标准：

实验成绩 = 实验效果（40%）+ 总结报告（30%）+ 生生互评（15%）+ 实验行为规范（15%）。

实验项目根据学生报告的建议内容、学生问卷调查、实验组教师讨论意见、专家指导意见等多渠道收集反馈意见，对实验考核评价体系进行持续改进。

（3）项目特色或创新

①实验内容涉及多课程知识，加强了学科之间的交叉融合；实验教学实现由单一实验技能锻炼向综合能力素养培养的转变。

②实验教学项目依托国家级虚拟仿真实验中心，构建跨越时间空间以及资源共享的实验教学环境；实验教学实现由固定场所向互联网场所的转变。

③通过算法演变，采用 Verilog HDL 语言编写，将深奥的手势识别技术和数学算法转化为基础的数字逻辑运算，满足本科阶段实验教学需求；实验教学实现复杂工程问题模块化、枯燥理论知识趣味化的转变。

产品外形设计隐身性能分析虚拟仿真实验

产品外形设计隐身性能分析对于军事现代化和军事强国建设意义重大。目前，高校开设的产品设计、外形隐身技术等课程教学局限于复杂抽象的公式推导，导致学生对产品外形设计隐身技术原理缺乏直观认识，影响其学习积极性。开展产品外形设计隐身性能分析虚拟仿真实验能够激发学生对外形隐身技术的学习兴趣，加深其对抽象知识和理论的理解，为以后更深层次的应用，例如国防工业以及军用无人机外形隐身研究，夯实基础。现阶段开展产品外形设计隐身性能分析实验面临的主要问题有如下方面：

（1）高成本

在高校，隐身性能分析及研究对于产品设计相关专业仍属于稀缺门类，主要在于搭建微波暗室、相控阵雷达系统等大型军事装备受到经费和安全因素的限制。

（2）高浪费

学生针对隐身技术进行产品外观设计时，其初期阶段往往存在各式各样的问题。学生每设计一款产品形状都进行一次样机生产，并使用该样机实物进行电磁散射特性及隐身性能分析，将造成极大的经济浪费。

（3）高限制

采用电磁散射测试系统对无人机、航空器等设备开展隐身性能分析除受场地、天气等条件限制外，还将受到国家空中交通管制的制约。国务院已明确将无人驾驶航空器飞行管理暂行条例的制定纳入国务院 2020 年立法工作计划，即便是自行采购的飞行器，也无法随时随地进行练习。

（4）长周期

采用专业电磁场工程软件对复杂环境中的三维产品，尤其是结构复杂的飞行器，进行隐身性能分析建模仿真，需要使用大型服务器，花费数天甚至数周的时间，才能完成一项特定参数的性能仿真，学生在有限的实验课时数内难以完成此类长周期的仿真实验。

【实验目的】

产品外形设计隐身性能分析虚拟仿真实验，有效地解决了有限实验课时数内，让学生定性地完成对不同外形产品的隐身性能分析；通过“互动式”虚拟技术，激发学生实验兴趣，分析、归纳和总结不同产品形状、入射方位角、雷达频率对产品隐身性能的影响和变化趋势；总结与各种实验现象相联系的知识点，加深其对基础理论的理解和掌握。本实验教学主要实现以下目的：

（1）缩短实验周期，提高产品设计效率

受经费和安全因素的限制，开设产品外形设计隐身性能分析实体实验难度极大，采用专业电磁场工程软件对复杂形状产品进行雷达散射截面建模仿真耗时长。本实验教学项目通过“互动式”虚拟技术模拟瞬态电磁脉冲入射不同形状的物体，直观快速呈现正方体、圆柱体、球体、战斗机等雷达散射截面仿真结果，极大地缩短了实验周期，提高了产品外形设计的效率。

（2）规避教学风险，确保教学质量

采用相控阵雷达系统对运动中的无人机进行隐身性能分析时，注意事项多，技术要求高，学习难度大，因操纵环境的特殊性，随时面临着坠机的危险。仅利用课内几个学时的实践教学，学生难以真正掌握对运动中物体的隐身性能测试。本实验教学项目通过对不同形状产品的隐身性能进行仿真测量与分析，掌握影响物体隐身性能的因素，探究通过改进物体形状和雷达相关的物理和电学参量，提高产品形状隐身性能以及雷达反隐身性能的有效途径。

（3）培养创新意识，激化学习兴趣

实践教学是教学活动的重要环节之一，可以加深学生对理论知识的了解和掌握，同时培养科学严谨的作风。有时，某些实验由于环境、经济等因素的限制，不便在真实环境中完成。本实验教学项目通过三维仿真设计→隐身性能分析→课外实践拓展等培养环节，做到理论教学与实验教学相辅相成、实验教学与工程应用相接轨，培养学生的创新意识，满足多学科交叉人才培养需要。

【实验原理】

外形隐身技术主要依据电磁波散射理论，对设计产品的主要部件进行合理布局，尽量减弱其受威胁的主要方向上的电磁辐射强度。雷达散射截面是度量目标在雷达波照射下所产生回波强度的一种物理量，简称 RCS。它是目标的假想面积，用一个各向均匀的等效反射器的投影面积来表示，该等效反射器与被定义的目标在接收方向单位立体角内具有相同的回波功率。实际上，一个物体的 RCS 不是一个单值，对于每个视角、不同的雷达频率等都对应不同的 RCS。例如 F-16 战斗机的某个波段的 RCS 值正前方为 $4m^2$，而侧向则大于 $100m^2$。除了用平方米为单位反映雷达散射截面外，另一种更通用的方法是用雷达散射截面的对数值的十倍来表示，单位是分贝平方米。

雷达散射截面既与目标的形状、尺寸、结构及材料有关，也与入射电磁波的频率、极化方式和入射角等有关。物体受到微波雷达信号的辐射后，在其表面形成特定的电场分布，并产生电磁散射。电磁散射特性采用 RCS 来衡量。影响 RCS 的因素包括：微波雷达信号的频率、角度、金属体的形状和表面材料。本实验教学项目通过仿真和分析不同条件下金属体 RCS 的特性，揭示微波雷达信号的频率、入射角度以及金属体表面形状对 RCS 的影响。最后通过实物操作和测量验证仿真的原理和规律。

4 个知识点：

基于三维仿真技术和虚实结合方式，构建产品外形设计隐身性能分析虚拟仿真实验教学项目；搭建原景在线式虚拟仿真实验环境，模拟不同形状物体和战斗机在理想环境中受到微波雷达信号入射的表面场强分布。实验项目涵盖“正方体隐身性能分析、圆柱体隐身性能分析、球体隐身性能分析、飞行器隐身性能分析”四大类，涉及知识点如下。

知识点 1：不同产品外形设计在同频率信号中的隐身性能

空间中存在电磁场，在不同区域电磁场的幅度不同；电磁场可以通过雷达天线辐射出去，在特定空间形成特定分布的微波雷达信号；正方体、圆柱体、球体等不同外形设计产品在同一频率雷达信号中的隐身性能。

知识点 2：不同产品外形设计在不同频率信号中的隐身性能

在频域下，正方体、圆柱体、球体等不同外形设计产品表面电场分布随微波雷达信号入射角度与金属体表面形状的变化规律。

知识点 3：不同产品外形设计的隐身性能与雷达入射角度关系

不同外形设计产品受到微波雷达信号的辐射后，影响隐身性能的因素包括：微波雷达信号的频率、角度、金属体的形状和表面材料。通过仿真和分析不同条件下物体隐身性能的特性，揭示微波雷达信号的频率、入射角度以及表面形状对隐身性能的影响。

知识点 4：用散射较弱的构型遮挡散射较强的构型，提高隐身性能

不同外形设计产品的隐身性能与入射微波雷达信号的频率、角度、雷达类型和表面形状、尺寸以及表面材料都有极大的关系。通过仿真实验归纳和总结正方体、圆柱体、球体等不同外形的 RCS 值变化规律。在进行产品外形设计时，掌握用散射较弱的构型遮挡散射较强的构型，提高产品外形设计隐身性能。

【实验教学方法】

产品外形设计隐身性能分析虚拟仿真实验教学项目，通过“互动式”虚拟技术模拟瞬态电磁脉冲入射不同形状的产品，在解决现阶段开展实体实验面临高成本、高浪费、高限制、长周期等基础上，实验教学项目能直观且快速地呈现正方体、圆柱体、球体、战斗机等隐身性能仿真结果，极大地缩短实验周期，提高产品外形设计的效率。本实验教学旨在调动学生实验兴趣，在夯实学生产品外形设计和隐身技术理论知识下，切实提升学生的自主研学能力。

实验课程紧跟时代步伐，积极探索将信息技术运用到实验教学的实施过程。借助我校虚拟仿真在线教学管理平台，通过三维仿真技术，进行原景在线式虚拟实验设计；达到“处处能学、时时可学”的泛在学习和差异化培养，实验与理论的互融互通的目的。

具体教学方法如下：

（1）体验式教学

实验教学充分利用既有的“互联网＋”和教育信息技术，采用线上线下融合的体验式教学方式，调动学生实验兴趣，培养学生主动、严谨的实验习惯。

在开发每一个实验环节项目时，对于实验操作都加以文字引导的方式，逐步展示整个实验的正确操作步骤。在虚拟仿真教学过程中，充分利用虚拟情景，采用“教”“学”“做”三者合一的教学模式，使教学与实践充分结合，使学生实际操作水平得到进一步提高。遇到问题可以通过即时通信工具，如微信或QQ及时与教师和同学线上互动。在基地教学中，教师进行个别答疑辅导，针对共性问题组织讨论，评定平时成绩。虚拟仿真教学管理平台如图4-14所示。

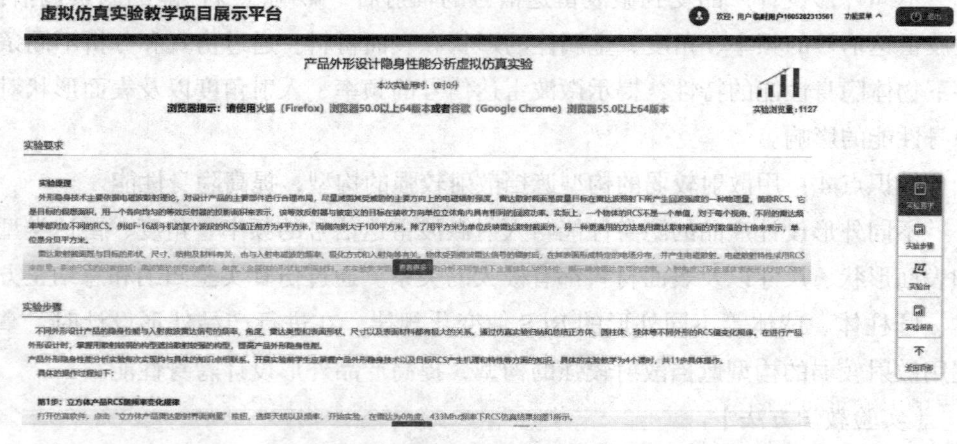

图4-14　杭州电子科技大学虚拟仿真实验教学平台

（2）研讨式教学

传统的实验教学模式不利于调动学生的主体积极性，产品外形设计隐身性能分析虚拟仿真实验教学项目融合了研讨式的教学方法；结合学科前沿发展，调动课堂氛围，激发学生探索实验创新新途径。实验探索性内容以分组讨论模式进行，分组讨论主要围绕“交流、研讨、参与、动手”四个方面展开，实验课上学生承担“讲解、补充、质疑”任务，教师承担“质疑、引导、归纳”任务。学生的问题首先由学生进行解答和补充，教师对学生的设计做出归纳和点评，肯定学生正确的地方，补充不足的地方，对需要进一步提高的地方，进行适当引申，实现知识点的有效承接。

【实验步骤要求】

实验教学中使用的产品外形设计隐身性能分析仿真软件是利用专业软件的仿真结果结合可视化技术设计而成。实验保留了专业电磁仿真软件仿真结果准确度高以及直观的优点，同时避免了其应用门槛比较高的缺点，使学生对在产品外形设计隐身性能中比较抽象的概念以及理论有形象且直观的了解，提高学生的学习兴趣，从而更有效地培养学生的动手能力以及创新能力。

交互性操作步骤：产品外形设计隐身性能分析实验每次实现均与具体的知识点相联系，开展实验前学生应掌握产品外形设计隐身技术以及目标 RCS 产生机理和特性等方面的知识。具体的实验教学为 4 个课时，共 11 步具体操作，实验操作步骤见表 4–7。

表4–7 实验操作步骤

步骤	内容	目的	交互操作要求
1	立方体产品设计隐身性能随频率变化规律	了解立方体产品表面电场分布特性及隐身性能随频率变化的规律	记录立方体产品在不同雷达频率下电场最大值
2	圆柱体产品设计隐身性能随频率变化规律	了解圆柱体产品表面电场分布特性及隐身性能随频率变化的规律	记录圆柱体产品在不同雷达频率下电场最大值
3	球体产品设计隐身性能随频率变化规律	了解球体产品表面电场分布特性及隐身性能随频率变化的规律	记录球体产品在不同雷达频率下电场最大值
4	雷达信号倾斜入射立方体产品实物隐身性能分析	分析立方体产品表面电场分布特性及隐身性能在雷达探测角度为水平位置时的规律	记录立方体产品在雷达探测角度为倾斜位置下电场最大值
5	雷达信号倾斜入射圆柱体产品实物隐身性能分析	分析圆柱体产品表面电场分布特性及隐身性能在雷达探测角度为水平位置时的规律	记录圆柱体产品在雷达探测角度为倾斜位置下电场最大值
6	雷达信号倾斜入射球体产品实物隐身性能分析	分析球体产品表面电场分布特性及隐身性能在雷达探测角度为水平位置时的规律	记录球体产品在雷达探测角度为倾斜等位置下电场最大值
7	雷达信号垂直入射立方体产品实物隐身性能分析	分析立方体产品表面电场分布特性及隐身性能在雷达探测角度为垂直位置时的规律	记录立方体产品在雷达探测角度为垂直位置下电场最大值

续表

步骤	内容	目的	交互操作要求
8	雷达信号垂直入射圆柱体产品实物隐身性能分析	分析圆柱体产品表面电场分布特性及隐身性能在雷达探测角度为垂直位置时的规律	记录圆柱体产品在雷达探测角度为垂直位置下电场最大值
9	雷达信号垂直入射球体产品实物隐身性能分析	分析球体产品表面电场分布特性及隐身性能在雷达探测角度为垂直位置时的规律	记录球体产品在雷达探测角度为垂直等位置下电场最大值
10	战斗机隐身性能与雷达探测角度变化规律	了解战斗机表面电场分布特性及隐身性能随频率变化的规律	记录飞行器水平和垂直飞行时的电场最大值
11	虚实结合指导产品外形设计	实现仿真指导实体实验、实体实验验证仿真的流程	散射较弱的构型遮挡散射较强的构型

第 1 步：立方体产品设计隐身性能随频率变化规律

打开仿真软件，点击“立方体产品雷达散射界面测量”按钮，选择天线以及频率，开始实验。在雷达角度为 0°、433MHz 频率下 RCS 进行仿真（如图 4–15 所示）。

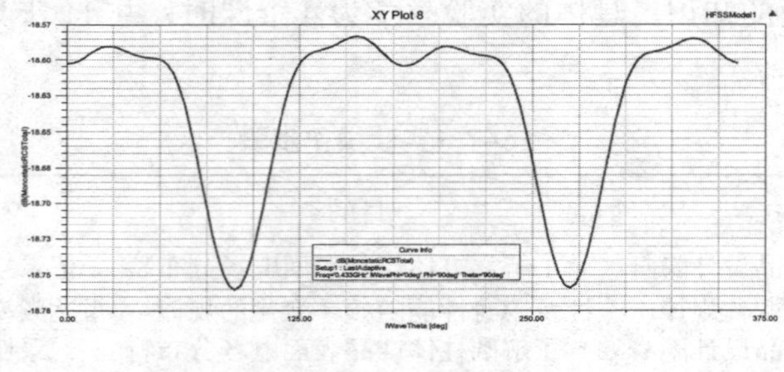

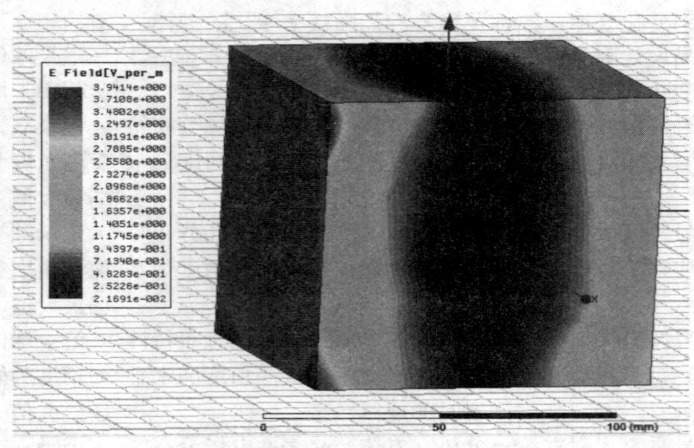

图4–15　433MHz时,立方体产品设计隐身性能仿真结果

第 2 步：圆柱体产品设计隐身性能随频率变化规律

打开仿真软件，点击“圆柱体产品雷达散射界面测量”按钮，选择天线以及

频率，开始实验。在雷达角度为 0°、433MHz 频率下 RCS 仿真结果如图 4–16 所示。

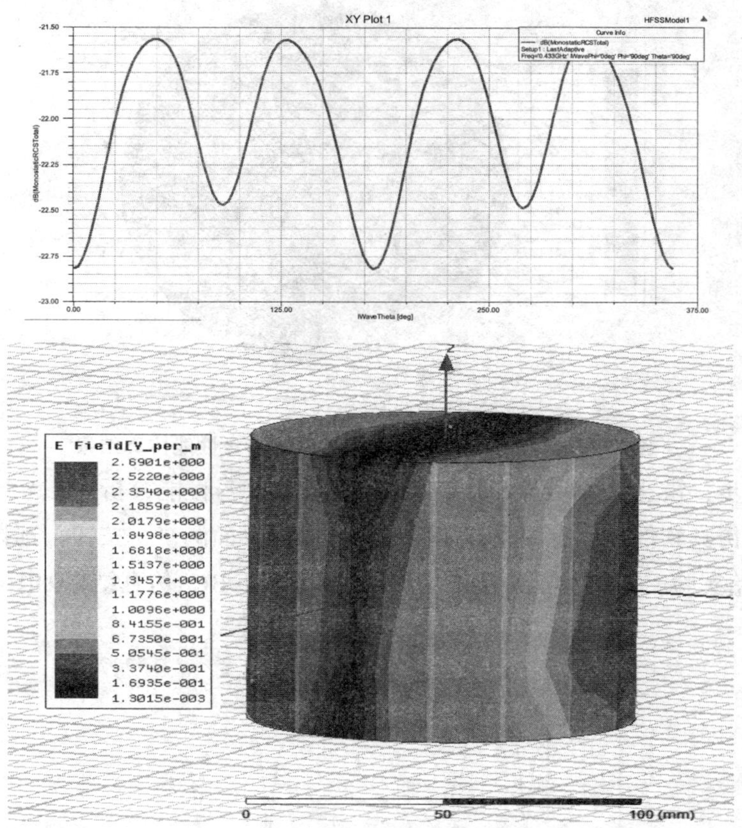

图4–16　433MHz时，圆柱体产品设计隐身性能仿真结果

第 3 步：球体产品设计隐身性能随频率变化规律

打开仿真软件，点击“球体产品雷达散射界面测量”按钮，选择天线以及频率，开始实验。在雷达角度为 0°、433MHz 频率下 RCS 仿真结果如图 4–17 所示。

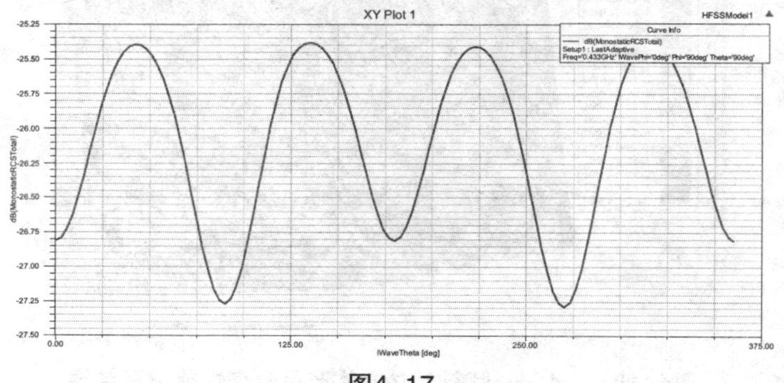

图4–17

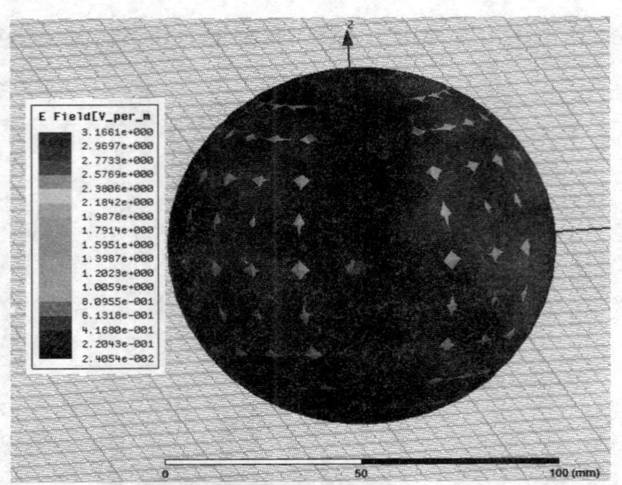

图4–17　433MHz时,球体产品设计隐身性能仿真结果

第 4 步：雷达信号倾斜入射立方体产品实物隐身性能分析

打开仿真软件，点击“立方体产品雷达散射界面测量”按钮，选择天线以及频率，开始实验。在雷达角度为45°、2.4GHz频率下RCS仿真结果如图4–18所示。

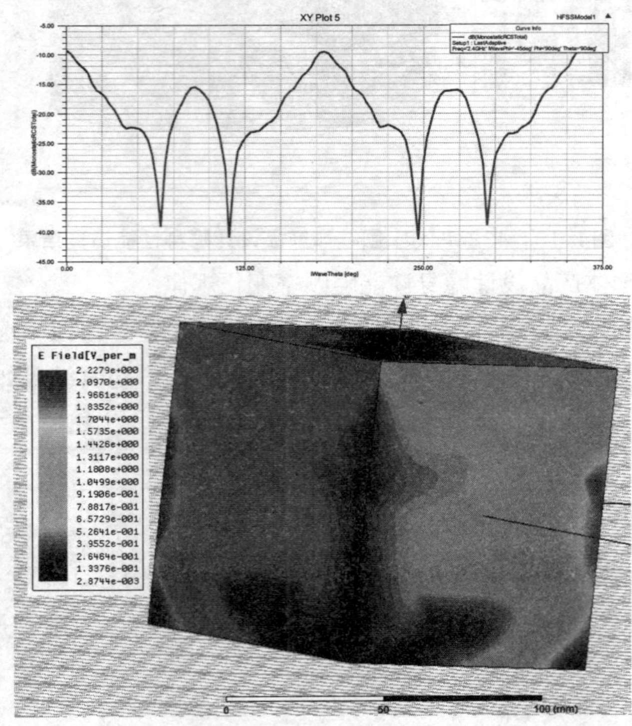

图4–18　2.4GHz倾斜入立方体产品隐身性能仿真结果

第 5 步：雷达信号倾斜入射圆柱体产品实物隐身性能分析

打开仿真软件，点击“圆柱体产品雷达散射界面测量”按钮，选择天线以及频率，开始实验。在雷达角度为 45° 、2.4GHz 频率下 RCS 仿真结果如图 4-19 所示。

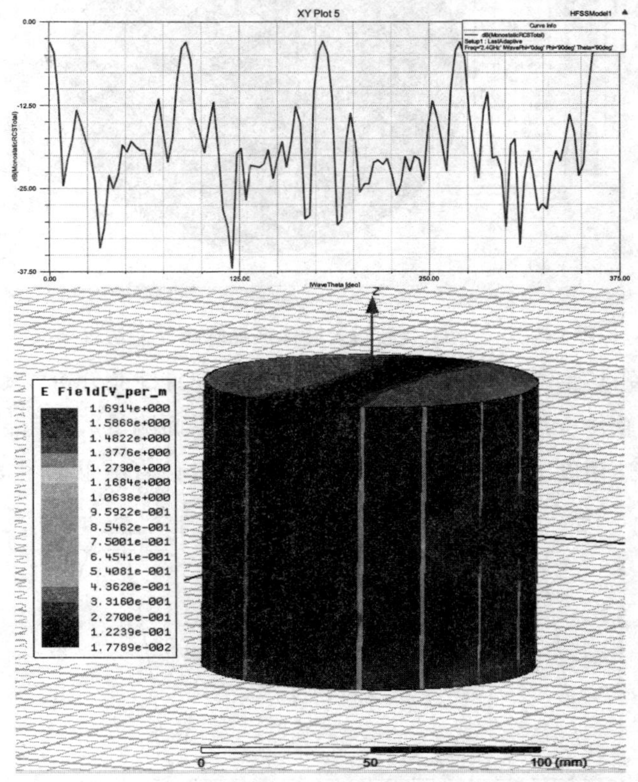

图4-19　2.4GHz倾斜入圆柱体产品隐身性能仿真结果

第 6 步：雷达信号倾斜入射球体产品实物隐身性能分析

打开仿真软件，点击“球柱体产品雷达散射界面测量”按钮，选择天线及频率，开始实验。在雷达角度为 45° 、2.4GHz 频率下 RCS 仿真结果如图 4-20 所示。

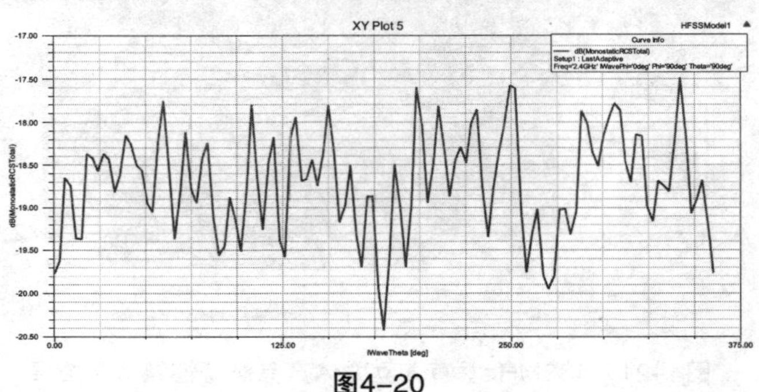

图4-20

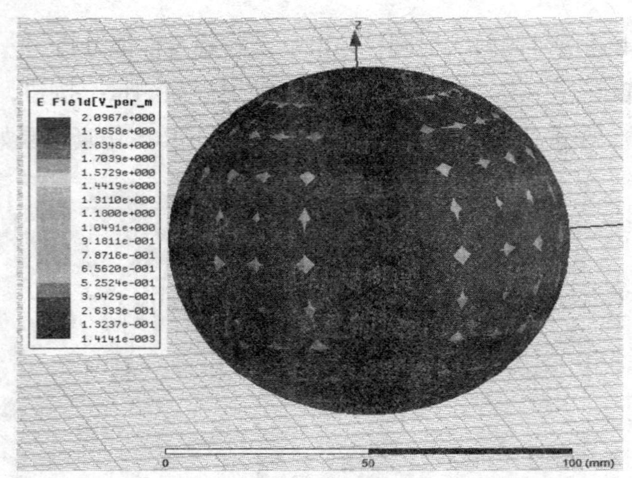

图4-20　2.4GHz倾斜入球体产品隐身性能仿真结果

第 7 步：雷达信号垂直入射立方体产品实物隐身性能分析

打开仿真软件，点击“立方体产品雷达散射界面测量”按钮，选择频率，开始实验。在雷达角度为 90° 、433MHz 频率下 RCS 仿真结果如图 4-21 所示。

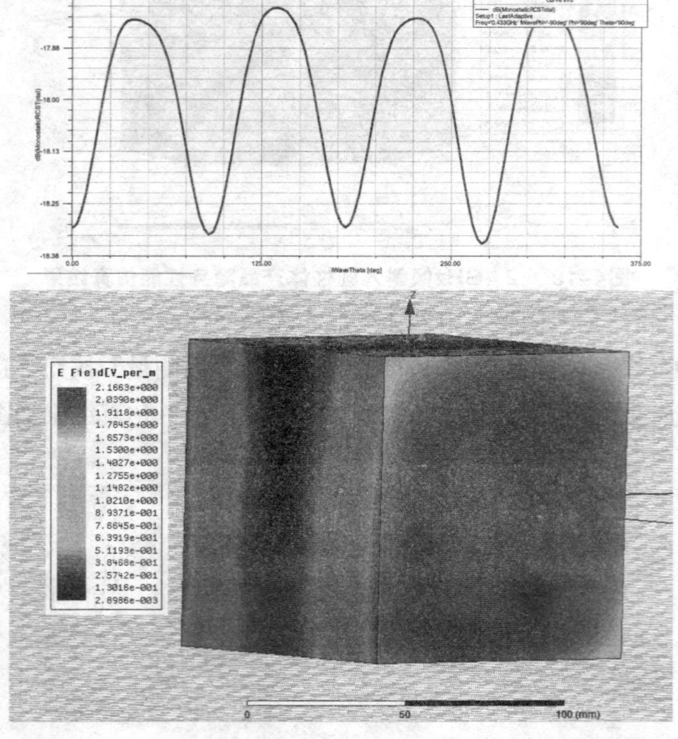

图4-21　433MHz垂直入立方体产品隐身性能仿真结果

第 8 步：雷达信号垂直入射圆柱体产品实物隐身性能分析

打开仿真软件，点击“圆柱体产品雷达散射界面测量”按钮，选择频率，开始实验。在雷达角度为 90°、433MHz 频率下 RCS 仿真结果如图 4–22 所示。

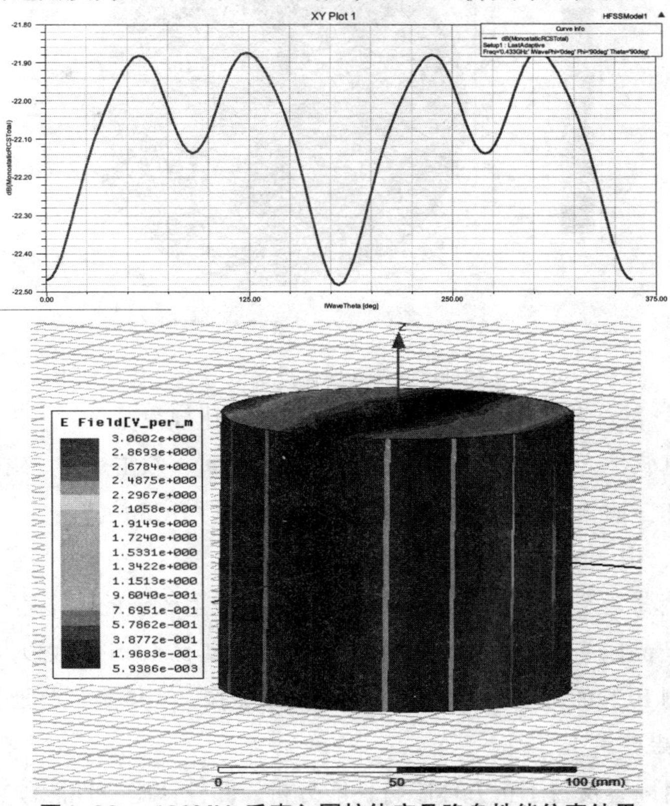

图4–22　433MHz垂直入圆柱体产品隐身性能仿真结果

第 9 步：雷达信号垂直入射球体产品实物隐身性能分析

打开仿真软件，点击“球体产品雷达散射界面测量”按钮，选择频率，开始实验。在雷达角度为 90°、1.2GHz 频率下 RCS 仿真结果如图 4–23 所示。

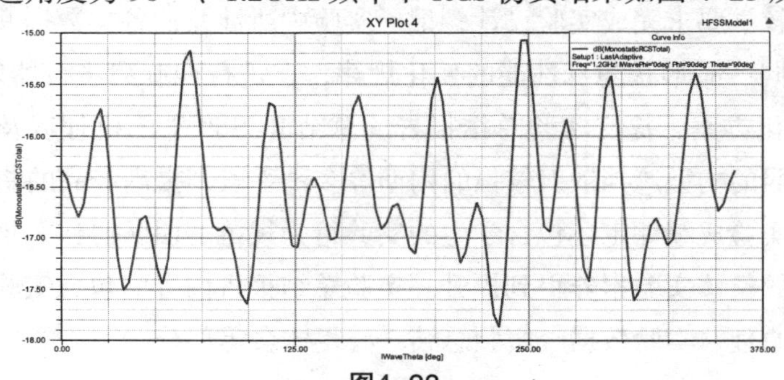

图4–23

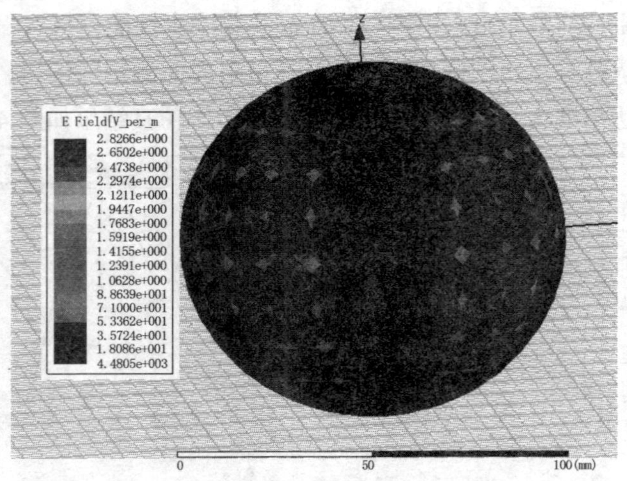

图4-23　1.2GHz垂直入球体产品隐身性能仿真结果

第 10 步：战斗机隐身性能与雷达探测角度变化规律

打开仿真软件，点击"飞行器雷达散射界面测量（双雷达）"按钮，选择频率，开始实验。在雷达角度为 90°、2.4GHz 频率下进行 RCS 仿真。

第 11 步：虚实结合指导产品外形设计

进行四旋翼无人机产品外形设计，通过采用散射较弱的构型遮挡散射较强的构型，提高产品隐身性能。分析、归纳、总结金属体 RCS 增大以及减小的方案以及有效探测 RCS 的方案。实现仿真指导实体实验、实体实验验证仿真的流程。

【实验结果要求】

实验项目内容覆盖了正方体隐身性能分析、圆柱体隐身性能分析、球体隐身性能分析、飞行器隐身性能分析（单雷达）、飞行器隐身性能分析（双雷达）等实验设计；在 RCS 测量仿真实验中记录不同发射频率、不同接收位置以及不同形状产品的 RCS 参数。

按实验教学要求完成实验设计，记录实验中所涉及的各类数据并进行分析归纳，探究不同产品形状隐身性能的变化规律，在进行四旋翼飞行器外形设计时，给出参数优化方案，提交实验总结报告。总结 RCS 产生的机理以及特性，通过采用散射较弱的构型遮挡散射较强的构型等多种手段，提高产品的隐身性能。

另外，实验成绩评定还包含学生的实验行为规范、团队协作、报告撰写等因素，使学生的整体实验素养得到提升。实验总结报告内容应包含实验目的、实验仪器、实验原理、实验数据、实验总结、心得体会等部分。

【考核要求】

产品外形设计隐身性能分析虚拟仿真实验对学生的考核一方面包括学生虚拟仿真平台操作步骤和规范程度的考核，另一方面主要体现在具有隐身性能的产品外观设计所涉及的知识点问答中。

学生在虚拟实验操作过程中，按实验操作指南进行实验设计，实验操作结束后进行实验报告提交，并获得本人的虚拟实验成绩。

实验成绩 = 实验数据（40%）+ 虚实结合完成度（15%）+ 总结报告（30%）+ 创新（15%）

实验项目根据学生报告的建议内容、学生问卷调查、实验组教师讨论意见、专家指导意见等多渠道收集反馈意见，对实验考核评价体系进行持续改进。

4.3.5　科技创新教学管理系统建设

随着学校管理变革的逐步推进，实践教学管理进一步复杂化，实践教学建设和管理的问题渐渐暴露出来。

①管理混乱：高校实践课发展“学分制”，实践课不再以课程作业方式安排，而是将实践课从理论课中剥离出来，单独开设课程，并给予相应学分，传统的实践手工排课方式就变得异常艰难。实践教学的信息化管理程度普遍不高，仪器设备的开放、使用、购置、维护均缺乏统一化的管理。设备、仪器、低值易耗品等没有较好地建立信息库，设备、仪器和低值易耗品基本信息及使用状态查询困难，不利于对这些设备的维护；对仪器设备的领用、借用、修理、报废的处理仍处于手工处理阶段，处理过程烦琐，容易出现纰漏，造成设备流失；耗材的管理也带有较大的主观随意性，容易造成耗材浪费。

②统计困难：仪器设备信息统计过程复杂，占用大量工作时间，耗材消耗情况不能够得到很好统计。教学资源的利用率等教育部要求上报的信息手工统计，工作负担较重且容易出现统计差错。教学数据也无法快速地统计汇总。

③智能性不足：传统的人工管理的模式，随着基地开放工作和开展，人工管理难以做到实时，也难以实现对基地的有效监管控制，因此基地信息化升级改造已经成为基地建设不得不面对的问题。

④信息不同步：信息智能化作为数字化校园工程的重要组成部分，需要实现各基地、教务管理系统等的有效数据对接，避免造成各管理系统之间的信息障碍。

针对目前存在的问题，需要制订一套整体的解决方案。学校已建成覆盖整个校园的计算机网络系统，使用计算机网络来进行基地管理成为了必然，特别是基地开放选课给传统的基地管理提出新的挑战。建立开放式科技创新实践教学管理系统，实现对教务管理、基地管理、教学管理等方面的全方位的统一管理。实现网上辅助教学和网络化、智能化管理，减轻基地管理人员的工作负担，提供工作效率和服务水平。加强基地对设备和材料的计划、采购、维修和使用的宏观控制和管理，以节约成本，提高利用率，强化管理。

开放式科技创新实践教学管理系统，以深化实践教学改革为指导，以规范基地管理信息化为准则，在深入分析、研究基地管理规律、教学特点及其相关软件的基础上，根据基地全面开放运行体系，设计、搭建开放式综合管理系统，系统依托校园网络构建管理模式，充分利用学校资源，实现了集教学、管理、开放预约、视频监控、虚拟实验教学系统、互动交流通知等功能于一体的基地综合管理系统。该系统能够实现对上述系统的数据进行统一化管理，形成基地信息化管理整体架构，在学校的基地管理中发挥了很大的作用，如图 4–24 所示。

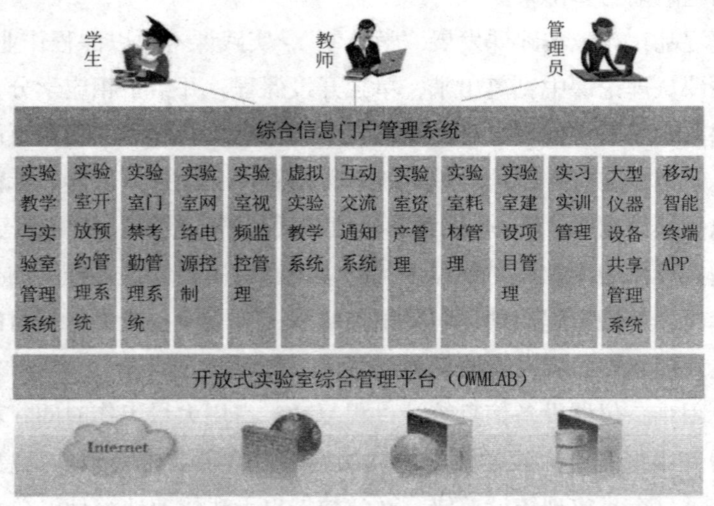

图4–24　开放式科技创新实践教学管理系统的功能架构图

开放式管理系统是针对各学校基地管理信息化提供的 Web 化管理软件，采用 B/S 结构，突破地域空间的限制，整个教学数据放在服务器上，管理人员、教师在办公室、宿舍通过网络对仪器设备、项目、过程等进行管理监控，而学生则可以在机房或在能上网的地方进行实验预约、工位预约、仪器预约等。相对传统的手工管理，开放式管理系统有利于基地资源的充分利用，有利于基地管理的科学化和规范化。

（1）实践教学管理系统功能概况

①综合信息门户管理子系统。

采用符合基地实践教学需要的设计，设置符合基地管理流程的栏目，如基地介绍、教师队伍、设备与环境、教学特色、通知公告等。门户网站后台管理方便，可自由编辑网站内容，支持多级拓展。

②实验教学与基地管理子系统。

分为教务管理和教学过程管理两个主要模块。教务管理包含课程库管理、培养计划管理、开课计划管理、开课管理、开课审核等功能。教学过程管理包含实验前理论知识预习、虚拟实验安排、考勤管理、成绩管理、实验报告等功能。

③基地开放预约管理子系统。

主要包括预约工位、设备外借、工位电源管理、基地利用率等功能。

④基地门禁考勤管理子系统。

刷卡开门、工位供电、刷卡考勤签到签离。

⑤基地网络电源控制。

系统操作试验台供电、断电。

⑥基地视频监控管理。

在线查看基地实时视频及历史录像。

⑦数字化教学子系统。

数字化教学安排、指导、批改、查看成绩。

⑧互动交流通知子系统。

实时答疑、在线留言、短信通知、邮箱提醒、搜索问题。

⑨基地资产管理。

资产建账、维修、报废、报失、调拨、负责人变更、总账、盘点。

⑩基地耗材管理。

耗材采购、入库、领用、报废、挂失、库存。

⑪基地建设项目管理。

项目申报、专家评审、主管审核、立项、检查项目进程、验收。

⑫实习实训管理。

实习实训大纲、基地、单位、岗位、项目、工作汇报、学生成绩。

⑬设备共享管理子系统。

高效的管理功能可以将仪器进行分类、整合，向校内、外公布仪器的基本资料，有效提高仪器的利用率，增强其开放性和透明度，并通过虚拟仿真系统为用户提供大型仪器使用的培训考核，保障设备安全。

⑭移动智能 APP。

基于基地综合管理系统，实现基地与实验教学管理、基地开放预约等功能模块的功能，使系统的功能跨终端使用，满足现在智能手机逐渐成为管理工具的流行趋势。

整个系统由 14 个主要子系统构成，所有的子系统都是基于同一套基础数据，它们之间既实现了信息共享又拥有相互独立的功能。这种结构便于用户根据实际需求部署和使用其中一部分子系统，而随着实际需求的变化又可以随时扩展新的系统，所有的功能模块均基于同一管理界面，平滑过渡。这样用户就可以降低维护和管理风险，避免各个业务系统之间数据不能共享的问题。

（2）实践教学管理系统设计原则

开放式数字创新实践教学管理系统设计原则主要从开放性、可扩展性、标准化、集成性、模块化设计等方面进行考虑，具体描述如表 4–8 所示。

表4–8　系统设计原则

平台设计原则	描述
开放性	系统是开放式、适应分布式和跨平台的计算机网络系统，具有先进的体系结构，能够实现广范围内的开放，并且可以预留校际之间开放接口，以实现更广范围的开放共享
可扩展性	系统具有灵活的体系结构，具有良好的可扩充性，所有功能模块都遵循一套完整而健全的协议，不仅将系统的各模块紧密地融合为一体，而且方便单个功能模块的添加、升级，同时能十分有效地与其他系统进行兼容和数据交换，以实现数据的充分共享
标准化	采用教育部最新高等学校标准信息子集，为各级管理部门之间的数据共享及数据交换奠定了良好的基础。数据报表完全按教育部上报格式，并保证同步更新
集成性	所有的软件系统集成在一起，形成一个统一的集成系统，用户使用统一的用户名和口令，各系统的资源实现充分共享，使整个数字校园给用户一个整体的感觉
模块化设计	采用模块化的设计方法，提炼工作流程中的最小单元，形成相对独立的功能模块，使得应用系统能独立于具体的组织机构，能够适应组织机构的变革

续表

平台设计原则	描述
数据库集中管理	所有应用系统使用统一的数据库管理，这样既能够节省硬件投资，又有利于数据共享，并且对于做好数据备份与管理大有好处，将减少后续系统维护的工作量
健壮性	具有高可靠性和高容错能力，保证局部出错不影响全系统的正常工作。应用系统对用户的操作顺序、输入的数据进行正确性检查，并以显著方式提示错误信息
安全性	本系统具有多级安全控制措施和监控措施，保证系统的安全性。在应用层面上采用了一整套完善的授权体系，通过对角色、用户设置相应的机构权限、操作权限、指标项权限来保证业务操作的安全性；在数据层面上提供数据库日志备份、事务备份、数据库自动备份、灾难恢复等功能；系统层面的安全特性通过系统错误捕获、日志功能实现
可维护性	能够方便和快速地维护系统性能。基础数据代码化，便于数据维护
可监控、可回朔性	系统能实现业务流程中的回执确认，能实现业务流程的监控，记录流程过程
易操作性	窗口界面简洁、直观，菜单层次清晰，功能项（功能按钮）定义明确，通用性强、操作简单，功能按钮具有指向式说明，设计人性化
实用性	系统功能丰富，充分贴近具体业务，既能用于实验教学过程，也能解决基地管理方面的实际问题。同时由于我公司具有众多院校实施的经验，并可在我公司现有平台基础上，结合学校的特殊要求，进行定制开发，确保系统实用可行

（3）综合信息门户管理系统设计

综合信息门户系统主要是针对网络用户、学校教职员工、学生等提供信息资源以及相关信息服务的应用系统，是开放式综合管理平台的信息展示窗口和平台的登录入口，系统主要分为前端门户网站和后台门户管理两部分。前端门户网站能够按照基地的需求定制网站的导航栏目和页面显示栏目，可发布新闻资讯、通知公告，基地风采、课程导航、规章制度等信息，基地可通过后台的内容管理模块自行定义、灵活配置需要的网站：自定义一级菜单、二级栏目、标志、图片、底部版权以及首页需要显示的各种动态交互信息。该系统可以动态生成门户网站，所有门户信息可以动态添加。

综合信息门户系统的功能特点主要有：

①兼容主流的浏览器，如 IE8.0 以上的浏览器、火狐浏览器、谷歌浏览器、360 浏览器等。

②门户网站界面设计理念先进，设计风格庄严大气。

③支持多媒体信息在线编辑发布。

门户网站通常展示的主要模块有：首页、基地管理平台登录入口、基地介绍、教学资源、实践创新、成果转化、师资队伍、校企合作、快速链接等。具体的内容如表 4–9 所示。

表4–9　门户网站的显示主要模块

首页	主要展示一些新闻动态、基地风采、通知公告、主要链接及登录入口等内容，给学生、教师及社会人士了解基地留下最初的总体、直观的印象
基地管理平台登录入口	采用统一身份认证的方式，平台用户可以登录相应的后台，访问所需的资源
基地介绍	介绍基地的组织结构、基地状况
教学	介绍教学创新理念与改革思路、教学体系与教学内容、教学方法与教学手段、实验仿真教学资源、教学特色
队伍	介绍基地人员构成、队伍状况、名师风采
实践创新	集体活动、创新成果、获奖竞赛、获奖论文、获奖成果
管理体制	介绍基地规章制度、运行体制、管理体制等
设备环境	介绍基地设备配置情况
成果转化	科研设备用于虚拟仿真实验教学情况、科研成果转化教学内容、科研成果促进创新
校企合作	合作思路、合作企业的概况、参与程度和合作成果
快速链接	通过网址后台编辑链接地址和名称，快速连接到重要的网站
基地新闻	发布基地最新的一些新闻、消息
基地公告	发布基地的一些公告、通知

网站的内容管理是通过虚拟仿真实验教学管理平台的综合门户信息管理后台进行管理。主要包括站点管理、栏目管理和文章管理三个部分。具体的内容如表 4–10 所示。

表4-10　门户网站的内容管理功能

站点管理	可购置不同的网络站点数量。在数量允许范围内，网站管理人员可添加不同学院的站点，并指定相应的内容管理员
栏目管理	网站管理人员可自行对门户网站上的栏目进行修改、调整。可以对现有的栏目进行查看、修改、删除操作
文章管理	支持对门户资源内容进行编辑和管理，可对网站上文章内容在后台管理中进行查看、修改、删除操作

（4）基地与实践教学管理子系统设计

开放式实验教学与基地管理系统是针对基地管理信息化提供的 Web 化管理软件。系统基于实验增强的教学环境建设理念，以服务高校实践教学信息化管理，提高科技创新实践教学水平为宗旨，以实现广范范围内的教学管理一体化为最终目标。该系统有四类角色：教务、基地管理员、学生、老师。本系统可满足开放式教学业务需求和开放式基地管理业务需求，有利于推进实践教学管理的信息化、规范基地管理、扩大基地的对外知名度、降低学生进入基地的门槛、启迪学生的设计能力和创新能力、改进教学设计、积累教学成果。

该系统的主要特点有：

①本系统由于采用模块化设计，系统功能易于扩展。随着教学应用的不断开展，可针对各基地的实际需求进行定制。

②本系统可部署到校园网上。学生、教师、教务和基地管理人员可通过浏览器参与实验的教学。系统的安装、部署、升级和维护比 C/S 架构的系统更简洁方便。

③具体教学过程的管理符合教学实际，提供多种先进的辅助功能，如课前提供理论知识学习、预习功能；课中支持虚拟实验过程的智能指导；课后支持报告在线提交、在线批改。

④可与系统的其他功能模块无缝对接，如基地开放预约管理系统，互动交流通知系统，门禁考勤，电源控制，视频监控系统。

⑤提供先进的手机 APP，支持教师移动端预约基地，基地管理人员可在手机上进行审批。

⑥系统服务器采用 Linux 操作系统，安全、稳定且抵御病毒能力强。中间件和数据库采用开源技术。系统全部采用正版支撑软件集成，避免版权纠纷，是国家科技部倡导的教育信息系统架构方案。

⑦本系统可支持通过单点登录与学校现有的教学教务系统集成，也可以通过 Web Service 与其他系统集成，以扩充本系统的功能。

第5章　高校共青团服务大学生科技创新活动

所谓活动是指由共同目的联合起来并完成一定社会职能的动作总和。活动的三要素为目的、动机和动作。通常情况下，活动都会指向一定的对象：制约着活动的客观事物；调节活动客观事物的心理映象。活动一般由需求推动，人们通过活动改变客体使其满足自身的需要。人们对客观现实的反映、主体与客体的关系都是通过活动实现的。

共青团活动是指由共青团的性质决定、以达成共青团职能为目的所开展的一系列动作和行为的总和。共青团的性质总体上表现为党的需要和青年使命，决定了共青团的光荣职责。共青团的根本职责是在新的历史条件下不断巩固和扩大党执政的青年群众基础，团结带领广大青年为实现中华民族伟大复兴而奋斗。围绕这一根本职责，共青团需要通过各类活动的开展来发挥和承担其特殊的社会作用和社会功能。

5.1　高校共青团活动的要求及特点

5.1.1　共青团活动的基本要求

任何组织和个人目标的达成、职能的发挥都离不开各类活动的实施，共青团四项基本职能的实现，也必然以各类活动为载体。与其他社会组织如社会经济单位、非营利性组织等的活动相比，共青团组织的活动因其特殊的性质有着显著的区别，在活动开展中也有着明确的要求。

（1）政治性要求

共青团的性质决定了共青团组织的各项活动具有先天的政治属性。中国共产党与中国共青团有着特殊的政治关系，在《中国共产党章程》《中国共产主义青年团章程》中有着明确的规定，而这种关系正是共青团的生命，是共青团事业和中国青年运动健康发展的根本保证。共青团任何活动的开展，都始终坚持政治性这一特点，始终贯彻“党有号召、团有行动”这一传统，始终在思想上、行动上与党中央保持高度一致，坚决贯彻落实党的意志和主张，能够为党分忧，勇于发声，引导青年不为任何干扰所惑，始终紧密团结在党的周围。

（2）青年性要求

共青团活动的独特性是指团的活动必须要立足青年、照顾青年群体的特点，使活动既有广泛的社会基础和群众基础，又能激发青年的热忱和创造性。毛泽东同志曾经指出：“青年团要照顾青年的特点，要有自己系统的工作，青年就是青年，不然，何必要搞青年团呢？”习近平同志指出，共青团工作既要服务于党的中心工作，又要适合青年特点。新时期团的活动要具有独特性，就要抓住青年的兴趣点，选准突破口，在内容上要力求做到党和政府的要求、社会需要同青年需求的统一，在形式上要力求做到思想性、知识性、趣味性的统一。

（3）先进性要求

先进性是中国共产党赢得群众、赢得事业胜利的力量源泉，同样也是共青团永葆活力、为党赢得青年的保障。共青团作为青年群体的先进组织，在各项活动开展中，就必须旗帜鲜明地体现先进性，要坚决将党的先进思想、理论和政策贯彻到全部活动之中，使其深植于广大青年思想之中并转化为行动。必须牢牢把握为实现中华民族伟大复兴这一时代主题，引导广大青年不断坚定社会主义道路自信、理论自信、制度自信、文化自信，带领广大青年在改革发展稳定第一线建功立业。

（4）开放性要求

共青团组织要最大程度地吸引、凝聚和服务广大青年，就必须将立足本职与面向社会有机统一起来。按照习近平总书记指出的，青年在哪里，团组织就建在哪里；青年有什么需求，团组织就开展有针对性的工作，努力使团组织成为联系和服务青年的坚强堡垒。打破行业、地域和行政隶属关系，结合本地区、本单位实际情况，使活动走向社会，开辟新的活动领域，从而使团组织有效地扩大覆盖面，团的活力得到有效提升。

5.1.2　共青团活动的特点

共青团组织的各项活动，既有着与其他活动相类似的特点，也有着与其他活动相区别的特点。

（1）目标性

共青团的活动有着明确的总体性要求，但具体到每一项活动而言，又有着具体的目标要求，活动的结果既可以是一种期望实现的有形产品，也可以是期望得到的某种特定的服务。同时，活动的目标性还表现为目标的多重性，一是活动目标一般由成果性目标和约束性目标构成。成果性目标体现为明确的产品或者服务，而约束性目标则体现为活动时间、质量、成本等可以量化的约束条件。二是活动还必须要满足活动参与相关主体及活动利益相关者的不同需要。

（2）临时性

共青团每一项活动都有着明确的起点和终点，当一项活动的任务目标已经实现，或者已经明确知道该项活动的目标不可能实现，该活动就到达了它的终点。活动的临时性与时间长短并没有直接的关系，有的活动持续时间较短，而有的活动时间则可以持续数月乃至几年，但是不管哪种情况，每一项独立活动总会有一个期限，是一种非重复持续进行的活动。活动的一次性体现为活动资源投入的一次性，活动管理者的一次性授权以及活动管理组织是一次性组织。

（3）独特性

共青团各项活动中必然包含一些以前从未做过的事情，所以每一项活动都表现出它的唯一性。共青团活动中存在的一些品牌性、长期性的活动，会定期举办，其活动意义、方式等方面会存在一致性，但是在活动参与对象、活动成果等方面均有所不同，而其他大部分活动是需要根据举办环境的变化有所创新和改变的，其中所存在的那些重复性因素并不足以改变活动的唯一性的特点。

（4）创新性

随着社会经济的发展，共青团所面临的工作环境出现了巨大的变化和冲击。一方面是来自外部的经济形式多样化、思想文化多元化和信息传播非线性化所带来的冲击；另一方面是来自内部的包括团员青年活动方式多样化、思想多元化带来的冲击。这些冲击导致共青团传统的活动内容和形式已经不能与实际需求完全适应，因此这就要求共青团活动的方式方法必须创新，要善于根据青年的需求，采用适合青年特点的方法开展工作，使共青团组织的影响力、社会认同感和青年认同感不断提高，努力提高团组织的凝聚力和号召力。

（5）时效性

社会经济的发展带来社会生活的快速变革，新时期团的活动要跟上社会发展的步伐，就要具有强烈的时效性。特别是一些传统的活动，更要敏锐地感应新的时代气息，突出新的主题。比如，伴随着经济建设所带来的一系列生态环境问题的日益严重，对经济可持续发展造成了严重的影响，党的十八大报告中明确提出要大力推进生态文明建设，共青团的活动则必须与时俱进，贯彻党中央精神，突出环境保护、美好家园建设等主题。

（6）整体性

共青团活动往往是为实现特定目标而展开的多项活动的集合，是一系列活动的有机结合，是一个完整的过程，因此具有较强的整体性。同时，在活动执行过程中，活动的各项要素如组织、资源、目标等之间存在着相互作用与制约，形成了相互依赖的关系。比如在活动开展中，活动投入资源与活动进度之间密切相关、相互依赖，任何一方的变化都会带来另一方的变化。

（7）冲突性

与其他组织相比，共青团组织在社会中所掌握的资源较为有限，同时，由于共青团活动存在的临时性和不确定性，导致活动开展过程中，活动的各要素之间、活动自身与所处社会环境之间存在着资源使用以及主导权等方面的冲突，且这类冲突更加普遍。

5.2　共青团科技创新活动的促进作用

创新是一个民族进步的灵魂，是国家兴旺发达的不竭动力。人类社会的每一次进步都离不开创新，现代文明的基础是创新，未来人类社会的进步仍将依赖创新。开展创新教育、培养高素质的创新型人才是知识经济时代高等教育改革与持续发展的一个重要课题，也是国家创新体系不可缺少的组成部分。课外科技创新竞赛是大学生运用所学的专业知识和技能，利用课余时间开展的一项学习、研讨、实践、创造的活动。

重视学生职业生涯规划教育。从新生入学开始到毕业踏入社会，职业生涯规划教育一直贯穿于学生的学习和生活，通过新生入学教育、优秀校友沙龙讲座、职业生涯规划讲座、专业就业指导等方式，帮助学生明确对未来的规划，激发学习积极性。大一和大二学习期间，学院开展各项指导活动，举办名师大讲堂，组织校内外知名教授给学生做讲座。开展名师沙龙活动，和知名教授面对面交流，让教授直接指导学生。学生进入高年级后，学院更加重视学生的就业技能培养，通过就业指导课在课堂上进行指导，邀请知名工作人力资源专家给学生讲解职业生涯规划、组织学生参观企业、组织学生去企业进行工程实训，邀请知名校友面对面指导学生。这些活动对学生职业生涯规划、职业从业提供了切合自身的教育和指导，为学生的成长提供了条件。

5.2.1 促进专业知识的横—纵向学习

在知识经济领域里，学习知识不再是将书本和信息简单地搬进脑袋里，信息化时代要求大学生是创新型综合型人才。课外科技创新是课堂理论知识的实践、延伸与拓展，是一种学以致用，在实践操作中发现所学理论的错误认识，深化对知识正确理解的方式。参加创新竞赛是一个十分严谨的科学实践过程，从选题、查阅文献、收集资料，到设计科研方案、实施步骤，再到数据处理分析、整理资料、撰写科研论文等一系列过程中。参赛者系统地了解并掌握科学的研究方法。此外，团队成员来自不同专业、不同层次、不同领域背景、不同知识背景，成员的合作与交流，能了解和接触到不同学科知识，拓展每个成员的视野，不同的思想、不同的观念，相互碰撞能产生新的火花，增长新知识，产生新思维。

5.2.2 利于培养大学生的综合能力

大学生只有志向远大，信念坚定，才能树立正确的人生观、价值观和世界观，才能把握正确的前进方向，实现“中国梦”的理想，这与一个大学生综合能力密不可分。当代大学生成长成才，重要的是提升自我素质和修养，“远大的理想、精深的学术、强健的体魄、恬美的心境”为大学生成长指明了方向。参加科技创新活动，要求大学生不仅有严谨认真的科学态度、积极探索的专业精神，还需要有团结协作的能力、良好的沟通能力以及耐心细致、克服困难的心理素质。科学技术迅猛发展的今天，社会分工越来越明确，科学实践的道路上除了个人艰苦探索、不断创新，也需要团队的良好沟通、协作与支持，以达到个人无法完成的科学事业目标。

大学生在这种科技创新中经历的协作实践，将会使他们在学习科学知识以外收获更好的心理素质和更强的沟通能力。科技创新竞赛这一载体，将有助于学生在步入高等教育大门之后，尽早地根据社会需要和自身所长，结合理论学习和创新实践的亲身感受，进行职业生涯规划并不断加以修正、完善。如果将科学探索与创新实践的精神和意志品质及社会沟通能力相互交融并内化于心，当代大学生在之后的学习、科技创新活动以及工作中，都将受益匪浅，在各个方面都将具备发现问题、解决问题和创新实践的能力，从而提高了自身的综合素质。

5.2.3　丰富校园文化

科技创新活动作为一种文化在大学中流行起来，这种文化的形成和发展体现在学生生活的各个方面。他们以科技创新为纽带，团结协作、交朋识友，使大学生在获取知识的同时也收获了更多有益的财富，使得校园文化更加丰富多彩。大学生开展科技创新活动主要以团队形式来开展，在团队合作的过程中，学生之间的沟通是否良好、合作是否协调是开展活动成败与否、质量高低的关键。学生以科研项目小组、课程设计小组等形式相互协作，形成了校园科研团队的文化。近年来，各大高校的各类学生科技协会飞速发展和壮大，成为学生拓展和深化课堂学习的实践基地，更成为学以致用、开拓创新及个人素质全面发展的新领域，营造了校园里独特的科研团队文化，进而促进了高校学风建设。

大学的本质是探索高深学问。学术自由是现代大学的一个基本理念。因此，大学校园文化的本质是创新，创新本质上是创造主体的一种精神活动。创新意识、创新能力的培养、创造力的发挥都需要良好的精神生态环境。大学生科技创新竞赛的蓬勃开展可以改善校园文化的结构，提高校园文化的品位，体现大学的学府气息，从而营造一种良好的学习、育人环境和学术文化氛围，激发学生学习的主动性、积极性和创造性。同时也可以改善校园的生活和人文环境，营造自由、平等、开放、竞争的文化环境。因此，大学生课外科技创新竞赛应该成为大学校园文化的主旋律，把大学塑造成创新者的精神乐园。

5.3　高校共青团组织及服务科技创新活动

共青团科技活动是指各级共青团组织根据党和国家关于科技发展的总体部署，以科技培训、科技发明、科技推广为重点，以提高青年自身能力与素质、培养其科研精神和创新能力为目标所开展的科普、学术、发明、科技制作、科技开发和科技服务等形式的活动。它旨在引导青年增强科技意识，激励青年学习科技知识，带领青年投身科技实践，在亿万青年中形成学科技、用科技的热潮。

5.3.1 科技创新活动的四特性

（1）科技性

不同形式的科技活动都包含科技的内容。科技活动正是以其丰富的科技内容吸引着广大青年。据调查了解发现，绝大多数青年对科技活动都很感兴趣，并希望以此来开阔视野，提高能力。

（2）实践性

科技活动为青年们创造了书本和课堂教学所不具备的实践条件，他们往往要通过动手操作、实验等环节来获取知识。这不仅把理论和实践结合起来，把学到的知识运用到实践中去，还开拓新的知识领域，在实践中学习和提高。

（3）创新性

科技活动作为一种创新性的实践活动，其主要任务是探索未知知识。对于广大团员青年来说，探索和创造并不都等于科学发现，它的可贵之处在于在实践过程中勇于认识新事物、提出新问题、想出新方法、创造新作品的探索精神。

（4）综合性

开展任何一项科技活动，都不是只靠某一方面或某一领域的知识就可以完成的，都要涉及多领域的横向联系和多种知识的综合运用。每完成一项科技活动，青年们不仅掌握了某个方面较为系统的知识，也经历了一次科学研究的综合性训练。

5.3.2 高校共青团组织科技创新活动

任何共青团活动只有通过精心组织和严格管理，才能保证其沿着正常健康的方向发展。

（1）设立共青团科技活动领导小组

设立共青团科技活动领导小组，其主要目的是体现党团各级领导和有关部门对青年科技活动的重视，激发全体团员青年参加科技活动的热情，督促各级有关部门认真抓好此项工作，使共青团科技活动逐步实现有序化、制度化。

领导小组的设立应体现各职能部门和各相关单位积极参与的原则。领导小组在活动期间应定期召开会议，商讨青年科技活动的有关事宜。各基层团组织也应成立相应的“领导小组”，聘请专家教授、青年科技带头人对团员青年的课外科技活动予以指导和咨询。

（2）成立共青团科技创新协会

作为一种群众性、自发性、社团性的组织，共青团科技创新协会是由对科技活动感兴趣，愿意参加科技活动的团员青年组成的团体。成立共青团科技创新协会可以使青年科技活动制度化、规范化，更便于指导和管理。

因此，共青团科技创新协会都应具备一套较为完整科学的管理制度，确保科技活动的顺利实施。

（3）聘请青年科技活动指导教师

开展青年科技活动的关键问题是聘请指导教师和专家教授，只有专业科技人员加入，科技活动的技术含量和专业水平才会提高。各地各级共青团应建立相应的科技专家人才库，及时有效地给予青年科技方面的指导。

（4）设立活动专项基金，鼓励青年积极参与活动

为鼓励和支持青年积极开展科技活动，各级共青团组织应专门设立一定数量的活动基金，用于资助青年进行课题研究、发明创造、活动奖励和评比。对于具有一定科技基础的青年，应鼓励其积极寻找科技研究课题或项目，按照有关程序申请立项；对于具备一定研究价值的项目，相关单位应给予一定的物质资助，提供有利条件，促进青年进一步的研究。

5.3.3　高校共青团服务科技创新活动

青年活动作为各级共青团组织工作的重要载体，要充分发挥其作用，就要考虑其所载内容，不能仅仅为了活动而开展，避免活动的盲目性和随意性。因此，开展科技活动的目的性要强，主题要突出，要结合团员青年的特点和需求开展。同时，还要考虑科技活动的导向作用，要充分发挥活动在团员青年成人成才过程中“导”的作用。因此，策划和实施科技活动要从活动的内容、形式、需求、导向等几方面进行科学合理设计，建立和形成一套具有共青团特色的、规范合理的科技活动体系，为团员青年的成人成才和精神文化需求服务。

（1）科技活动的策划与设计

在策划和实施某项科技活动时，首先要制订相应的活动方案。活动方案的设计关系到活动的质量，这是每位团干部不可忽视的问题。一般来说，成功的活动总是与预先的活动构想基本吻合，我们要提高活动质量，达到预期效果，就要在策划与设计方面下功夫。一个规范的科技活动设计方案离不开以下七个基本要素。

第一，明确活动主题。活动主题是组织科技活动的指导思想，是活动的灵魂。它反映活动要达到的目的，也是贯穿活动始终的一条主线。确立主题，要注意以下几点：一是紧紧围绕党目前的中心工作，充分体现形势的发展和需要；二是从本地区、本单位的实际出发，坚持实事求是；三是了解青年的实际需求，把握青年的思想脉搏，从而找准青年的“兴奋点”，以及与活动的最佳“结合点”，正确确立活动的主题。此外，活动主题要体现集中、鲜明、切实、新颖、富有吸引力的特点。

第二，确定活动内容。活动内容是活动的实质部分，是活动的血肉，是活动主题的具体体现。设计活动内容时，要求突出主题，内容充实、具有一定的时代感。内容确定的依据主要为以下几方面：一是紧扣主题的需要；二是反映广大青年团员的意愿和合理需求；三是通过调查分析，具有可行性。

第三，选好科技活动的题目。题目是活动的标志，是活动主题最鲜明、最直接的表达。设计活动题目，要求鲜明、简洁、通俗、易懂、易记、具有鼓动性和号召力，能引起广大团员青年对科技活动的注意力和极大兴趣。

第四，选准科技活动采用的形式。活动形式是活动主题和内容的载体，没有合适的活动形式，活动主题和内容就不能转化为现实。因此，活动形式的选取也是整个活动设计的重要组成部分。设计活动形式，要服从主题和内容的需要，要适合青年人的特点。共青团经常举办的科技竞赛、科技讲座、科技报告会、学术论坛、科技能手大比武等科技活动形式都易于提高青年的科技文化水平，丰富科技文化生活。

第五，安排好活动程序。程序是活动进行的步骤。活动程序要安排妥当，一环扣一环，有条不紊，以达到更好的活动效果。

第六，选好活动的时间、地点。选择时间、地点，除考虑正常工作或生产因素外，还要考虑与活动内容相关的其他因素。针对活动内容，选择与之相符的活动时间和地点，能渲染活动气氛，增添活动效果。

第七，做好经费预算。许多科技活动的开展需要一定经费，共青团组织在设计科技活动时，要考虑到团的经济状况，量力而行，尽量少花钱多办事。必要时，还可以与其他社会机构联合活动。

方案设计的七个要素之间是一个相互联系的整体，团干部在确定某项科技活动前，应认真准备设计方案，不打无准备之仗。

（2）科技活动的实施过程

活动方案是活动实施的依据，活动能否达到预期目的，不仅要看方案设计得如何，还要看活动的全过程组织实施得如何，因此，团干部应对活动的基本实施过程有所了解。一个完整的科技活动，一般来说，从活动的准备期开始，经历动员期、开展期、总结期，形成一个较为完整的活动周期。

①准备期。

准备期内，根据活动的实际情况，进行活动的可行性分析，制订出相应的活动方案。制订的方案是要在广大共青团员中反复酝酿达成共识的基础上产生的。在此期间，宣传工作要跟上，办专题板报、专栏，建共青团科技活动园地，形成良好积极的活动舆论和声势。

②动员期。

准备期是活动方案的确定过程，动员期则是对活动方案落实的初始阶段。活动方案不经过动员，是不会自动变成全体青年团员的自觉行动的。因此，要适时召开团员青年动员大会，统一思想、统一认识，必要时共青团干部还要亲自参与到活动中来。这期间，仍然要继续做好宣传工作。只有进行广泛的宣传和发动，才能激发广大青年积极加入到科技活动的行列中来，才会有大量的科研成果涌现。

③开展期。

共青团组织要自始至终关注活动的进展情况，对具体活动中可能遇到的困难和问题要帮助出主意、想办法。活动全面展开后，要仔细落实活动方案，认真记录活动过程，力求做到活动的每一个环节都有原始记录和实证材料，为今后共青团科技活动的开展提供依据。活动中出现的典型问题或细节纰漏，要及时进行交流和解决。

④总结期。

活动进入尾声，要给整个活动画一个完整的句号。进行活动的总结、评比和表彰，宣传活动中涌现出来的典型事迹和先进人物，并给予一定的精神和物质奖励。同时，共青团要通过督导检查、问卷调查、召开总结大会、设置网络交流平台等方式渠道进行活动总结和分析，确保共青团工作质量，为今后活动的举办奠定良好的基础。

5.3.4 大学生科技创新类竞赛概况

（1）概述“挑战杯”全国大学生课外学术科技作品竞赛

“挑战杯”是由共青团中央、中国科协、教育部和全国学联和地方省级政府共同主办，国内著名大学承办、新闻媒体联合发起的一项具有导向性、示范性和群众性的全国竞赛活动。“挑战杯”竞赛在中国共有两个并列项目，一个是“挑战杯”中国大学生创业计划竞赛，另一个则是“挑战杯”全国大学生课外学术科技作品竞赛。这两个项目的全国竞赛交叉轮流开展，每个项目每两年举办一届，“挑战杯”系列竞赛被誉为中国大学生学生科技创新创业的“奥林匹克”盛会，是目前国内大学生最关注、最热门的全国性竞赛，也是全国最具代表性、权威性、示范性、导向性的大学生竞赛。

（2）背景

“挑战杯”科技竞赛旨在全面展示我国高校育人成果，引导广大在校学生崇尚科学、追求真知、勤奋学习、迎接挑战、培养跨世纪创新人才。这项活动坚持“崇尚科学、追求真知、勤奋学习、迎接挑战”的宗旨，自 1989 年以来已分别在清华大学、浙江大学、上海交通大学、武汉大学、华南理工大学、重庆大学和西安交通大学等成功举办，挑战杯已形成校级、省级、全国的三级赛事，参赛同学首先参加校内及省内的作品选拔赛，优秀作品报送全国组委会参赛。党和国家领导人对竞赛活动十分关注，时任中共中央总书记、国家主席、中央军委主席的江泽民同志于 1993 年 8 月 4 日为“挑战杯”题写了杯名，时任国务院副总理李岚清同志等党和国家领导人纷纷为“挑战杯”竞赛题词。

（3）竞赛影响

由于“挑战杯”竞赛活动在较高层次上展示了我国各高校的育人成果和推动了高校与社会间的交流，已成为学校学生课余科技文化活动中的一项主导性活动，成为高校与社会交流与合作的重要窗口，成为促进高校科技成果向现实生产力转化的有效方式，成为培养高素质跨世纪人才的重要途径。也是企业界接触和物色优秀科技英才、引进科技成果、宣传企业、树立企业良好形象的最佳机会，从而越来越受到广大学生的欢迎和各高校的重视，也越来越在社会上产生广泛而良好的影响。

（4）赛事发展史

自 1989 年首届竞赛举办以来，“挑战杯”竞赛始终坚持“崇尚科学、追求真知、勤奋学习、锐意创新、迎接挑战”的宗旨，到 2021 年，已成功举办十七届，“挑战杯”竞赛已经成为：

——吸引广大高校学生共同参与的科技盛会。从最初的 19 所高校发起，发展到 1000 多所高校参与；从 300 多人的小擂台发展到 200 多万大学生的竞技场，“挑战杯”竞赛在广大青年学生中的影响力和号召力显著增强。

——促进优秀青年人才脱颖而出的创新摇篮。竞赛获奖者中已经产生了两位长江学者，6 位国家重点实验室负责人，20 多位教授和博士生导师，70% 的学生获奖后继续攻读更高层次的学历，近 30% 的学生出国深造。他们中的代表人物有：第二届“挑战杯”竞赛获奖者、国家科技进步一等奖获得者、中国十大杰出青年、北京中星微电子有限公司董事长邓中翰，第五届“挑战杯”竞赛获奖者、“中国杰出青年科技创新奖”获得者、安徽中科大讯飞信息科技有限公司总裁刘庆峰，第八届、第九届“挑战杯”竞赛获奖者、“中国青年五四奖章”标兵、南京航空航天大学 2007 级博士研究生胡铃心等。

——引导高校学生推动现代化建设的重要渠道。成果展示、技术转让、科技创业，让“挑战杯”竞赛从象牙塔走向社会，推动了高校科技成果向现实生产力的转化，为经济社会发展做出了积极贡献。

——深化高校素质教育的实践课堂。“挑战杯”已经形成了国家、省、高校三级赛制，广大高校以“挑战杯”竞赛为龙头，不断丰富活动内容，拓展工作载体，把创新教育纳入教育规划，使“挑战杯”竞赛成为大学生参与科技创新活动的重要平台。

——展示全体中华学子创新风采的亮丽舞台。中国香港、中国澳门、中国台湾众多高校积极参与竞赛，派出代表团参加观摩和展示。竞赛成为两岸四地青年学子展示创新风采的舞台，增进彼此了解、加深相互感情的重要途径。

浙江省大学生科技创新活动计划（新苗人才计划）实施办法

为深入实施科教兴省和人才强省战略，加快培养我省高校大学生的实践能力和创新创业能力，造就一大批经济社会发展急需的紧缺人才和拔尖创新人才，为“创业富民、创新强省”总战略的实施提供人才支撑，省教育厅、省科技厅、团省委与省财政厅决定在全省高等学校联合实施浙江省大学生科技创新活动计划（新苗人才计划）。

1. 建设目标

以大学生科技创新项目、大学生科技成果推广项目、大学生创新创业孵化项目为载体，不断加大对大学生创新创业的扶持力度。积极倡导和鼓励大学生进行自主性学习和创新性研究，开展多种形式的创新创业实践，努力增强大学生的创新意识和创新精神，切实提高大学生的创新创业能力和实践动手能力，为大学生创新创业提供良好的环境，培育和发现优秀的创新创业项目和人才。

2. 管理机构

为加强管理，省成立实施办公室、项目专家委员会，学校成立相应管理机构。

（1）实施办公室

省教育厅、省科技厅、团省委、省财政厅四家主办单位联合成立浙江省大学生科技创新活动计划（新苗人才计划）实施办公室（简称“实施办公室”）。省教育厅、省科技厅负责协调与指导工作，省财政厅负责项目经费管理，团省委负责具体组织和日常管理工作。

（2）项目专家委员会

大学生科技创新项目、大学生科技成果推广项目、大学生创新创业孵化项目分别成立项目专家委员会，成员由有关高校、院所、行业、企业的代表组成，负责具体项目的评审、中期检查和验收等。

（3）学校管理机构

各高校成立相应的管理机构，制定大学生科技创新活动计划（新苗人才计划）项目实施细则及切实可行的管理办法和配套政策，负责本单位项目的指导工作，为项目的开展提供包括人才、技术、法律、资金、设备和实验场地等综合资源支持。

3. 资金使用原则

（1）项目导向原则

以项目为载体，引导大学生积极开展多种形式的创新创业活动，提高大学生创新创业能力。

（2）以学生为本原则

科技创新资金的支持对象为在校大学生，积极鼓励大学生申请科技创新资金开展创新创业活动。

（3）鼓励创新原则

为鼓励大学生大胆进行创新创业活动，允许创新创业活动失败，重在考核创新创业实践过程。

4. 申报条件及对象

（1）申报条件

①项目申报人必须是浙江省高校全日制在校大学生，项目必须在本省的行政区域内实施。项目可采取个人或团队形式申报，团队每组人数不超过 5 人。鼓励专业交叉融合。

②项目实施周期原则上不超过一年（大学生创新创业孵化项目期限一般为两年）。项目完成时间必须在项目申报人毕业离校前。

③申报项目必须包含实质性的科技成果，或者具有一定应用价值和商业潜力的创新创业创意。项目无知识产权归属纠纷。

（2）申报对象

①大学生科技创新项目。申报对象为在校本专科生及其团队。旨在培育一批大学生创新研究成果。

②大学生科技成果推广项目。申报对象为在校本专科生、研究生及其团队。旨在培育一批具有一定应用价值和商业潜力的科技成果推广项目。

③大学生创新创业孵化项目。申报对象为在校研究生及其团队。旨在搭建大学生创新创业实践的指导、服务、交流平台，为研究生创业提供良好的场地环境、创业指导和培训等相关服务，培育和发现优质的科技经济项目和高素质的创新人才。

5. 项目申报与管理

（1）项目申报与审批

①学生申报，学校初审。

采取限额申报，申报指标由浙江省大学生科技创新计划（新苗人才计划）实施办公室确定。

每个项目均应有指导老师，团队指导老师由 1 ~ 3 人组成，指导老师须有中级以上职称。学校应将指导学生科研列为教师考核的一项内容，计算相应的工作量。

各高校负责组织有关专家对本单位大学生科技创新活动计划（新苗人才计划）项目进行初审。

②学校上报，项目专家委员会评审，实施办公室审定。

申报单位须提交项目申报书及相关辅助证明材料。申报资料经学校有关部门签署意见后报送实施办公室。实施办公室组织项目专家委员会进行评审，并确定年度立项项目。

（2）项目立项与管理

①项目下达。

实施办公室将当年度立项项目下达给承担学校，由省教育厅、省科技厅、团省委和省财政厅联合发文公布。

②项目实施与管理。

项目申报人为主要负责人，项目负责人原则上不得更换，对研究项目负全责，组织协调项目组全体成员认真执行实施办公室和学校的管理条例，按期保质保量完成项目研究的各项任务。

③项目检查。

各高校定期组织专家和管理人员对项目进行中期或阶段性检查，对取得的阶段性成果和存在问题要高度重视，及时提出整改意见和措施，并不定期向实施办公室汇报项目的进展情况。实施办公室将组织项目专家进行抽查。

（3）项目结题与验收

①项目组在项目结束后，需及时向学校相关管理部门提出验收申请，填写验收申请报告，并提交成果报告、相关技术资料等辅助材料。

②根据项目研究期限，学校成立项目结题验收工作小组，对申请验收的项目参照项目申报书及验收申请报告，组织专家对项目实施情况、取得成效和存在问题等进行检查验收，撰写项目验收报告提交实施办公室。

③实施办公室组织项目专家委员会进行抽查，抽查结果分为优秀、合格和不合格，并作为下一期计划安排的重要依据。对无正当理由，自行中断的项目，实施办公室将取消该项目计划，追回项目专项经费。对项目管理不力的单位，实施办公室将酌情减少该单位下一期申报指标。

（4）推广与奖励

经验收通过后的大学生科技创新成果由实施办公室颁发证书。成果作为学生评优、推荐就业的重要依据。实施办公室适时组织成果展或成果交流会。

6. 项目经费管理

（1）大学生科技创新活动计划（新苗人才计划）的每个项目的资助额度一般为 5000 元左右，对重点项目给予重点支持。项目经费实行国库集中支付，省财政厅根据实施办公室资助项目立项情况，将项目预算下达到相关高等学校。学校要合理确定每个项目的经费，并给予项目不低于 1∶1 的配套经费支持，由承担项目的学生使用，教师不得使用学生科研经费，学校不得提取管理费。

（2）各高等学校要加强对大学生科技创新资金的管理，专款专用，专账核算。实施办公室对资助经费使用情况进行监督。如发现项目负责人弄虚作假，一经查实，中止项目资助，由省财政厅追回资助经费，取消其今后申请本计划的资格，情节严重者给予通报批评，并按《财政违法行为处罚处分条例》进行查处。

全国大学生电子设计竞赛

全国大学生电子设计竞赛（National Undergraduate Electronics Design Contest）是教育部和工业和信息化部共同发起的大学生学科竞赛之一，是面向大学生的群众性科技活动，目的在于推动高等学校促进信息与电子类学科课程体系和课程内容的改革。竞赛的特点是与高等学校相关专业的课程体系和课程内容改革密切结合，以推动其课程教学、教学改革和实验室建设工作。

1. 指导思想与目的

全国大学生电子设计竞赛是教育部倡导的大学生学科竞赛之一，是面向大学生的群众性科技活动，目的在于推动高等学校促进信息与电子类学科课程体系和课程内容的改革，有助于高等学校实施素质教育，培养大学生的实践创新意识与基本能力、团队协作的人文精神和理论联系实际的学风；有助于学生工程实践素质的培养、提高学生针对实际问题进行电子设计制作的能力；有助于吸引、鼓励广大青年学生踊跃参加课外科技活动，为优秀人才的脱颖而出创造条件。

2. 竞赛特点与特色

全国大学生电子设计竞赛的特点是与高等学校相关专业的课程体系和课程内容改革密切结合，以推动其课程教学、教学改革和实验室建设工作。竞赛的特色是理论联系实际与学风建设紧密结合，竞赛内容既有理论设计，又有实际制作，以全面检验和加强参赛学生的理论基础和实践创新能力。

3. 组织运行模式

全国大学生电子设计竞赛的组织运行模式为“政府主办、专家主导、学生主体、社会参与”十六字方针，以充分调动各方面的参与积极性。

4. 组织领导

全国大学生电子设计竞赛由教育部高等教育司和信息产业部人事司共同主办，负责领导全国范围内的竞赛工作。各地竞赛事宜由地方教委（厅、局）统一领导。为保证竞赛顺利开展，组建全国及各赛区竞赛组织委员会和专家组。

5. 组织委员会

（1）全国竞赛组织委员会由教育部、信息产业部、部分参赛省市教育主管部门负责人或有关学校专家组成，组委会成员由教育部高等教育司以文函形式任命，每届全国竞赛组织委员会和赛区组委会任期四年。

全国竞赛组委会设立秘书处，设秘书长一人，常务副秘书长一人，副秘书长若干人，主持全国大学生电子设计竞赛的日常工作。

（2）各赛区竞赛组委会由省（自治区）、直辖市教委（厅、局）、高校代表及电子类专家、企事业代表组成，负责本赛区的竞赛组织领导工作。

（3）原则上以省（自治区）、直辖市独立组成一个赛区。若参赛学校少于 3 所或参赛队少于 20 个队时，可与邻近省市联合组成一个赛区。

6. 专家组

（1）全国只组建一个全国专家组，主要由来自高等学校电子及其相关专业的专家组成，全国专家组由责任专家、专家和专家库成员三个人员层面构成，全国竞赛的命题和评审工作以责任专家为主体。

（2）各赛区成立赛区专家组，由赛区内高校电子及其相关专业的专家组成，负责本赛区的竞赛征题、评审工作。

7. 参赛单位

以高等学校为基本参赛单位，参赛学校应成立电子竞赛工作领导小组，负责本校学生的参赛事宜，包括组队、报名、赛前准备、赛期管理和赛后总结等。

8. 参赛队和参赛学生

每支参赛队由三名学生组成，具有正式学籍的全日制在校本、专科生均有资格报名参赛。

9. 辅导教师

对于赛前辅导教师的辛勤工作，应按照教育部高等教育司下发的《关于鼓励教师积极参与指导大学生科技竞赛活动的通知》（教高司函〔2003〕165 号）精神，承认并计算其工作量。

10. 竞赛时间和竞赛周期

全国大学生电子设计竞赛从 1997 年开始每两年举办一届，每逢单数年的 9 月举办，赛期四天三夜（具体日期届时通知）。在双数的非竞赛年份，根据实际需要由全国竞赛组委会和有关赛区组织开展全国的专题性竞赛，同时积极鼓励各赛区和学校根据自身条件适时组织开展赛区和学校一级的大学生电子设计竞赛。

11. 竞赛方式

竞赛采用全国统一命题、分赛区组织的方式，竞赛采用“半封闭、相对集中”的组织方式进行。竞赛期间学生可以查阅有关纸质或网络技术资料，队内学生可以集体商讨设计思想，确定设计方案，分工负责、团结协作，以队为基本单位独立完成竞赛任务；竞赛期间不允许任何教师或其他人员进行任何形式的指导或引导；竞赛期间参赛队员不得与队外任何人员讨论商量。参赛学校应将参赛学生相对集中在实验室内进行竞赛，便于组织人员巡查。为保证竞赛工作，竞赛所需设备、元器件等均由各参赛学校负责提供。

12. 竞赛规则

为保证竞赛工作的顺利进行，应严格遵守全国竞赛组委会届时颁布的《全国大学生电子设计竞赛竞赛规则与赛场纪律》。竞赛期间，各赛区组织巡视人员，严格执行巡视制度。

竞赛规则：①参赛学生应是高等学校中具有正式学籍的全日制在校本科或专科学生。②参赛学生必须按统一时间参加竞赛，按时开赛，准时交卷。各赛区组委会须按时收回学生的答卷（报告和制作实物）并及时封存，然后按规定交赛区专家组评审。③竞赛期间，参赛学生可以使用各种图书资料和计算机，但不得与队外人员讨论，教师必须回避。④竞赛期间，各赛区组委会要组织巡视检查，以保证竞赛活动正常进行。⑤在竞赛中，如发现辅导教师参与、队与队之间讨论、队员与队外人员讨论、不按规定时间发题和收卷，以及赛前泄题等违纪现象，将取消获奖名次，并通报批评。

13. 竞赛题目

竞赛题目是保证竞赛工作顺利开展的关键，应由全国专家组制定命题原则，赛前发至各赛区。全国竞赛命题应在广泛开展赛区征题的基础上由全国竞赛命题专家统一进行命题。全国竞赛命题专家组以责任专家为主体，并与部分全国专家组专家和高职高专学校专家组合而成。

全国竞赛采用两套题目，即本科生组题目和高职高专学生组题目，参赛的本科生只能选本科生组题目；高职高专学生原则上选择高职高专学生组题目，但也可选择本科生组题目，并按本科生组题目的标准进行评审。只要参赛队中有本科生，该队只能选择本科生组题目，并按本科生组题目的标准进行评审。凡不符合上述选题规定的作品均视为无效，赛区不予以评审。

14. 竞赛报名

参赛学校应在广泛开展校内培训与竞赛的基础上选拔出适当数量的优秀代表队报名参赛。每个报名的参赛队必须在报名时按照规则确定本队参赛选题的组别（本科生组或高职高专学生组），开始竞赛时不得更改。各赛区负责本赛区的报名工作，填写全国统一格式的赛区报名汇总表，并在规定的截止时间内上报全国竞赛组委会秘书处备案。

15. 评审工作与要求

根据竞赛评奖模式，竞赛评审分赛区和全国两级评审，按本科生组和高职高专学生组的相应标准分别开展评审工作。赛区的竞赛评审工作由赛区组委会组织、赛区专家组执行，需严格按照全国专家组制定的统一评分及测试标准执行，并在全国统一评分及测试标准基础上制定赛区的评分标准及测试细则，每个测试组至少由三位赛区评审专家组成，每位评审专家的原始评分及测试记录必须保留在赛区组委会，赛区向全国组委会推荐申请全国奖代表队时，必须将报奖队的设计报告、有赛区评审组每位评审专家签字的各项详细原始测试数据及评分记录、登记表和推荐表一并上报，否则不受理评奖。各赛区评分及测试细则需要上报全国组委会秘书处备案，以备全国评审时参考。

全国竞赛评审工作原则上由一个专家组在一地完成。全国竞赛评审分为初评和复评两个阶段。全国竞赛组委会负责组成全国竞赛评审专家组，对各赛区按比例推荐上报的优秀代表队的作品，按照命题时制定的全国统一评分及测试标准，参考赛区评审原始记录进行初评。

全国一等奖候选队一律集中在一地参加复评，原则上不再另行命题，以原竞赛题目为基础，由专家组确定测试内容和方式，参加复评的代表队名单以全国竞赛组委会届时公布的有关通知为准。

16. 上报全国评审的比例

赛区和全国对参赛规模进行统计时，一律以实际参赛队数量为准。实际参赛队是指已经正式报名并按时向赛区组委会上交参赛作品（含制作实物和设计报告）的参赛队。在赛区评审、评奖的基础上，赛区组委会应按时向全国组委会推荐本赛区的优秀代表队参加全国评审，推荐的队数分别不得超过当年本赛区本科生组和高职高专学生组实际参赛队数量的 10%，逾期未上报的不予受理。

17. 评奖工作

（1）评奖工作采用“校为基础、一次竞赛、二级评奖”的方式进行，即竞赛建立在学校广泛开展课外科技活动的基础上，积极组织学生参加全国大学生电子设计竞赛活动，每次全国竞赛后，经赛区评奖（第一级评奖）后再推荐出赛区优秀参赛队参加全国评奖（第二级评奖）。

（2）各赛区组委会聘请专家组成赛区评委会，评选本赛区的一、二、三等奖，获奖比例一般不超过总参赛队数的三分之一。此外，对参赛成功者，赛区也可酌情颁发“成功参赛奖”或“成功参赛证书”。

（3）由于各赛区采用的是全国统一制定的竞赛命题和测试评分规则，赛区颁发的获奖证书、奖杯等冠名原则上为“×××× 年 ××× 杯全国大学生电子设计竞赛 ×× 赛区（本科生组或高职高专学生组）”。

（4）全国分组设立一、二等奖。本科生组和高职高专学生组获奖队数量都不超过当年实际参赛队的 8%，其中一等奖和二等奖的比例原则上为 3:7。竞赛颁发全国统一的获奖证书。全国颁发的获奖证书、奖杯等冠名为“×××× 年全国大学生电子设计竞赛（本科生组或高职高专学生组）”。

18. 异议制度

为保证全国大学生电子设计竞赛评奖工作的公正性，对全国和赛区的评奖初步结果坚持执行异议制度，“异议期”自公布评审初步结果之日起为期 15 天，过期不再受理。异议期间，各赛区竞赛组委会和全国竞赛组委会受理参赛队有关违反竞赛章程、竞赛规则和纪律的行为等。异议须以书面形式提出，个人提出的异议，须写明本人的真实姓名、工作单位、通信地址，并有本人的亲笔签名；单位提出的异议，须写明联系人的姓名、通信地址、电话，并加盖公章。赛区竞赛组委会和全国竞赛组委会必须对提出异议的个人或单位严格保密。

全国竞赛组委会充分尊重各赛区的评审及评奖结果，赛区评审中出现的异议由各赛区组委会协调解决。

全国大学生FPGA创新设计竞赛概况

为了加强全国高校大学生在数字系统设计领域尤其是可编程逻辑器件应用领域创新设计与工程实践能力，培养大学生积极主动寻找工作任务并利用先进技术平台进行创新设计的能力，丰富和活跃校园创新创业学术氛围，推进高校与企业的人才培养合作共建，为社会培养具有创新思维、团队合作精神、解决复杂工程问题能力的优秀人才，由教育部电子信息类专业教学指导委员会及国家级实验教学示范中心联席会联合组织面向全国大学本科学生及研究生的全国大学生 FPGA 创新设计竞赛（以下简称“竞赛”）。

1. 竞赛的组织与管理

竞赛由东南大学与南京集成电路产业服务中心联合承办，赛灵思以及上海安路科技、紫光同创、广东高云半导体、信息技术新工科产学研联盟可定制计算工作委员会等单位协办，南京依元素公司提供技术咨询服务。

竞赛设立组织委员会、秘书处和评审专家组。竞赛秘书处执行组委会的指示组织安排竞赛的宣传、网站、报名、初赛及复赛、竞赛平台发放、技术培训等管理工作。评审专家组负责竞赛命题方向、竞赛技术平台、初赛及复赛的评审、评奖等工作。

为了方便管理及交流，组委会建立竞赛官方网站（www.fpgachina.cn）和官方微信公众号（名称：大学生 FPGA 创新设计竞赛），用于发布竞赛所有信息，提供竞赛相关培训资料文档下载，开展技术研讨及咨询服务。

2. 竞赛的规模与对象

竞赛主要面向国内电子电气类相关专业（电子、信息、电气、自动化、仪科、计算机等）本科高校的在校本科生及研究生。竞赛分本科生组及研究生组，每人只能参加一支队伍，每支参赛队由不超过 3 名在籍学生组成。

本科生可以参加研究生组竞赛，研究生不能参加本科生组竞赛；参赛队中只要有一名研究生即为研究生组。

3. 竞赛的形式与内容

竞赛以“创意发挥、规范设计、突破自我、快乐竞赛”为原则，采用统一开发平台、开放式自主设计、统一评审评奖的形式。竞赛主题方向如下。

（1）本科生组

竞赛的引导性应用方向有高速信息处理、信息安全、测量控制系统、“互联网 +”、智慧物联网终端、娱乐游戏等。

各参赛队在必须采用组委会指定的 FPGA 的核心板开发平台作为设计核心的前提下，由参赛队自行选择参赛项目，并可以在指定的 FPGA 开发平台之外自行设计扩展搭建其他电路构成应用系统。

组委会向参赛队提供一套指定 FPGA 开发平台，详情见竞赛官网选题指南。竞赛期间 FPGA 开发平台损坏，可通过技术支持方协调购买。

（2）研究生组

竞赛的引导性应用方向有机器视觉、高端仪器仪表、智能工业制造等；各参赛队在必须采用组委会指定的 FPGA 的核心开发平台作为设计核心的前提下，由参赛队自行选择参赛项目，并可以在指定 FPGA 开发平台之外自行设计扩展搭建其他电路构成应用系统，详情见竞赛官网选题指南。

参赛队应选择有特色、有创意的项目参赛，设计方案应适宜对应 FPGA 产品的技术特点，最大限度地发挥指定 FPGA 开发平台能力，拓展思路、精心构思、仔细论证、创新设计，完成参赛作品。

全国大学生智能互联创新大赛

为贯彻“国务院办公厅关于深化高等学校创新创业教育改革的实施意见（国办发〔2015〕36 号）”的有关精神，拓展高校创新创业教育，促进校企合作，培养和发掘高端创新人才，教育部高等学校电子信息类专业教学指导委员会和中国电子学会联合主办“全国大学生智能互联创新大赛”。

“全国大学生智能互联创新大赛”面向高校电子信息类专业学生，激励智能互联技术创新，是一项非营利、公益性的科技活动。通过参赛作品的设计与实现，提高学生的工程实践能力、团队协作能力，增强创新意识，提升 STEM（科学、技术、工程和数学）综合素质。“大赛”将搭建创新创业平台，联合安创空间 –ARM 加速器、硬蛋等单位，为优秀参赛作品提供全方位的孵化服务，实现全产业链贯通，为高校实验实践、创新创业教学与工业界新技术、新产业动态的衔接搭建桥梁，同时吸引优秀高新技术企业加入高校实验实践教学和创新创业教育改革，深化高校创新创业教育。

按照“全国大学生智能互联创新大赛”章程，设竞赛委员会，竞赛委员会下设竞赛组织委员会、竞赛评审专家委员会、竞赛仲裁专家组和竞赛秘书处。ARM、Xilinx、ST、ADI、Google 公司以及清华大学出版社作为协办企业在数字、模拟、SoC 及软件等方面提供技术与产品支持。目前，协办企业已经介入国内几百所高校的实验实践改革，特别是“口袋基地”方案，已广泛应用在高校电子信息类专业的教学实践与科技创新中。

大赛评审将从创新性、技术性、作品完成度（提交代码、可以顺利编译下载到指定开发板、设计达到预定目标、完整的设计文档）和团队表现等方面考察与评审参赛作品（详见大赛官网发布的“评审规则”）。参赛作品应使用 Xilinx、ST、ADI 中一家或多家公司的产品作为硬件平台。

为鼓励创新设计，除设立分赛区与总决赛的各个竞赛组的一、二、三等奖之外，总决赛还设“ARM 杯”特等奖和企业奖；并联合安创空间 - ARM 加速器，设立学生创新创业百万基金，对以创业为方向的创新项目给予孵化加速，帮助其迈向商业化。ARM 公司还将在暑期承办大赛的优秀参赛选手夏令营交流活动。决赛中所有获二等奖以上且为大三以上的参赛选手，还可申请全国电子信息专业技术资格认证工程师（助理）证书。

1. 竞赛主题

“全国大学生智能互联创新大赛”参赛对象以本科生为主，第三届“大赛”按智能交通、智能医疗、智能家居、智能校园四个主题（参赛学生自行选题），设四个竞赛组：

（1）智能交通组

针对交通的物联化的趋势，通过各种交通工具为载体，以信息的收集、处理、发布、交换、分析、利用为主线，为交通参与者提供多样性的服务为目的，进行各种技术探讨和创新。

（2）智能医疗组

针对远程医疗、电子医疗等新兴医疗系统，借助于物联网 / 云计算技术、人工智能的专家系统、嵌入式系统的智能化设备、智能可穿戴，进行相关仪器设备领域的创新，如使传统设备具备智能和互联功能，将传统仪器设备与移动应用结合等。

（3）智能家居组

针对智能家居热门应用的相关课题，进行创新性产品、服务和技术探讨，推荐但不限如下创新方向，如家庭智能化、环保、健康、安全、娱乐、服务机器人等应用。

（4）智能校园组

针对教育教学网络化、智能化相关应用，进行创新性产品服务和技术探讨，包括智能教学平台，智能学习终端，智能教学辅助设备，智能教学管理、基地管理、仪器设备管理等应用。

2. 评审组织程序

①“大赛”的组织工作由组委会负责和协调。

②“大赛”专家委员会组织专家首先对申报作品进行初评。

③初评通过的作品将在“大赛”官网上公示，并通过“大赛”官网及邮件发送分赛区比赛通知。

④参加分赛区比赛的作品将在各分赛区比赛，由分赛区专家组对作品进行评审，最终评出分赛区一、二、三等奖，获得分赛区一等奖的作品推荐进入总决赛。

⑤参加总决赛的作品将在总决赛赛区进行决赛及交流，由专家组和企业代表共同对作品进行评审，最终评出一、二、三等奖。原则上，进入总决赛的作品只要符合比赛要求，都能获得总决赛奖励。

⑥选手必须携带参赛作品到现场进行作品演示（不得仅使用视频）及答辩。原则上，答辩时需要赛组所有学生到场。赛场只提供基本的演示条件，选手必须自备特殊条件以保障参赛作品能顺利进行演示及答辩。

5.3.5　大学生创新创业类大赛概述

创新创业大赛可以培养大学生综合能力，在六大领导力模型中，管理、组织、协调、沟通、领导、控制能力，在带团队比赛的过程中，这六方面能力都可以得到锻炼与提升。训练能力的道路有千万条，重要的是坚守自己的人品、定位自己的层次，明确自己的目标，了解自己的需求，寻找最适合自己的道路与资源，持之以恒地走下去。拥抱“互联网 +”时代，共筑创新创业梦想。

大学生创新创业大赛分为两大类，一类是创新类，另一类是创业类。创新类为挑战杯竞赛，创业类包括“互联网 +”、创青春两个比赛。

“挑战杯”竞赛是由共青团中央、中国科协、教育部和全国学联共同主办的全国性的大学生课外学术实践竞赛。这项活动坚持“崇尚科学，追求真知，勤奋学习，迎接挑战”的宗旨，被誉为中国大学生科技创新创业的“奥林匹克”盛会，是目前国内大学生最关注最热门的全国性竞赛，也是全国最具代表性、权威性、示范性、导向性的大学生竞赛。挑战杯竞赛两个并列项目为“挑战杯”中国大学生创业计划竞赛和“挑战杯”全国大学生课外学术科技作品竞赛。

“互联网+”:“互联网+”旨在深化高等教育综合改革，激发大学生的创造力，培养造就“大众创业、万众创新”的生力军；推动赛事成果转化和产学研用紧密结合，促进“互联网+”新业态形成，服务经济提质增效升级；以创新引领创业、创业带动就业，推动高校毕业生更高质量创业就业，颜色更多更出彩。“互联网+”大学生创新创业大赛首次举办于2014年，第一届到第三届大赛累计有225万名大学生、55万个团队参赛。目前大赛已经成为覆盖全国所有高校、面向全体高校学生、影响最大的赛事活动之一，如下图所示。

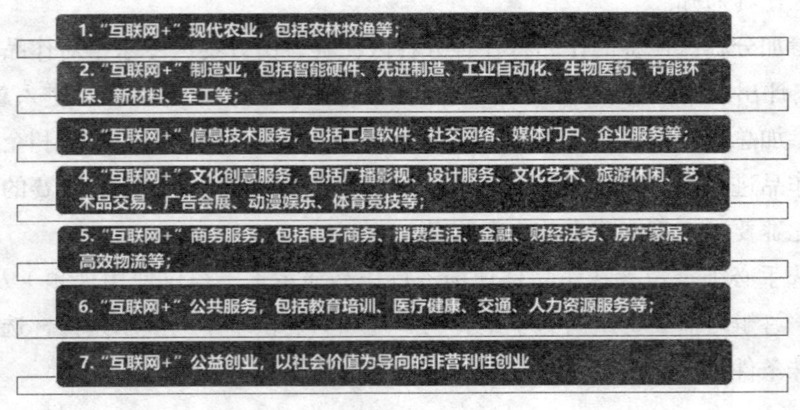

“互联网+”内容

创青春是由共青团中央、教育部、人力资源社会保障部等部联合主办的全国性的大学生创业竞赛。以“中国梦，创业梦，我的梦”为主题，以增强大学生创新、创意、创造、创业的意识和能力为重点，以深化大学生创业实践为导向，着力打造权威性高、影响面广、带动力大的全国大学生创业大赛。“创青春”全国大学生创业大赛，是“挑战杯”中国大学生创业计划竞赛的改革提升。

三大比赛作为高校深化创新创业教育改革的重要抓手；积极开展教学改革探索，把创新创业教育融入人才培养；推动赛事成果转化和产学研用紧密结合；以创新引领创业、创业带动就业，推动高校毕业生更高质量创业就业。加入大众创新，万众创业的浪潮。

关于竞赛的含金量，那就不多说了，在大学期间参加一些有价值的竞赛对于个人发展而言有着重要的意义，不仅会在保研、出国、奖学金上取得优势，更重要的是个人能力的提升，还会收获一群靠谱的小伙伴并向他们展示自己。有创新创业想法的同学提前了解三大赛事，为比赛做准备。可以抓住这个比赛机会去学习一些新知识，得到老师的专业指导，还可以结交到许多志同道合的创新创业伙伴，为自己的创新创业梦积累更多的力量。

挑战杯中国大学生创业计划竞赛

挑战杯中国大学生创业计划竞赛是由共青团中央、中国科协、教育部、全国学联主办的具有群众性、导向性和示范性的全国竞赛活动，被誉为中国大学生科技创新的“奥林匹克盛会”。

“挑战杯”中国大学生创业计划竞赛于每年的 10 月举行，为做好竞赛的筹备工作，以竞赛为平台进一步培养我校学生创新意识，提高创业能力，发现并培养优秀创新创业人才，经学校研究，决定成立“挑战杯”中国大学生创业计划竞赛同济大学组委会及专家指导委员会，并开展相关参赛作品的选拔工作。现将有关事项通知如下。

1. 选拔对象

正式注册的全日制非成人教育的在校中国籍本、专科生和硕士、博士研究生（不含在职研究生）。

2. 选拔要求

（1）本届比赛报名形式分为项目报名、个人报名两类。

项目报名：参赛者应已有创业计划项目，但不一定拥有完整的竞赛团队。（如需要招募人员请在项目报名表中说明）

备注：各院系如有优秀项目但无参赛人员也可按照项目报名进行，在报名表表中标注即可。

个人报名：参赛者没有可以加入的创业计划项目，但愿意加入其他项目团队进行比赛。

同时，大赛要求参赛者尽量自行组成学科优势互补、专业配备科学、人员结构合理的创业计划团队，以团队的形式参赛。一个项目的参赛团队主要成员人数原则上不超过 6 人，可以跨学院、跨校区、跨学历组队参赛（但团队成员务必事先协商明确作品申报单位）。建议项目团队人员由相关技术人员及企业管理、财务管理、市场营销、法律专业学生组成。请各院系进行全面动员，广泛组织，认真选拔，组队参赛。学院经过评审选拔后统一报送学校参加比赛。参赛团队可视实际情况邀请一名指导老师。对于个人报名者，由学院统一上报后，组委会将协助其组成团队或者加入其他团队。

（2）参赛作品应该是一份针对一项发明创造、技术专利或服务类创意的创业计划书。具体内容来源有：参赛团队成员参与的发明创造、专利技术或课外制作；经授权的发明创造或专利技术（此种情况下，参赛团队须向组委会提交具有法律效应的发明创造或专利技术所有人的书面授权许可），引用其产品；或是一项可能研究发现的概念产品或服务。校团委将提供部分科研成果和技术项目供各参赛团队选择。

（3）参赛团队应在认真参加学校举办的创业知识与技能培训的基础上，针对本组的核心技术或服务内容，广泛进行市场调研、认真进行企业分析的基础上，完成一份把产品或服务推向市场的完整、具体、有实施可能的商业计划书。同时创造条件，吸引风险投资家和企业家注入资金，推动商业计划走入市场。同时，校团委将会在比赛前、比赛中举办若干次相关培训。

3. 奖励办法

为鼓励和表彰在“挑战杯”中国大学生创业计划竞赛中获奖的学生、指导教师和相关组织，根据《全面建设学生科技创新体系行动纲要》（2004 年 10 月 28 日校长办公会议通过）有关规定，学校将予以奖励。

对在“挑战杯”全国决赛中获奖的同学，经教务处和研究生院同意，在符合学校基本保研条件前提下，第一作者如是在籍注册的本科生将给予优先推荐免试直升硕士研究生（如该生系应届毕业班学生，因挑战杯决赛在下半年举行，已过保研期限，其本人应参加本学年内我校硕士生入学考试，在成绩达到国家录取线条件下优先录取）；其他排位作者的同学可推荐参加我校学生科技创新人才推荐免试硕士研究生录取工作。

在“挑战杯”全国决赛中获得铜奖以上的作品，其指导教师在全校专业技术职务评聘工作中将享受相关优待。（各项目指导老师最多 2 人）

在“挑战杯”竞赛相关工作开展情况将作为评价院系学生工作和共青团工作的重要测评指标。

其他高校奖励办法各有所不同，可参考各校当年政策制定。

4. 日程安排

10 月至 12 月 6 日　校内作品征集与选拔；

12 月 20 日　校内第一轮评审；

12 月至 2012 年 2 月上旬　校内第一轮作品深化；

2 月中旬　校内第二轮作品评审；

2 月下旬至 3 月上旬　校内第二轮作品深化；

3 月中旬　校内第三轮作品评审（校内终审）；

3 月下旬 确定上海市参赛作品；

3 月下旬至 4 月上旬　上海市参赛作品深化；

4 月上旬　上海市参赛作品报送，参加上海市竞赛，确定全国参赛作品；

4 月下旬至 5 月上旬　全国参赛作品深化；

5 月中旬　全国参赛作品报送；

5 月下旬至 10 月　全国参赛作品赛前准备；

10 月（待定）参加全国决赛。

中国"互联网+"大学生创新创业大赛

中国"互联网 +"大学生创新创业大赛，以"'互联网 +'成就梦想，创新创业开辟未来"为主题，由教育部与有关部委和吉林省人民政府共同主办。大赛旨在深化高等教育综合改革，激发大学生的创造力，培养造就"大众创业、万众创新"的生力军；推动赛事成果转化，促进"互联网 +"新业态形成，服务经济提质增效升级；以创新引领创业、创业带动就业，推动高校毕业生更高质量创业就业。

大赛采用校级初赛、省级复赛、全国总决赛三级赛制。在校级初赛、省级复赛基础上，按照组委会配额择优遴选项目进入全国决赛。全国共产生 300 个团队入围全国总决赛，其中创意组 100 个团队，实践组 200 个团队。全国总决赛由吉林大学承办。

大赛以"'互联网 +'成就梦想，创新创业开辟未来"为主题，参赛项目主要包括"互联网 +"传统产业、"互联网 +"新业态、"互联网 +"公共服务和"互联网 +"技术支撑平台四种类型。

总决赛期间，还将同步举办深入推进高校创新创业教育改革座谈会，举行"互联网 +"产学合作协同育人报告会、创业项目团队与投资机构对接洽谈会和高校创新创业成果展等活动。大赛结束后将出版优秀创新创业成果案例、大学生创新创业政策解读，促进大赛成果转化。

中国“互联网 +”大学生创新创业大赛首次举办于 2014 年，第一届到第三届大赛累计有 225 万名大学生、55 万个团队参赛。近年来大赛每年都会吸引 31 个省份及新疆生产建设兵团的近 2000 所高校的近 6000 个团队报名参加，提交项目作品比例超过 50%，参与学生超过 20 万人，带动全国上百万大学生投入创新创业活动。大赛已经成为覆盖全国所有高校、面向全体高校学生、影响最大的赛事活动之一。

浙江省“互联网+”大学生创新创业大赛

各普通高校（含独立学院）：

为贯彻落实《国务院办公厅关于深化高等学校创新创业教育改革的实施意见》（国办发〔2015〕36 号）和《浙江省人民政府办公厅关于推进高等学校创新创业教育的实施意见》（浙政办发〔2016〕9 号）精神，按照教育部统一部署和《关于举办 2016 年浙江省大学生创新创业大赛的通知》（浙教办学〔2016〕29 号）安排，经研究，决定举办“建行杯”第二届浙江省“互联网 +”大学生创新创业大赛暨第二届中国“互联网 +”大学生创新创业大赛浙江省选拔赛。现将有关事项通知如下。

1. 大赛主题

拥抱“互联网 +”时代共筑创新创业梦想。

2. 大赛目的和任务

大赛旨在深化高等教育综合改革，激发大学生的创造力，培养造就“大众创业、万众创新”的生力军；推动赛事成果转化和产学研用紧密结合，促进“互联网 +”新业态形成，服务经济提质增效升级；以创新引领创业、创业带动就业，推动高校毕业生更高质量创业就业。

重在把大赛作为深化创新创业教育改革的重要抓手，引导各地各高校主动服务创新驱动发展战略，积极开展教学改革探索，把创新创业教育融入人才培养，切实提高高校学生的创新精神、创业意识和创新创业能力。

3. 参赛项目要求

能够将移动互联网、云计算、大数据、物联网等新一代信息技术与经济社会各领域紧密结合，培育基于互联网的新产品、新服务、新业态、新模式。发挥互联网在促进产业升级以及信息化和工业化深度融合中的作用，促进制造业、农业、能源、环保等产业转型升级。发挥互联网在社会服务中的作用，创新网络化服务模式，促进互联网与教育、医疗、交通、金融、消费生活等深度融合。

参赛项目主要包括以下类型。

（1）“互联网 +”现代农业，包括农林牧渔等；

（2）“互联网 +”制造业，包括智能硬件、先进制造、工业自动化、生物医药、节能环保、新材料、军工等；

（3）“互联网 +”信息技术服务，包括工具软件、社交网络、媒体门户、数字娱乐、企业服务等；

（4）“互联网 +”商务服务，包括电子商务、消费生活、金融、旅游户外、房产家居、高效物流等；

（5）“互联网 +”公共服务，包括教育文化、医疗健康、交通、人力资源服务等；

（6）“互联网 +”公益创业，以社会价值为导向的非营利性创业。

参赛项目须真实、健康、合法，无任何不良信息。参赛项目不得侵犯他人知识产权；所涉及的发明创造、专利技术、资源等必须拥有清晰合法的知识产权或物权；抄袭、盗用、提供虚假材料或违反相关法律法规，一经发现即刻丧失参赛资格并自负一切法律责任。

参赛项目涉及他人知识产权的，报名时需提交完整的具有法律效力的所有人书面授权许可书、专利证书等；已完成工商登记注册的创业项目，报名时需提交单位概况、法定代表人情况、股权结构、组织机构代码复印件等相关证明材料。

4. 赛程安排

（1）报名阶段（3 ~ 5 月）。参赛团队登录“全国大学生创业服务网”（cy.ncss.org.cn）进行报名，也可以通过大赛移动端报名（大赛 APP，名称为“大创空间”或大赛微信公共号，名称为“大学生创业服务网”）报名。报名截止日期为 5 月 31 日。

（2）校赛阶段（5 ~ 6 月）。由高校组织，校赛阶段的参赛材料、比赛环节、评审方式由各高校自行决定。请各高校于 6 月 16 日前完成本校项目的评审遴选和推荐工作，并登录“全国大学生创业服务网”，提交参加省赛的项目。

（3）省赛阶段（6 月 16 日 ~ 7 月 3 日）。省赛分初赛和决赛两个阶段。

6 月 16 日 ~ 6 月 30 日，初赛，网络评审形式，遴选前 25% 的团队参加省级决赛。

7 月 2 日 ~ 7 月 3 日，决赛，现场答辩形式，决出金、银、铜奖。

8月28日～30日全国赛。

“创青春”全国大学生创业大赛

2013年11月8日，习近平总书记向2013年全球创业周中国站活动组委会专门致贺信，特别强调了青年学生在创新创业中的重要作用，并指出全社会都应当重视和支持青年创新创业。党的十八届三中全会对“健全促进就业创业体制机制”作出了专门部署，指出了明确方向。为贯彻落实习近平总书记系列重要讲话和党中央有关指示精神，适应大学生创业发展的形势需要，在原有“挑战杯”中国大学生创业计划竞赛的基础上，共青团中央、教育部、人力资源社会保障部、中国科协、全国学联决定，自2014年起共同组织开展“创青春”全国大学生创业大赛，每两年举办一次。

1. 大赛名称

“创青春”全国大学生创业大赛

2. 总体思路

以党的十八大和十八届二中全会、三中全会精神为指导，以“中国梦，创业梦，我的梦”为主题，以增强大学生创新、创意、创造、创业的意识和能力为重点，以深化大学生创业实践为导向，着力打造权威性高、影响面广、带动力大的全国大学生创业大赛。

以此为带动，将大学生的创业梦与中国梦有机结合，打造深入持久开展“我的中国梦”主题教育实践活动的有效载体；将激发创业与促进就业有机结合，打造整合资源服务大学生创业就业的工作体系和特色阵地；将创业引导与立德树人有机结合，打造增强大学生社会责任感、创新精神、实践能力的有形工作平台。

3. 大赛内容

（1）大赛下设三项主体赛事：第九届“挑战杯”大学生创业计划竞赛、创业实践挑战赛、公益创业赛。

其中，大学生创业计划竞赛面向高等学校在校学生，以商业计划书评审、现场答辩等作为参赛项目的主要评价内容。

创业实践挑战赛面向高等学校在校学生或毕业未满5年的高校毕业生，且已投入实际创业3个月以上，以经营状况、发展前景等作为参赛项目的主要评价内容。

公益创业赛面向高等学校在校学生，以创办非营利性质社会组织的计划和实践等作为参赛项目的主要评价内容。

以上三项主体赛事需通过组织省级预赛或评审后进行选拔报送。

（2）大赛将在符合大赛宗旨、具有良好导向的前提下，设立 MBA、移动互联网创业等专项竞赛，由共青团湖北省委协调相关地方人民政府及高校负责具体组织，组织执行机构另设，奖项单独设立。

其中，MBA 专项赛：①组织形式：由赛事承办方会同部分高校发起，组织和邀请国内设有 MBA 专业的各高校参加。②参赛对象：就读于 MBA 专业的在校学生。③参赛形式：通过申报创业项目计划书（是否已投入创业及创业领域不限，申报不区分具体组别）参加该项赛事。④参赛名额：每所高校只能组成 1 支团队参赛。⑤赛事组织开展时间：每年 3 月启动，9 月进行决赛。

移动互联网创业专项赛：①组织形式：由赛事承办方直接面向国内各高校开展。②参赛对象：高校在校学生。③参赛形式：通过提交基于移动互联网领域的创业项目计划书（是否已投入创业不限，鼓励申报已创立小微企业、科技企业的项目，申报不区分具体组别）或 APP 应用程序等移动互联网作品说明书参赛。④参赛名额：每所高校最多可申报 3 项。⑤赛事组织开展时间：每年 3 月启动，9 月进行决赛。

4. 工作要求

高度重视，加强领导。举办“创青春”全国大学生创业大赛是落实党的十八大和十八届二中全会、三中全会精神，推进高校就业创业教育、促进大学生创业实践的有力举措，对于引导和帮助大学生转变就业观念、培养创新意识、提高创业能力具有重要意义和积极作用。各地各高校要在继承和发展原有的“挑战杯”中国大学生创业计划竞赛举办多年来形成的有效经验和做法的基础上，结合各自实际，成立组织机构，完善全国、省、高校三级赛制，切实抓好大赛的组织工作。

建章立制，把握导向。全国组委会制定了《“创青春”全国大学生创业大赛章程》及三项主体赛事的具体规则，并将在今后的竞赛中不断加以完善和改进。各地各高校要结合大赛的新改革、新要求，进一步做好机制建设工作；在对参赛项目和个人的奖励支持上，要注重与原有的“挑战杯”中国大学生创业计划竞赛的衔接和延伸。鼓励各地各高校依托大赛平台建立大学生创业就业服务体系，健全完善促进大学生创业的政策体系，注重引入风险投资和联合社会有关方面为大赛提供资金、资源、智力等方面支持，努力推动参赛项目的成果转化。

广泛动员，密切配合。大赛开展时间长、内容多、任务重，各个阶段又各有侧重。各级共青团、教育部门、人社部门、科协组织和学联组织要密切配合，加强协调，切实做好大赛各项工作。各地各高校要广泛动员，认真选拔，既要保证参赛项目质量，也要扩大和提升大赛的参与面、受益面、影响力，努力为实现大赛的目标发挥积极作用、提供有力保障。

加强宣传，营造氛围。各地各高校要将大赛宣传作为工作重点，摆上日程，列入计划。一方面借助电视、报纸杂志、广播等传统媒体，另一方面注重运用互联网、手机等新媒体手段，在学生中和社会上营造关注、理解、支持大学生投身创业的社会氛围，同时提升赛事的社会影响力与品牌传播力，为大学生创业就业创造良好的环境和平台。

第6章　杭州电子科技大学科技创新育人基地实践活动

课外科技创新活动作为一种探索性的实践过程，其任务是探索未知，其最为突出的特征就是“创新”。学生课外科技活动是一种实践环节，在活动过程中强化学生实际动手能力和实践技能，实现从科学知识型向实用技能型转化。群众性的学生科技创新活动，是迸发创新灵感的好时机，有利于学生将课本知识和实际问题相结合。许多新思想、新方法、新技术的产生均源于这种实践活动。

课外科技创新活动相当于为学生提供了学习的第二课堂。在第一课堂中我们学习相应的理论知识，而缺乏实践应用，只能说是纸上谈兵。而第二课堂以其灵活性、适宜性、多样性、层次性等特点，充分弥补了第一课堂对学生创新意识和创新能力培养的不足之处，能有效地将第一课堂与第二课堂系统联系起来，很好地培养了学生的综合能力。杭州电子科技大学作为一所电子信息特色突出的教学研究型大学，在这方面取得了良好的成效。

6.1　科技创新育人基地创新训练实例——基于神经网络的手写体数字字符识别算法研究

1　引言

在计算机识别领域，为了解决计算机字符的自动识别问题，人们对计算机的自动识别进行了多年研究，并且付出了十分艰辛的努力与尝试，终于相继取得了一些重大进展。手写体数字字符的识别属于模式识别的一个具体问题，在传统方法上，人们主要通过提取图像结构信息进行匹配或者进行特征判别的方法处理。然而，使用这一类方法在最终的精确度上还比较低。所以，为了提高识别的准确度，我们还需要去探索和尝试新的理论与方法。

近年来，随着深度学习技术的应用以及现代计算机计算能力的普遍提升，使得从前一些复杂问题的解决成为了可能，而深度学习就是基于神经网络技术。神经网络具有的优势有：固有的并行结构和并行处理，知识的分布存储，容错性，自适应性，模式识别能力，这些巨大的优势为手写体数字字符识别指明了一个新的方向。

手写体数字字符识别问题属于分类问题。在当今时代下，由于智能设备的广泛使用，使消费者通过触摸屏直接进行字符书写成为可能。这就对手写体数字字符的识别的准确度提出了更高的要求。另外，不仅在消费领域，政府、银行等领域也需要能通过手写数字字符识别技术来完成客户输入的自动转换。因此，如果手写体数字字符识别算法能够实现很高的准确度，那么将会带来不可估量的社会和经济效益。

手写体数字字符识别也是模式识别中一个实际问题，对于理论的研究与验证也有着非常重大的价值。首先，阿拉伯数字在全世界都流行使用，因此每个国家的科学家都可以把数字字符识别当作一个算法研究的平台。其次，我们还可以从手写数字字符的分类方法，类推到生活中以及科研上的一些其他问题，例如英语字母的识别。到目前为止，机器的识别准确度在某些图像比赛中已经远远超过了人类，但是想要机器更全面地超越，仍需要我们不断努力。

科学家们从 1965 年左右就已经开始识别较为工整的手写体字符了。在过去的数十年时间里，研究者提出了许多的识别算法，然而这些方法大多从传统的角度出发，并不能达到很高的识别精度。目前提取特征的手段有许多种，依据特征使用的不同，可以把这些方法归为三类：①将图像点阵按照降维算法降维。②基于统计特征（大部分情况下是测量点密度、矩和特征区域等）的方法。③基于结构特征（包括圈、交叉点、轮廓、凹凸区域、笔画、端点）的方法。在比较中，每一类所选取的特征都有它们的优点和缺点。基于特征提取的方法相对其他几种方法比较快速，特征又明显，一旦特征提取正确将会大幅地增加识别率，但是想要找到充分反映字符结构的低维特征的集合相对困难，所以在识别率上也不高。直接分析字符的结构特征的思想是模仿人脑对字体识别的过程，通过对字体特定结构的识别来判断字符。然而，对于计算机而言，计算机只能以一维的顺序处理图像，对于给定的二维字符图像，字符的某些结构，例如（轮廓线、交叉点等）很难被计算机识别，因此准确度也不高。而直接对图像矩阵进行降维是得到特征最方便的做法，利用神经网络的训练自动调参，可以在减少人工干预的情况下实现较高的准确度。

由于神经网络的自动学习优势以及处理复杂问题的能力，使得使用神经网络去解决手写体数字字符识别问题，成为一个有效的途径。自 LeCun 等人在 1998 年使用神经网络进行识别，最高达到了 97.5% 的识别率。在 2003 年 Simard 等人更是实现了 99.3% 的准确度。可以看出，目前技术对手写体数字字符的识别准确度已经达到了很高的状态，但是如何快速地进行识别仍然是一个关键的问题。

由于手写体数字字符识别广泛应用在消费和工业领域中的方方面面，所以算法的目的就是能够在实现高准确度的情况下尽可能消耗比较少的训练时间。因此，本课题具有一定的实际应用性，就是要求算法具有高识别率和快速识别的能力。在一个实际问题中，高识别率是前提，如果连这个基本要求都不能达到，那么此系统在实际生活中并没有多少应用价值。另外，快速识别的能力也十分重要，如果用户等待识别结束需要几十秒甚至几分钟的时间，那么将会降低用户的使用体验。

本文主要通过神经网络来实现对手写体数字字符的识别问题，采用通用的 MNIST(Mixed National Institute of Standards and Technology database, 混合的美国国家标准与技术研究院数据库) 手写体数字字符库，是一系列带标记的数字图片，主要由来自美国人口普查局的雇员与美国的中学生所写。其中训练样本数为 6 万个，包含 0 ~ 9 在内的 10 个数字，与 1 万个测试数据。在获得训练与测试数据后，需要对图像进行一些预处理，减小图像的噪声，进行尺度的归一化等，避免对训练造成影响。

分别应用了超限学习机 (ELM) 和 BP 神经网络算法作为手写体数字字符的分类器，并根据训练样本先对神经网络进行训练，再使用测试样本来测试模型最终的识别能力。

2　人工神经网络

2.1　概述

人工神经网络是模仿动物神经网络的运作方式，利用计算机建立一个能够解决复杂问题的网络模型。1950 年左右，学者首次提出感知机的概念，从此神经网络就在此基础上不断发展，产生了各种具有不同结构和学习算法的神经网络，例如 BP 神经网络、卷积神经网络等。神经网络通过对训练数据的学习，可以解决包括模式识别、图像处理、语音处理在内的复杂问题，使得过去一些复杂问题的求解成为可能，并且广泛应用在安防、工业等领域，出现在人们生活中的方方面面，并产生了巨大的经济价值。

人工神经网络可以根据不同的标准分为多个类型，根据网络架构分，可以分为前馈式架构、递归式架构和强化式架构。前馈神经网络是指，各个神经元从输入层开始，前一级的输出作为下一级的输入，直到输出层。整个网络中无反馈。递归式神经网络在前馈神经网络中引入了定向回环，能够处理那些输入之间前后关联的问题，主要应用在语音、文字的处理上。而强化式神经网络属于强化学习在机器学习中的应用，主要是通过对环境的感知来决定下一步的行为。本文研究中的神经网络均为前馈式神经网络。

2.2　原理

人工神经网络，也被叫作并行分布式处理系统，或者叫作连接系统，其仿照人类大脑中的神经网络结构构成，是一个非常有效的计算系统。人工神经网包含大量以某些方式连接在一起，并且可以相互连接的单元。这些单元，也被叫作神经单元，类似于一个能够进行并行操作的简单的处理器。

每个神经元能够与其他神经元连接在一起。每个连接都带有一个与输入信号有关的权重。对于神经元来说与输入对应的权重，是最有用的信息去解决一个特殊的问题，因此通常来讲，权重可以做到传递或者抑制传入的信号。每个神经元都有激活态。通过结合输入信号和激活函数，神经元产生的输出信号可以传递到其他单元中。

神经元是处理外界与人体内部输入的特殊生物单元，据估计，人的大脑中大约有 1000 亿个神经连接。

如图 6–1 所示，一个典型的神经细胞包含下列 4 个部分。

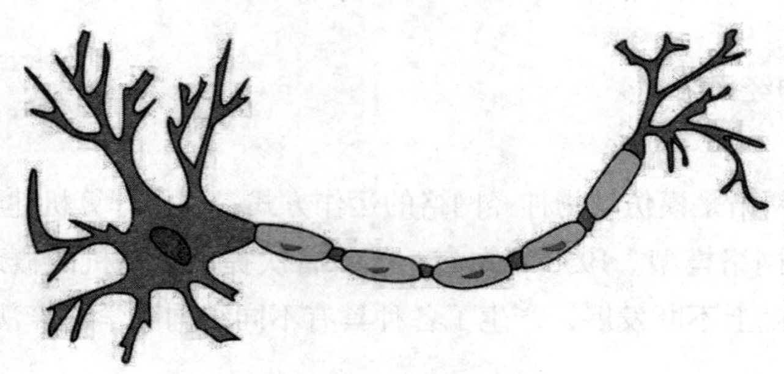

图6–1　神经元细胞示意图

由此，对应神经元的各个部分的功能，见表 6–1。我们可以通过建立数学模型模拟神经元的作用。我们可以将神经元看成一个加法器与一个映射器。加法器对输入与对应输入权重乘积的累加和，这个和的结果被送往映射器，即经过激活函数，完成线性到非线性空间的映射。

表6–1 神经元细胞部位说明

部位	作用
树突	就像树枝一样的分支，负责接收从其他神经元传递而来的刺激
细胞体	这是神经元细胞的胞体，负责处理来自树突的信息
轴突	神经元通过轴突给其他细胞传递信息
突触	是轴突与其他细胞的连接

由图 6–2 中可以得到单个神经元的数学模型，可以表达成下式：

$$y_x=f(u_x+b_x) \tag{6.1}$$

其中，u_x 为输入乘以输入对应权重的和，即下式：

$$u_x=x_1 \cdot w_1+x_2 \cdot w_2+x_3 \cdot w_3+\ldots x_m \cdot w_m \tag{6.2}$$

为了简化，可表示为：

$$u_x=\sum_{i=1}^{m} x_i \cdot w_i \tag{6.3}$$

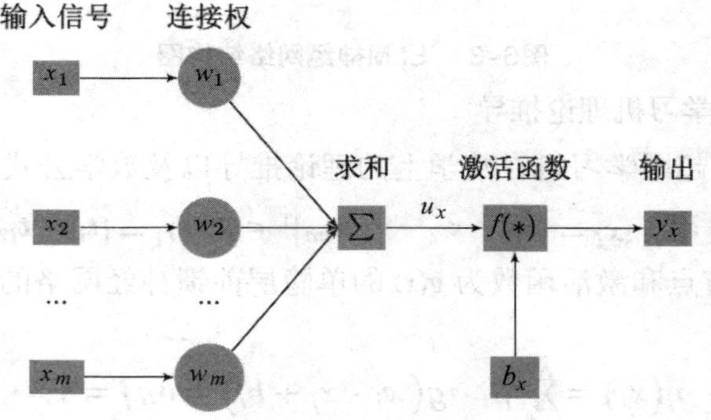

图6–2 神经元数学模型

2.3 超限学习机

超限学习机是一种快速的单隐层前馈神经网络（Single–hidden Layer Feedforward Neural Network），在 2004 年由黄光斌教授等人提出，该算法通过大量的训练样本计算确定神经网络的传输参数，相对于 BP 神经网络因梯度下降法迭代计算传输参数耗费大量时间，超限学习机计算过程无须迭代，具有训练速度快的特点。其思想是将输入向量投影到高纬度空间，使得特征向量在该空间上尽可能地明显，然后运用线性模型去求解最佳的决策边界。

2.3.1　超限学习机网络模型

超限学习机属于前馈神经网络，是用单层的隐藏节点来实现分类或回归的任务，其特别之处在于对权值的训练方法：从输入节点连接到隐藏层的权重根据某种分布随机赋予的，从隐藏节点与输出节点之间的权重的学习则是根据最小二乘法，其本质上相当于线性模型学习。

图 6–3 为最基本的超限学习机的网络结构图，可以看出，超限学习机分为输入层、隐藏层和输出层。在超限学习机的原始模型中，隐藏层为 1 层。

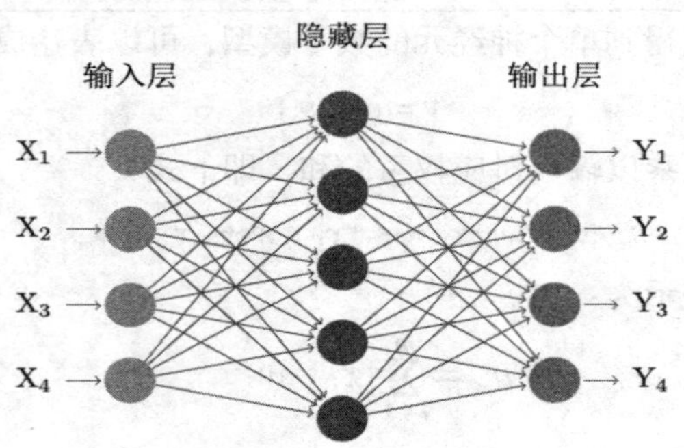

图6–3　ELM神经网络结构图

2.3.2　超限学习机理论推导

下文将给出超限学习机在数学上的理论推导以及数学公式。对于 N 个不同的样本 (x_i,t_i), 其中，$\boldsymbol{x_i}=[\boldsymbol{x_{i1}}\quad \boldsymbol{x_{i2}}\quad \cdots\ \boldsymbol{x_{im}}]^{\mathrm{T}}\in R^{\boldsymbol{n}}$, $\boldsymbol{t_i}=[\boldsymbol{t_{i1}}\quad \boldsymbol{t_{i2}}\quad \cdots\ \boldsymbol{t_{im}}]^{\mathrm{T}}\in R^{\boldsymbol{n}}$，带有 $\widetilde{N}$ 个隐藏节点和激活函数为 $g(x)$ 的单隐层前馈神经网络的数学模型可以描述为：

$$\sum_{i=1}^{\widetilde{N}}\boldsymbol{\beta_i}\cdot \boldsymbol{g_i}\left(\boldsymbol{x_j}\right)=\sum_{i=1}^{\widetilde{N}}\boldsymbol{\beta_i}\cdot \boldsymbol{g}\left(\boldsymbol{w_i}\cdot \boldsymbol{x_j}+\boldsymbol{b_i}\right)=\boldsymbol{o_j},\boldsymbol{j}=\mathbf{1},\cdots,\boldsymbol{N} \tag{6.4}$$

其中 $\boldsymbol{w_i}=[w_{i1}\quad w_{i2}\quad \cdots\ w_{im}]^{\mathrm{T}}$ 是连接输入节点到第 i 个隐藏层节点的权重向量，$\boldsymbol{\beta_i}=[\beta_{i1}\quad \beta_{i2}\quad \cdots\ \beta_{im}]^{\mathrm{T}}$ 是第 i 个隐藏层节点连接到输出节点的权重向量，b_i 是第 i 个隐藏节点的阈值。$w_i\cdot x_j$ 表示 $\boldsymbol{w}_i$ 向量和向量 $\boldsymbol{x}_j$ 的内积。

带有 $\widetilde{N}$ 个隐藏层节点和激活函数 $g(x)$ 的单隐层前馈网络能够以零误差近似这 N 个样本，即 $\sum_{j=1}^{\widetilde{N}}\|\boldsymbol{o_j}-\boldsymbol{t_j}\|=\mathbf{0}$。则存在 β_i，w_i 和 b_i，使得：

$$\sum_{i=1}^{\widetilde{N}}\boldsymbol{\beta_i}\cdot \boldsymbol{g}\left(\boldsymbol{w_i}\cdot \boldsymbol{x_j}+\boldsymbol{b_i}\right)=\boldsymbol{o_j},\boldsymbol{j}=\mathbf{1},\cdots,\boldsymbol{N} \tag{6.5}$$

上述的 N 个等式可以表示为矩阵相乘的形式：

$$\boldsymbol{H\beta}=\boldsymbol{T} \tag{6.6}$$

其中，$$\boldsymbol{H}(\boldsymbol{w}_1,\dots,\boldsymbol{w}_{\tilde{N}},\boldsymbol{b}_1,\dots,\boldsymbol{b}_{\tilde{N}},\boldsymbol{x}_1\dots\boldsymbol{x}_N)=\begin{bmatrix} g(\boldsymbol{w}_1\cdot\boldsymbol{x}_1+\boldsymbol{b}_1) & \cdots & g(\boldsymbol{w}_{\tilde{N}}\cdot\boldsymbol{x}_1+\boldsymbol{b}_{\tilde{N}}) \\ \vdots & \ddots & \vdots \\ g(\boldsymbol{w}_1\cdot\boldsymbol{x}_N+\boldsymbol{b}_1) & \cdots & g(\boldsymbol{w}_{\tilde{N}}\cdot\boldsymbol{x}_N+\boldsymbol{b}_{\tilde{N}}) \end{bmatrix}_{N\times\tilde{N}}$$

$$\boldsymbol{\beta}=\begin{bmatrix} \boldsymbol{\beta}_1^{\mathrm{T}} \\ \cdot \\ \cdot \\ \cdot \\ \boldsymbol{\beta}_{\tilde{N}}^{\mathrm{T}} \end{bmatrix}_{\tilde{N}\times m},\ \boldsymbol{T}=\begin{bmatrix} \boldsymbol{t}_1^{\mathrm{T}} \\ \cdot \\ \cdot \\ \cdot \\ \boldsymbol{t}_N^{\mathrm{T}} \end{bmatrix}_{N\times m}$$

H 矩阵称为隐藏层的输出矩阵；H 中第 i 列表示对应输入 $x_1,x_2,\cdots$，x_N 的第 i 个隐藏节点的输出。

在理论中我们可以证明，输入权重和隐藏层的偏置可以被赋值为随机值。所以现在我们要训练的单层前馈神经网络，就只需去找到使得 $\boldsymbol{H\beta}=\boldsymbol{T}$ 中平方误差最小的 $\tilde{\beta}$ ：

$$\left\|H(\boldsymbol{w}_1,\dots,\boldsymbol{w}_{\tilde{N}},\boldsymbol{b}_1,\dots,\boldsymbol{b}_{\tilde{N}})\tilde{\boldsymbol{\beta}}-\boldsymbol{T}\right\|=\min_{\beta}\left\|H(\boldsymbol{w}_1,\dots,\boldsymbol{w}_{\tilde{N}},\boldsymbol{b}_1,\dots,\boldsymbol{b}_{\tilde{N}})\boldsymbol{\beta}-\boldsymbol{T}\right\| \tag{6.7}$$

如果隐藏节点的数量与训练样本数量相同，那么在输入权重向量和隐藏层偏置是随机选择的情况下，矩阵 H 就是一个方阵并且可逆，这样单层前馈网络能够以 0 误差近似这些训练样本。

然而，在大多数情况下隐藏层节点的数量比训练样本数要小很多，即 $\tilde{N}\ll N$ H 就会是一个非方阵并且可能不会有 w_i，b_i，β_i 使得 $\boldsymbol{H\beta}=\boldsymbol{T}$。故我们使用广义逆来求解本系统的最小平方问题：

$$\tilde{\beta}=\boldsymbol{H}+\boldsymbol{T} \tag{6.8}$$

其中 H^+ 就是矩阵 $\boldsymbol{H}$ 的摩尔－彭罗斯广义逆。

2.3.3　超限学习机训练过程

经过上一节推导，则超限学习机的算法可以被描述如下：对于一个给定的训练集合 $\boldsymbol{N}=\{(x_i,t_i)|x_i\in R^n,t_i\in R^m,i=1,\dots,N\}$，激活函数与隐藏层数量，

步骤 1: 随机赋值给输入权重和偏置 b_i，i=1,$\cdots$, $\tilde{N}$。

步骤 2: 计算隐藏层输出矩阵 $\boldsymbol{H}$。

步骤 3: 计算输出权重矩阵 $\boldsymbol{\beta}$ 。

$$\boldsymbol{\beta}=\boldsymbol{H}^{\dagger}\boldsymbol{T}，其中\ \boldsymbol{T}=[t_1,\cdots,t_N]^{\mathrm{T}} \tag{6.9}$$

2.4 反向传播神经网络

2.4.1 BP 神经网络概要

David Rumelhart, Geoffrey Hinton 和 Ronald Williams 指出反向传播算法的重要应用前，大家都没有完全认识到反向传播算法的重要性。在那篇论文中描述使用了反向传播算法的神经网络能够比其他神经网络学习更快的情况，这就使得使用神经网络去解决之前不可能解决的问题变成了可能。

反向传播算法神经网络是一个多层的前馈网络，根据误差反向传播算法进行训练，并且也是应用在神经网络中最广泛的算法之一。BP 网络能够被用来去学习和存储在输入输出之间匹配的特征模型，并且不需要在数学上事先去解出描述这些匹配关系的数学等式。它的学习方式是使用最速下降法，去调整网络的权值与阈值去实现最小平方误差。

2.4.2 BP 神经网络模型

反向传播神经网络属于前馈神经网络，采用全连接方式。其一般的网络结构如图 6–4 所示，包括输入层、隐藏层和输出层。其中隐藏层可以为多层。

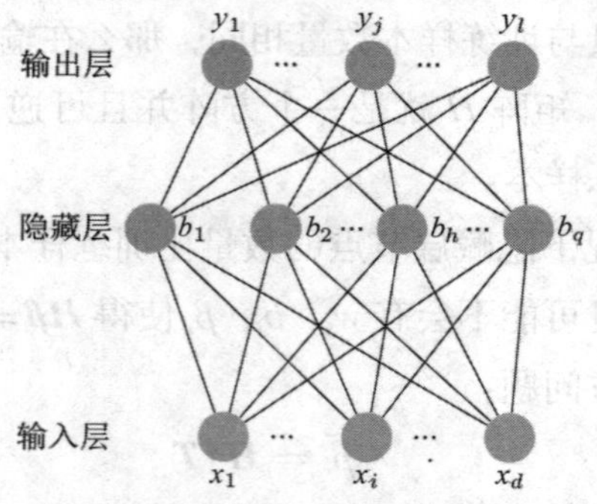

图6–4 BP神经网络结构图

2.4.3 反向传播理论推导

对于训练样本 (x_k, y_k)，假定神经网络的输出为 $\tilde{y}_k = (\tilde{y}_1^k, \tilde{y}_2^k, ..., \tilde{y}_l^k)$，即：

$$\tilde{y}_j^k = f(\beta_j - \theta_j) \tag{6.10}$$

则网络在 (x_k, y_k) 上的均方误差可表示为：

$$E_k = \frac{1}{2}\sum_{j=1}^{l} (\tilde{y}_j^k - y_j^k)^2 \tag{6.11}$$

BP 属于迭代学习算法，在迭代的每一轮中采用广义的感知机学习规则对参数进行更新估计，则任意参数 v 的更新估计式为：

$$v \leftarrow v + \Delta v \tag{6.12}$$

BP 算法基于梯度下降策略，以目标的负梯度方向对参数进行调整。对误差 E_k，给定学习速率 η，则有：

$$\Delta w_{hj} = -\eta \frac{\partial E_k}{\partial w_{hj}} \tag{6.13}$$

注意到 w_{hj} 先影响到第 j 个输出层神经元的输入值 β_j，再影响到其输出值 $\tilde{y}_j^k$，然后影响到 E_k，则有：

$$\frac{\partial E_k}{\partial w_{hj}} = \frac{\partial E_k}{\partial \tilde{y}_j^k} \cdot \frac{\partial \tilde{y}_j^k}{\partial \beta_j} \cdot \frac{\partial \beta_j}{\partial w_{hj}} \tag{6.14}$$

根据 β_j 的定义，显然有：

$$\frac{\partial \beta_j}{\partial w_{hj}} = b_h \tag{6.15}$$

假设激活函数为 $f(x)$ 为 Sigmoid 函数，则有：

$$f'(x) = f(x)[1 - f(x)] \tag{6.16}$$

则有：

$$g_j = -\frac{\partial E_k}{\partial \tilde{y}_j^k} \cdot \frac{\partial \tilde{y}_j^k}{\partial \beta_j} = -\left(\tilde{y}_j^k - y_j^k\right) f'\left(\beta_j - \theta_j\right) = \tilde{y}_j^k (1 - \tilde{y}_j^k)(y_j^k - \tilde{y}_j^k) \tag{6.17}$$

因此我们就可以得到 BP 算法中关于 w_{hj} 的更新公式：

$$\Delta w_{hj} = \eta g_j b_h \tag{6.18}$$

类似可得：

$$\Delta \theta_{hj} = \eta g_j$$
$$\Delta v_{hj} = \eta e_h x_i$$
$$\Delta \gamma_h = \eta e_h$$

其中：

$$e_h = -\frac{\partial E_k}{\partial b_h} \cdot \frac{\partial b_h}{\partial \alpha_h} = -\sum_{j=1}^{l} \frac{\partial E_k}{\partial \beta_j} \cdot \frac{\partial \beta_j}{\partial \mathrm{b_h}} f'(\alpha_h - \gamma_h) \tag{6.19}$$

$$= \sum_{j=1}^{l} \mathrm{w_{hj}} \cdot \mathrm{g_i} f'(\alpha_h - \gamma_h) = \mathrm{b_h}(1 - \mathrm{b_h}) \sum_{j=1}^{l} w_{hj} g_j$$

2.4.4 学习速率选取

学习速率 η 控制着算法在每一轮迭代中的更新权值的步长，若太大则容易振荡，太小则学习速度又会过慢。在 BP 神经网络中，连接权值的调整决定于学习速率 η 和梯度的大小，然而在原始 BP 算法中，η 是不变的。在研究中发现，η 实际上对学习速度的影响也很大，通过一定的算法对学习速率 η 进行动态调整，可以大幅加快学习的进程。

在原则上，学习参数调整的目的是使其在每一步保持尽可能大的值的同时，能够根据梯度快速的下降，又不至于使学习过程发生振荡的情况。对于自适应学习参数的赋值通常有两种做法。一是根据损失函数的变化率和损失函数对权值梯度的变化率进行启发式调整。二是根据损失函数对学习参数的偏导直接进行调整。

在批处理方式中，可以根据总体样本的误差之和的梯度来进行调整，其算法是，学习参数的值与误差变化的梯度成负相关。当前后两次误差的比值超过一定限度的时候，则学习速率将减小。

2.4.5　梯度下降过程

当我们定义一个代价函数时，训练的目的就是满足使得代价函数的值最小的网络参数，使得代价函数在经过神经网络训练后，能够达到全局最小值。而代价函数的起始位置就是对应神经网络经过初始化后的位置。如图 6–5 所示，假设起始时代价函数位于最高值，然后运用梯度下降，选择当前位置梯度下降最快的方向，然后将当前位置更新为此方向上的一定距离上的点，如此循环直到到达底梯度最小的位置。如图 6–5 所示，从山坡上的起始点开始，经过一定次数迭代以后，到达了代价函数的局部最小值。

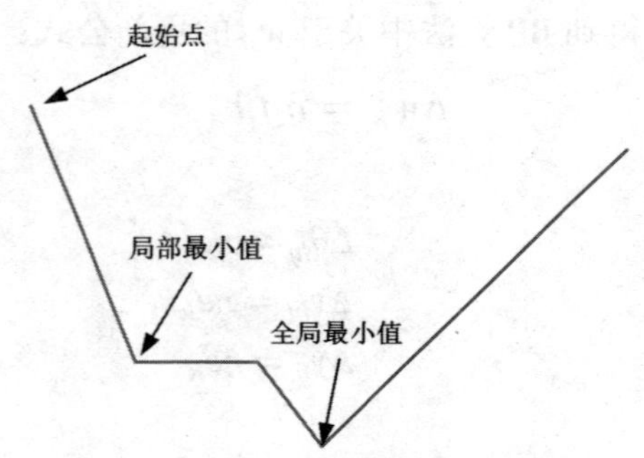

图6–5　梯度下降过程示意图

当 BP 算法中的学习参数很小时，整个代价函数下降的过程就会非常缓慢，也许要经过非常长的时间才能到达极值点，而当学习速率很大时，代价函数下降得太快以至于本应当停留在极值点，却被赋值为比极值点要“高”一点的位置，不停地在最小值附近振荡，学习速率越大，振荡的幅度也就越大。

而 BP 算法如何做到能够避免局部最优的情况发生，针对凸函数，由于凸函数在其定义域内只有一个极小值，故梯度下降法一定能够收敛到极小值，即最小值；针对非凸函数，处理方法有以下两种。

（1）把代价函数近似地转换成凸函数，这样就能在大多数情况下找到最小值。

（2）使用智能算法。目前最为流行的全局优化算法是粒子群优化算法与遗传算法，以一定的概率在全局范围内搜索最小值。但这些算法智能在较大的概率下找到最小值，还不是一种稳定的方法。

2.4.6　交叉熵代价函数设计

在分类问题中，我们采用的激活函数通常是 Sigmoid 函数。对于此曲线的特性，当神经元的输出接近 1 时，曲线变得相当的平，即 $f'(x)$ 的值会很小，进而就会导致$\frac{\partial E_k}{\partial w_j}$和$\frac{\partial E_k}{\partial b_j}$的值很小，进而造成学习缓慢。针对这个问题，我们需要引入交叉熵代价函数，我们令网络误差表示为

$$E_k = -\frac{1}{l}\sum_{j=1}^{l}[y_j * \ln f(\beta_j) + (1 - y_j) * \ln(1 - f(\beta_j))] \tag{6.20}$$

按上一节的求导流程，我们可以得到

$$g(j) = -\frac{\partial E_k}{\partial \tilde{y}_i^k} \cdot \frac{\partial \tilde{y}_j^k}{\partial \beta_j} = -(\tilde{y}_j^k - y_j^k) f'(\beta_j - \theta_j) = (y_j^k - \tilde{y}_j^k) \tag{6.21}$$

这样，根据梯度对权值进行更新时，就不再受到 Sigmoid 函数的影响了。

2.4.7　BP 神经网络训练过程

图 6–6 给出了 BP 算法的工作流程，对每个训练样例，BP 算法执行以下操作：先将输入样本给输入层神经元，然后逐层将信号前传，直到输出层产生输出；然后计算输出层的误差，再将误差逆向传播至隐层神经元，最后根据隐层神经元的误差来对连接权和阈值进行调整，该迭代过程循环进行，直到某些停止条件为止。

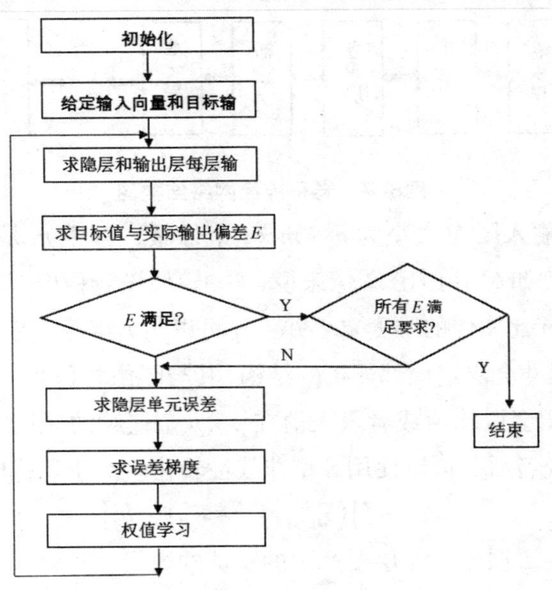

图6–6　BP神经网络算法工作流程图

2.5 卷积神经网络

在机器学习中，卷积神经网络（Convolutional Neural Networks）是一种前馈人工神经网络，其神经元之间的连接模式受动物视觉皮层的组织启发。单个皮质神经元对被称为接收场的空间受限区域的刺激作出反应。不同神经元的接收场部分重叠，使得它们能够共享视野。单个神经元对其接收场中的刺激的响应可以通过卷积运算在数学上近似。卷积网络受到生物过程的启发，是设计用于最少量预处理的多层感知器的变体，它提取了图像的二维结构信息，实现了更好的特征提取，使得它们在图像和视频识别，推荐系统和自然语言处理方面有广泛的应用。

卷积神经网络中有两个突破性的思想。第一个是局部感知，第二个是参数共享。该网络模仿动物感知视觉的方式，将一个神经元对整个图像的感知改变为对某个区域的感知，这样就大幅减少了神经网络的系数。第二个思想是参数共享，即每个神经元的参数都是相等的，这样又减少了网络模型的参数。这样，当每个神经元对特定区域识别时，在数学上相当于一个卷积核在图像上做一个卷积。

2.5.1 卷积神经网络结构

通常的卷积神经网络的基本结构由卷积计算层、激励层、池化层、全连接层构成。实际使用中可以将卷积计算层，激励层和池化层反复叠加使用，图 6–7 为一般卷积层的结构。

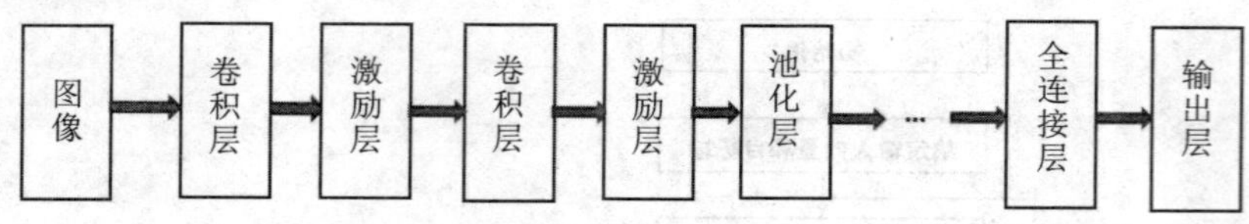

图6–7 卷积神经网络结构图

已知给定的输入图像大小为 $m\times m\times r$ 个像素，其中 m 是图像的宽与高，r 是通道的数量，例如对于 RGB 图像来说，r=3。假设卷积层有 k 个卷积核，尺寸为 $n\times n\times q$，其中 n 比图像的维度要小并且 q 可以与 r 相等，并且每个核的 q 可以不一样。滤波器尺寸会决定局部连接的结构，其与图像卷积产生 k 个大小为 m–n+1 的特征图。每个图会以均值或者最大值在 $p\times p$ 个连续的区域上进行下采样。在下采样层的前面或者后面可以使用 S 型非线性转化。对于卷积层，其公式表达为

$$x_{Kj}^{i}=f\left[\left(\sum_{ieM}x_{i}^{i-1}*K_{y}^{i}\right)+b_{j}^{i}\right] \tag{6.22}$$

其中 K 表示由 L 层到 L+1 层要产生的特征的数量，K_{y}^{i} 表示卷积核，b_{j}^{i} 为偏置，

$f(*)$ 为激活函数。

以经典的 LeNet5 卷积神经网络为例。第一层为图像输入层。图像输入层是指定图像大小的位置，在这种情况下，它是 28 × 28 × 1 个像素点。这些数字对应于高度、宽度和通道大小。数字数据由灰度图像组成，因此通道尺寸（颜色通道）为 1。对于彩色图像，通道尺寸将为 3，对应 RGB 值。

第二层为卷积层。卷积层属于特征映射层。在卷积层中，通过多个卷积核对上一层的 2 维输入特定尺寸的区域进行卷积，提取局部的信息，得到多个特征平面。

第三层为激励层。由于在反向传播算法中使用的激活函数 sigmoid 在实际的梯度下降中，容易发生饱和，造成终止梯度传递的情况，故使用 Relu(Rectified Linear Unit,线性整流函数）作为激活函数，该函数具有收敛快、求梯度简单的优点。该函数的数学公式为

$$f(x)=\max(0,x) \tag{6.23}$$

第四层为池化层。卷积神经网络中在每一个卷积层后，都紧跟着一个提取局部信息进行二次提取的池化层。可以看作一个模糊滤波器。池化层的作用是减少特征向量的维数，避免过拟合。

卷积层和池化层之后是一个或多个完全连接层。该层将对上一层提取到的图像的所有特征（局部信息）进行学习，以识别更复杂的问题。最后的完全连接层将根据它们对图像进行分类。完全连接的层通常使用 softmax 激活功能进行分类。

最后一层是分类层。该层使用 softmax(归一化指数函数) 激活函数。输出的是对于每个互斥分类的的概率。

$$\sigma(z)_j=\frac{e^{z_j}}{\sum_{k=1}^{K}e^{z_j}}\text{，其中 } j=1,\ \cdots,\ k \tag{6.24}$$

2.5.2　卷积神经网络训练过程

训练算法与 BP 神经网络类似，主要分为向前输出和反向传播两个步骤，每个阶段各两小步。

第一阶段，向前输出。从已知样本中取出训练样本 (x_k,y_k)，将其输入网络。计算网络对应输入的实际输出 O_p。在第一阶段中，输入矩阵经过从输入层逐级地变换，矩阵的特征也不断地被提取，传送到输出层中。

第二阶段，反向传播根据实际输出 O_p 与对应输入的理想输出 Y_p 的差；根据最小化误差的优化策略调整每层的神经元系数。

可以看到，卷积神经网络与 BP 神经网络在训练过程上都比较相同。不同点在于卷积神经网络使用了多个层对图像进行结构信息的提取，因此我们可以预料到卷积神经网络将实现更高的准确度。

3 手写体数字识别过程

3.1 样本的准备

本文中的样本为 MNIST 库中提供，该库拥有着 6 万个训练样本和 1 万个测试样本，各自包含 0 ~ 9 在内的 10 个数字。每个图像的尺寸都已经被规范化，均为高为 28 个像素、宽为 28 个像素的灰度图像。由于每个像素的范围都是 0 ~ 255，所以没有必要进行特征缩放。图 6–8 为从训练样本中随机选取一些图像进行显示。可以看到，该训练样本包含了一些书写不是特别工整的字符，例如图中第一行第 4 列中的 9，以及第 4 行第 2 列中的 4。符合训练数据的包含性。

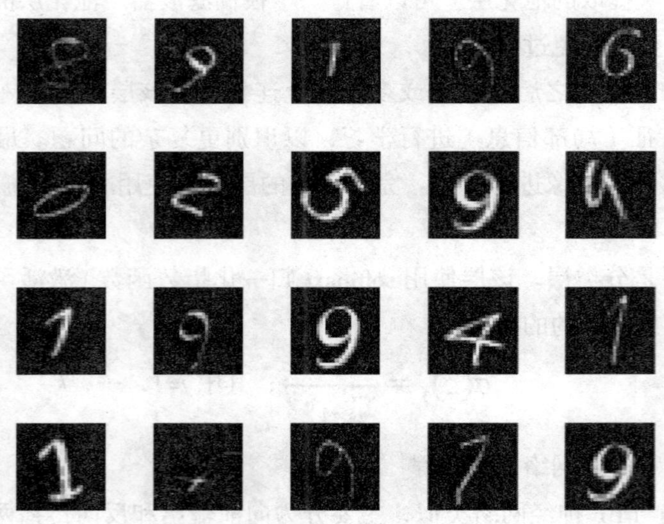

图6–8 手写体数字图

图 6–9 左为数字 0 的手写体图像，右为其对应的矩阵形式。根据其每个元素中的大小可以看出，图像中越白的部分越接近值 255，黑色的像素值为 0。

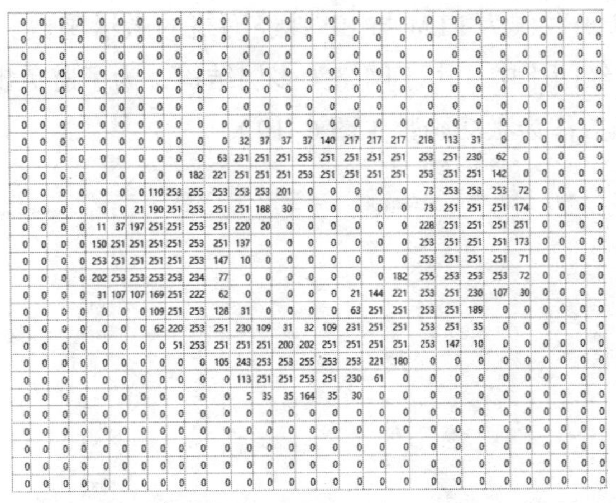

0	0	0	0	0	0	0	0	0	0	0	0	0	0	0	0	0	0	0	0	0	0	0	0	0	0	0	0
0	0	0	0	0	0	0	0	0	0	0	0	0	0	0	0	0	0	0	0	0	0	0	0	0	0	0	0
0	0	0	0	0	0	0	0	0	0	0	0	0	0	0	0	0	0	0	0	0	0	0	0	0	0	0	0
0	0	0	0	0	0	0	0	0	0	0	0	0	0	0	0	0	0	0	0	0	0	0	0	0	0	0	0
0	0	0	0	0	0	0	0	0	0	0	0	0	0	0	0	0	0	0	0	0	0	0	0	0	0	0	0
0	0	0	0	0	0	0	0	0	0	0	0	0	0	0	0	0	0	0	0	0	0	0	0	0	0	0	0
0	0	0	0	0	0	0	0	0	0	0	0	0	0	0	0	0	0	0	0	0	0	0	0	0	0	0	0
0	0	0	0	0	0	0	0	0	0	0	32	37	37	37	140	217	217	217	218	113	31	0	0	0	0	0	0
0	0	0	0	0	0	0	0	0	0	63	231	251	251	253	251	251	251	251	253	251	230	62	0	0	0	0	0
0	0	0	0	0	0	0	0	0	182	221	251	251	251	253	251	251	251	251	253	251	251	142	0	0	0	0	0
0	0	0	0	0	0	0	110	253	255	253	253	253	201	0	0	0	0	0	73	253	253	253	72	0	0	0	0
0	0	0	0	0	0	21	190	251	253	251	251	188	30	0	0	0	0	0	73	251	251	251	174	0	0	0	0
0	0	0	0	11	37	197	251	251	253	251	220	20	0	0	0	0	0	0	228	251	251	251	251	0	0	0	0
0	0	0	0	150	251	251	251	251	253	251	137	0	0	0	0	0	0	0	253	251	251	251	173	0	0	0	0
0	0	0	0	253	251	251	251	251	253	147	10	0	0	0	0	0	0	0	253	251	251	251	71	0	0	0	0
0	0	0	0	202	253	253	253	253	234	77	0	0	0	0	0	0	0	182	255	253	253	253	72	0	0	0	0
0	0	0	0	31	107	107	169	251	222	62	0	0	0	0	0	21	144	221	253	251	230	107	30	0	0	0	0
0	0	0	0	0	0	0	109	251	253	128	31	0	0	0	0	63	251	251	253	251	189	0	0	0	0	0	0
0	0	0	0	0	0	0	62	220	253	251	230	109	31	32	109	231	251	251	253	251	35	0	0	0	0	0	0
0	0	0	0	0	0	0	0	51	253	251	251	251	200	202	251	251	251	251	253	147	10	0	0	0	0	0	0
0	0	0	0	0	0	0	0	0	0	105	243	253	253	255	253	253	221	180	0	0	0	0	0	0	0	0	0
0	0	0	0	0	0	0	0	0	0	0	113	251	251	253	251	230	61	0	0	0	0	0	0	0	0	0	0
0	0	0	0	0	0	0	0	0	0	0	5	35	35	164	35	30	0	0	0	0	0	0	0	0	0	0	0
0	0	0	0	0	0	0	0	0	0	0	0	0	0	0	0	0	0	0	0	0	0	0	0	0	0	0	0
0	0	0	0	0	0	0	0	0	0	0	0	0	0	0	0	0	0	0	0	0	0	0	0	0	0	0	0
0	0	0	0	0	0	0	0	0	0	0	0	0	0	0	0	0	0	0	0	0	0	0	0	0	0	0	0
0	0	0	0	0	0	0	0	0	0	0	0	0	0	0	0	0	0	0	0	0	0	0	0	0	0	0	0
0	0	0	0	0	0	0	0	0	0	0	0	0	0	0	0	0	0	0	0	0	0	0	0	0	0	0	0

图6-9　数字0的存储形式图

对于超限学习机与 BP 神经网络来说，在我们将图像伸展成 1*784 的向量，作为神经网络的输入向量，这样，我们就可以得到 60000*784 的训练样本，其中 60000 为总的训练样本数。另外，测试数据为 10000*784 的矩阵。但是这样就完全丢弃了图像在二维上的结构信息，将对识别精度有潜在的影响。对于卷积神经网络，我们直接输入的是图像的二维形式。每个数字拥有的样本数量如表 6-2、表 6-3 所示。

表6-2　训练样本各个数字数量表

训练样本中每个数字的数量										
数字	0	1	2	3	4	5	6	7	8	9
样本数量(个)	5923	6742	5958	6131	5842	5421	5918	6265	5851	5949

表6-3　测试样本各个数字数量表

测试样本中每个数字的数量										
数字	0	1	2	3	4	5	6	7	8	9
样本数量(个)	980	1135	1032	1010	982	892	958	1028	974	1009

在训练样本中，每个数字对应的数量在 6000 个左右附近，是为了避免在训练中出现训练样本不平衡的情况，从而造成对训练结果的影响。

3.2　激活函数的确定

在不同的实际问题中可以选择不同的激活函数，在本文中，由于是涉及分类问题，所以激活函数应该能够在输入特别大的时候饱和，使得输出不会太大，依然会保持一个值输出，使得整个输入被映射到了 (0,1) 之间。因此，我们选择

sigmoid 函数作为 ELM 与 BP 神经网络的激活函数。然而，与以上算法不同，在卷积神经网络中，由于网络为多层结构，为了避免出梯度消失的情况，因此采用 Relu 函数作为激活函数（图 6–10）。

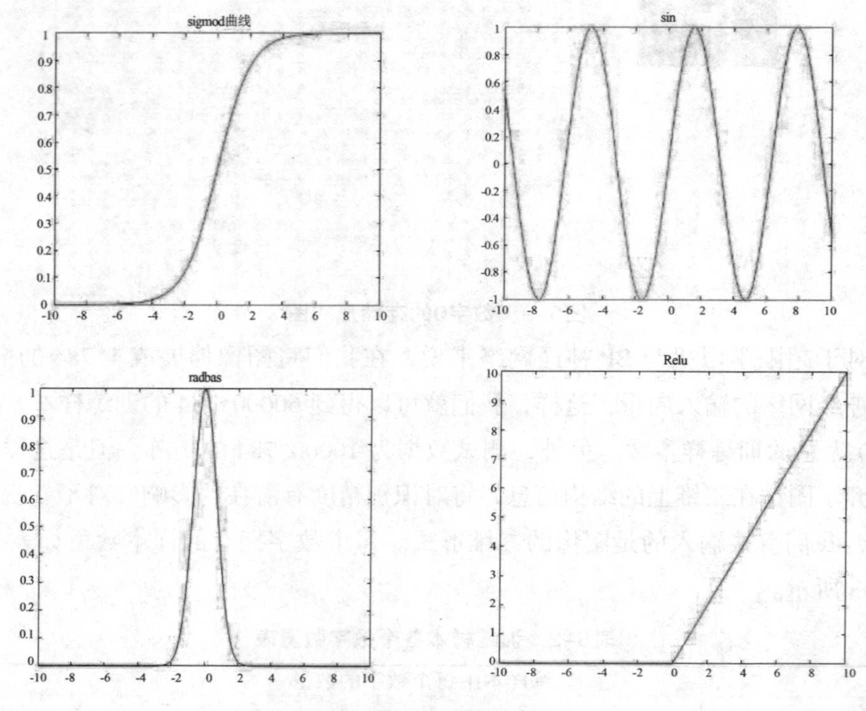

图6–10　激活函数示意图

3.3　神经网络结构参数的选择与确定

网络的输出层与输入层的神经元数根据实际中的输入向量与输出向量的大小来确定，输入层神经元数由输入数据的维度决定，在本文中，图像的大小为 28 × 28 个像素。因此针对三种识别算法，有两种处理方式。

（1）在 ELM 与 BP 神经网络中，将输入图像转换为一维，则输入层神经元的个数为 784 个。

（2）在卷积神经网络中，直接输入图像的二维形式即可，因此大小为 28 × 28。

三种算法在输出层的设置相同。我们要识别 0 ～ 9 在内的十个数字，为了减小对神经网络的负担，我们都采用输出向量为 10 × 1 的矩阵，这样，当 0 ～ 9 中任意一个数字图像输入神经网络后，在输出神经元对应的位置记为 1，其他的位置记为 0。

3.3.1　隐藏层数的确定

人们认为增加隐层层数时，我们就可以降低网络误差，提高识别精度。但是这样同时也会带来负面效应——网络的自由变量变多了，就增加了网络的复杂度，从而大幅地增加了网络的训练时间，并且很有可能会导致网络在训练集上表现好，但在测试集上的误差反而增大。科学家 Hormik 等人在论文中证明：如果输入层和输出层使用线性转换函数，隐藏层使用 Sigmoid 作为激活函数，那么仅仅使用一层隐藏层就可以以任意精度逼近任何有理函数。很明显，其为一个存在性结论。所以，我们应当优先考虑一层隐藏层的神经网络。而且，使用增加隐藏层节点数的办法来获得更高的识别率，其结果比使用增加隐藏层数的办法要好得多，并且更容易实现。

3.3.2　隐藏层节点数

无论是对于 BP 神经网络还是超限学习机，隐藏层节点数目的选择都非常重要，不仅会对神经网络模型的表达能力产生巨大的影响，而且也是过度训练现象的直接原因。但是目前理论上还不能给出一种确切的证明方法来选择合适的隐藏层节点数目。人们仅能凭借经验与不断的尝试来选择合适的隐藏层节点数目。为了尽可能地避免模型训练时可能出现的过度训练现象，并且还要保证模型具有足够的准确度和泛化能力，我们要遵循这样一个原则：在满足识别准确度的前提下，采取尽可能紧凑的结构，减少不必要的变量与系数。前人在不断的尝试中总结出，隐藏层节点数不仅仅与输入、输出层的节点数有关，还与实际需解决的问题的复杂度和激活函数的形式，以及输入样本数据的特征有关。隐藏层节点数的大小必须满足下列条件。

（1）隐藏层节点数目一定要小于训练样本数，否则，神经网络模型的参数在数学表达式上就不存在唯一解，使得存在多个参数满足网络模型，这样就无法找到合适并且唯一的参数使得网络能够对应训练样本，使得网络不能够唯一地表达问题，使得网络根本没有泛化能力。

（2）训练样本数目一定要比网络模型的连接参数要多，否则，样本必须被划分为几个小批次，采用随机批训练的方式，才可以得到一个较优的网络模型。

总而言之，在隐藏层节点数目太小的情况下，神经网络模型的自由变量太少，不足以表达出问题的复杂程度，而隐藏层节点数目太大的情况下，虽然网络模型可以很好地表达问题的复杂性，但这同时会使网络学习时间变长，也会使得模型陷入过度训练的结果中。

3.3.3　网络结构设计

由 3.3.1 可知，本书中根据每种算法的特性，三种算法的网络结构可分为两大类。ELM 与 BP 均涉及三层结构，其中包括输入层、隐藏层（1 层）、输出层。卷积神经网络可以设计为：图像输入层、卷积层、池化层、全连接层、softmax(归一化指数) 层、输出层。

3.4　加速神经网络训练

在 BP 神经网络中，最影响模型训练花费时间的因素即梯度更新的方法。然而，在实际中，每一次更新参数时都需要使用所有的样本计算出总的误差，然后进行更新。如果样本数目 m 很大，那么将会大幅地降低算法的迭代速度。这种使用全部样本进行梯度下降的方法叫作批量梯度下降法。为了解决上述问题，本文中采用随机梯度下降法。其大致思路如下，把样本数据拆分成几个较小的部分，然后分批不断地放入神经网络中计算。这样就降低了神经网络的计算量。每次使用批数据，虽然不能反映整体数据的情况，不过却在很大程序上加速了神经网络的训练过程，并且不会丢失太多的准确率。

3.5　仿真结果

由于 ELM 与 BP 神经网络在网络结构上类似，不同之处在于训练的方法，故先给出 ELM 与 BP 在时间与精度上的对比，然后给出 ELM 的隐藏神经元数增加至 1500 个时的性能曲线，其次给出卷积神经网络的识别性能，最后给出三种算法之间的对比。

3.5.1　ELM 与 BP 对比

首先从训练时间开始对比。从图 6–11 中可以看出，在相同的神经元数目下，BP 神经网络的训练时间是 ELM 神经网络的几十倍。ELM 神经网络的训练时间花费为 1 ~ 6s，而 BP 神经网络的训练时间为 90 ~ 520s。这之间巨大的时间差异在于两者的训练方法完全不同。BP 神经网络是基于梯度下降的方法进行参数的更新，在计算代价函数时需要计算一定量的训练样本。而且在梯度下降时，还有可能会出现此次训练结果与上次训练结果相抵消的情况，所以 BP 神经网络的训练时间要长很多。而对于 ELM 神经网络而言，其训练时间主要消耗在矩阵的乘法以及矩阵的求逆等方面上，而完全与迭代没有关系，故 ELM 可以根据方程一次性得出全局的最优解，故 ELM 要比 BP 神经网络的训练时间快很多。

而且可以看到，随着神经元数目的增加，对于两种算法来说，训练时间都在不断地上升。这是因为神经元的数目一多，增加了整个算法的计算量，并且意味着要有更多的参数需要被更新。

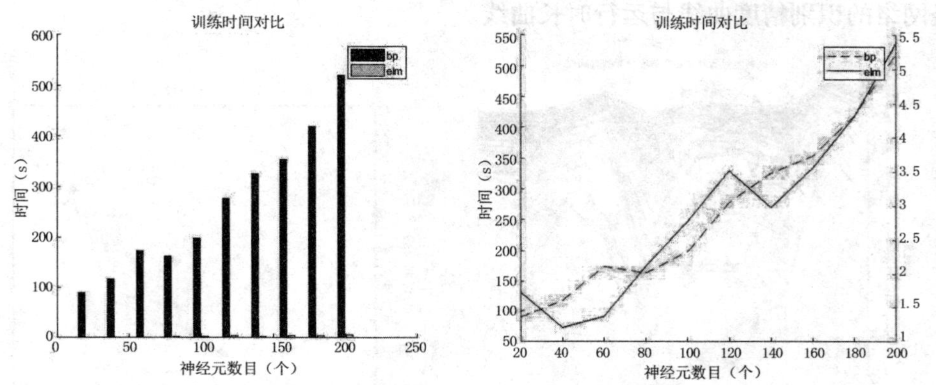

图6-11　BP算法与ELM算法在不同隐层神经元数目下训练时间对比图

首先从图 6-12 左图开始，上面一部分分布十分集中的曲线为 BP 神经网络对各个数字识别分布的曲线。而下方波动较大的曲线为 ELM 神经网络的结果，且曲线从下往上，对应使用的神经元数目越大。可以看到，BP 神经网络对各个数字的识别的波动很小，并且准确度都在 90% 以上。而对于 ELM 神经网络，无论神经元的个数是多少，此算法对数字 5 的识别精度最低，可能是因为数字 5 与数字 6 在形状上相似，从而造成了识别率降低。观察图 6-12 右图，我们可以看到识别精度随神经元数的增加在不断地上升。

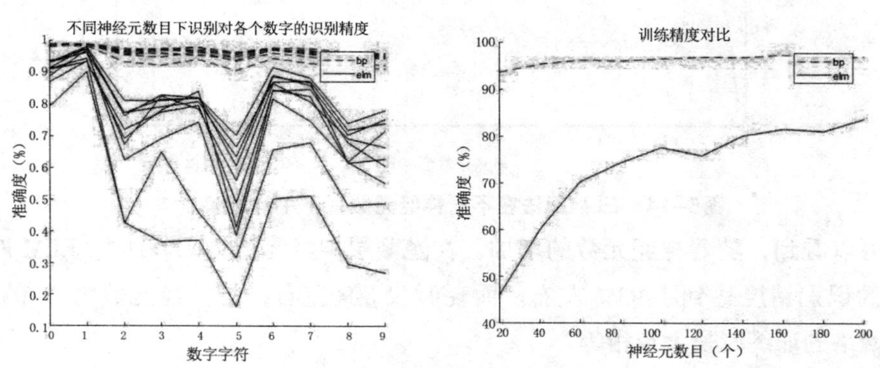

图6-12　BP算法与ELM算法在不同隐层神经元数目下训练精度对比图

3.5.2 ELM 性能曲线

在图 6–13 中，ELM 网络的隐藏层神经元数为 20 ~ 1500 个神经元。对 ELM 神经网络来说，在神经元数目较小的情况下，其识别精度远远达不到 BP 神经网络的精度，我们通过将隐藏层的数目增大至 1500 个，可以得到图 6–14 ELM 神经网络的识别精度曲线与运行时长曲线。

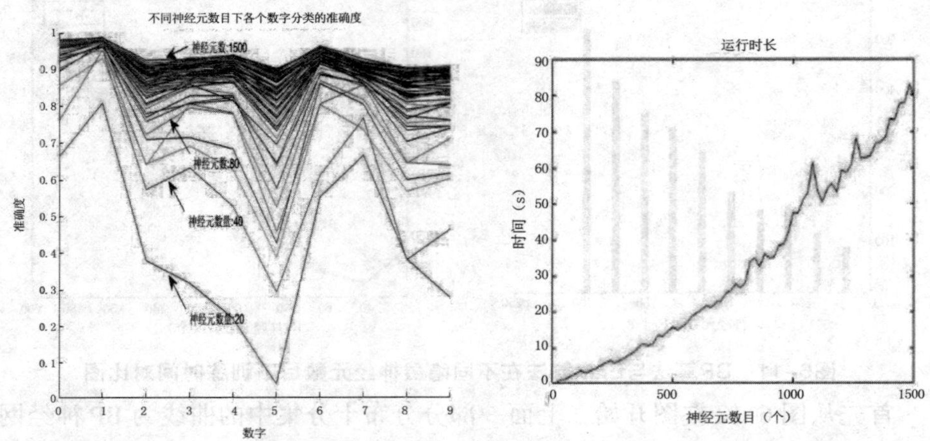

图6–13　ELM算法在不同神经元数目下各个数字识别精度与训练时长

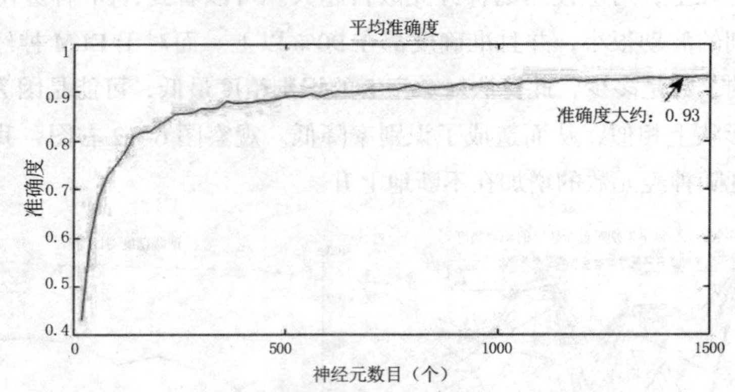

图6–14　ELM算法在不同神经元数目下平均准确度

可以看到，随着神经元数的增加，在隐藏层神经元数为 1500 时，ELM 神经网络的识别精度达到了 93% 左右。而耗时仅 80s 左右，与神经元数为 20 的 BP 神经网络的训练时长大致相等。

3.5.3 卷积神经网络性能

在此网络中，通过不断地将训练样本中随机抽取一部分进行训练。这种方法在减少时间消耗的同时也不会对准确度造成很大的影响。在经过 7020 次迭代后，即经过 2178.9s 后，完成训练，最终在测试样本上获得的测试精度为 97.95%，远远高于 BP 与 ELM 神经网络的精度。

观察图 6–15 ~ 图 6–17 可以看到，在开始几次迭代后，代价函数就快速地收敛，且训练精度快速地上升到 90% 左右，然后开始缓慢地在波动中上升，可以认为到了 500s 之间训练的提升效果不大。适当地减少迭代停止条件到 1，即经过一个轮回训练就停止。可以发现耗时为 154s，而测试精度为 96.43%。

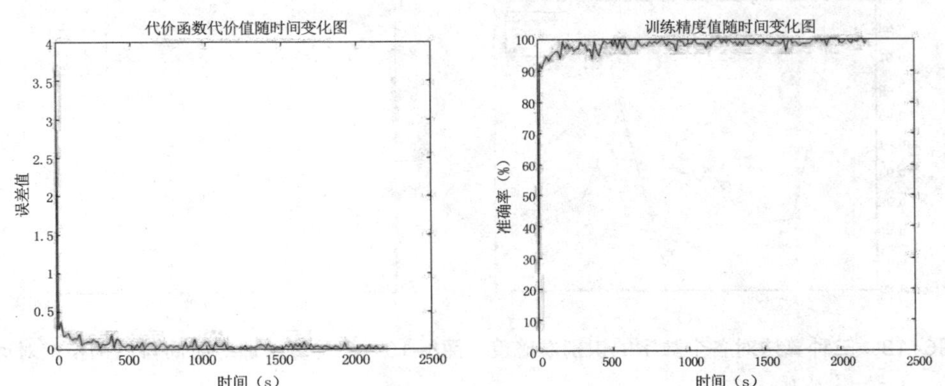

图6–15　卷积神经网络代价函数下降图　图6–16　卷积神经网络训练精度随时间变化图

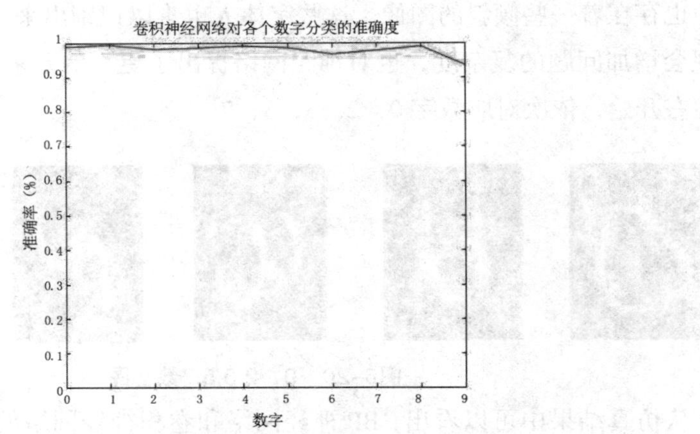

图6–17　卷积神经网络对各个数字分类准确度

3.5.4　对比

如图 6–18 我们给出三种算法分别为各个数字识别的准确率高低。前提参数为，BP 神经元数目为 200，ELM 神经元数目为 1500 和 5 层卷积神经网络。可以看到 ELM 算法对 10 个数字中，对数字 5 的识别准确度最低，BP 神经网络对数字 5 的识别率也很低（在 10 个数字中），而在卷积神经网络中恰恰不同，卷积神经网络对数字 5 的识别效果很好，可以认为卷积神经网络凭借卷积层的作用，对数字 5 的结构的特征提取得较好，然而，三种算法对于数字 9 的识别效果都是略差的。

从图 6-19 我们可以看到，BP 神经网络与卷积神经网络类似，训练时间长，但是精度高，而超限学习机耗时短，但是精度低。

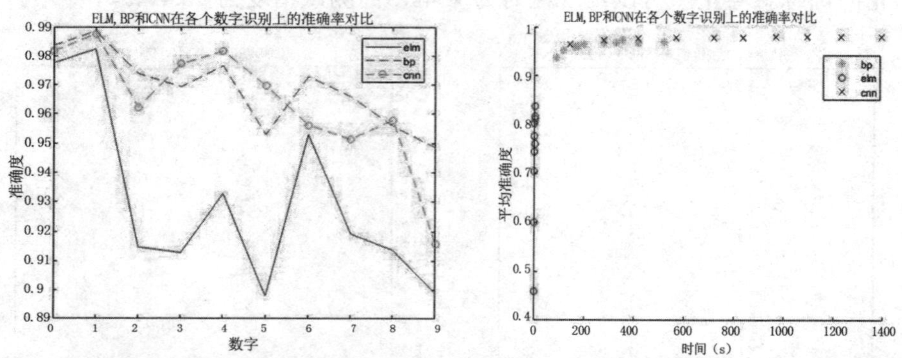

图6-18　三种算法对各个数字的识别准确度　图6-19　三种算法训练时间与识别精度对比

3.5.5　分析

如图 6-20 所示，在收集的样本中，存在着一些书写十分潦草的图像，且图像中也存在着一些倾斜的图像，这些字体人也难以识别出来。所以，这些图像的出现会增加问题的复杂度，也对神经网络提出了更高的要求。在图 6-20 中，从左往右开始，依次对应数字 0，2，3，5，7。

图6-20　0，2,3,5,7数字图

从仿真结果中可以看出，BP 神经网络和卷积神经网络的识别准确度要明显地高于 ELM 神经网络。ELM 的学习尽管十分快，但是还不能对训练样本进行充分的学习。有说法指出，ELM 神经网络中的权值矩阵随机赋值，而当输入向量乘以这个权重矩阵时，相当于将输入向量投影到特征空间，当隐藏层节点数越大，即权值矩阵的维度越高，输入向量在该特征空间内的各个维度就会产生同样多的投影，这就相当于一个特征的重映射，所以当我们提高隐藏层节点数时，算法的识别精度会上升。

4　结论

手写体数字字符的识别是历年来科学家算法的比较与验证的基础之一。一方面，由于 MNIST 手写体数字字符库凭借其大数量而又标准方便的特点，以及阿拉伯数字在全世界的通用性，成为全世界在算法验证上一个关键而又简单的数据集。另一方面，在消费领域对于手写体数字字符识别的要求又使得科学家们寻求一种高精度、高可靠性的分类器。在过去的数十年中，专家学者们提出了许多算法来识别，其中包括著名的卷积神经网络、SVM(Support Vector Machine, 支持向量机) 等, 在最终测试集数据上取得了高达 99% 的准确度, 达到可以商用的标准。

将神经网络技术使用在手写体数字字符识别中，是神经网络的一个成就之一，它为手写体数字字符识别提供了一种新的、行之有效的方式。神经网络在处理复杂问题上,能够在减少人工干预的情况下自动地对问题特征进行学习，将问题转换到高维特征空间进行划分，从而准确地实现模式识别问题。

在本文中，分别使用了 ELM、BP 神经网络和 CNN 三种算法，对手写体数字字符进行识别。主要研究成果如下。

（1）由于超限学习机与 BP 神经网络具有相同的网络结构，因此在手写体数字字符识别将两种算法直接进行对比研究了超限学习机与 BP 神经网络在不同隐藏层神经元数目情况下，对各个数字识别的准确度、训练时间以及平均准确度。相比 ELM，发现 BP 神经网络的优点在于反复地迭代，能够在较少神经元数目的情况下实现非常高的准确度，但是缺点就是耗时相对较长，而 ELM 在较少神经元数目的情况下准确率很低，然而 ELM 的优点在于训练过程时间花费得较少。

（2）应用了卷积神经网络对手写体数字字符的识别，通过卷积层、采样层、池化层的特征提取，能够有效地抽取二维图像中特定数字的特征，最后再添加一个分类层，然后运用反向传播算法进行训练，就可以实现手写体的识别。可以看到，卷积神经网络与 BP 神经网络一样，都需要进行反复的迭代计算，因此在时间上比 BP 神经网络的耗时更长，但是准确度更高。

通过本次基于神经网络的手写体数字字符识别的算法比较，遇到了很多算法实现上的问题，因此也更加深刻地认识了神经网络算法，也让我对科学研究的有了全新的认识。

（1）在科学研究中，需要查阅大量相关的论文，尤其是某种算法提出的原始论文，要有能够根据数学公式独立进行推演的过程，还要有能够将算法通过自己编程实现的能力，这样才能真正地理解和运用该算法，明白该算法的优点与缺点。

（2）在算法的应用中，只有真正地理解明白算法的原理，深刻理解算法能够取得自身优势的原因之后，才能够对算法做出改进，尤其是要观察样本信息，明白每一种样本特征，根据实际应用和实际情况，对样本做出特征提取。

在本文中，虽然比较了三种算法，在不同神经元数目下对于数字手写体数字字符识别的准确度，以及对应的准确度，但是由于各种原因，并没有针对每种算法提出改进措施，主要存在着以下一些不足。

（1）在超限学习机中，通过将二维的图像转换成一维的向量，尽管简化了处理流程，但是这种形式破坏了图像原有的结构信息与特征，会造成一些信息的丢失，不是一个最优的特征输入方式。另外，本文中超限学习机使用的是三层结构，即输入层、隐藏层、输出层。虽然有论文表明，单隐藏在足够多的隐藏神经元数目下能够近似表达任何曲线，但是如果需要非常巨大数量的隐藏层来达到目的将会需要大量的计算量以及消耗非常多的时间，可以尝试使用多层的超限学习机进行改进。

（2）在 BP 神经网络中，梯度的计算方式仍然有很多方式，本文中使用的是最速梯度下降，但是在一些复杂函数中，最速梯度下降并不是最快的方式，还有其他计算梯度的方式能够快速地实现梯度下降，但是在本文中并没有涉及和尝试。

（3）在卷积神经网络中，基于多层的神经网络结构，实现了非常高的准确度，但是特征的提取方式依赖涉及的卷积核，如何改变卷积核去提取更有效的特征在本文中并没有涉及。

本文对比了神经网络中的三种识别算法——ELM 算法，BP 算法和卷积神经网络算法，验证了每种算法在不同网络参数下神经网络的训练时间长度与训练精度。卷积神经网络达到了最高的识别精度，在训练时间消耗上与 BP 算法相当。ELM 算法能够达到最快的训练速度。在相同的神经元数目下，ELM 算法的训练速度要优于 BP 神经网络，但是在精度上会有很大程度的差距。

6.2　科技创新育人基地孵化产品实例——基于FPGA的智能照明系统设计

随着现代社会的发展，人们对于电器的智能化要求也越来越高，物联网 (LOT) 成为人们关注的焦点。物联网是新一代信息技术的重要组成部分，也是“信息化”时代的重要发展阶段。顾名思义，物联网就是万物互联形成的网络。物联网的核心和基础仍然是互联网，是在互联网的基础上进行延伸和扩展的网络；物联网的用户端延伸和扩展到了任何物品，可进行信息交换和通信，也就是说万物互联。物联网通过智能感知、识别技术与普适计算等通信感知技术，广泛应用于网络的融合中，也因此被称为继计算机、互联网之后世界信息产业发展的第三次浪潮。物联网是互联网的应用拓展，与其说物联网是网络，不如说物联网是业务和应用。因此，应用创新是物联网发展的核心，以用户体验为核心的创新是物联网发展的灵魂。

本作品着眼于物联网发展，是集合 RF、通信算法以及控制及技术的智能应用，以 FPGA 作为核心处理器，通过 RF 模块对灯进行组网，在 FPGA 上实现无线通信算法，对灯进行控制。

1　系统组成

1.1　系统介绍

本系统由 FPGA 模块、串口屏驱动模块、通信算法模块、BQ3905 灯控模块、人体红外检测模块等组成。系统框图如图 6–21 所示。

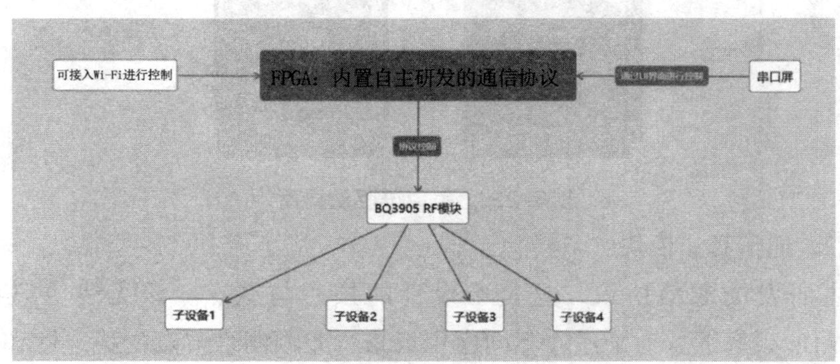

图6–21　智能照明系统框图

本系统的核心处理平台为紫光同创公司提供的 Logos 系列 FPGA 最小系统板。Logos 系列可编程逻辑器件是深圳市紫光同创电子有限公司推出的全新低功耗、低成本 FPGA 产品，它采用了完全自主产权的体系结构和主流的 40nm 工艺。Logos 系列 FPGA 包含创新的可配置逻辑模块（CLM）、专用的 18KB 存储单元（DRM）、算术处理单元（APM）、高速串行接口模块（HSST）、多功能高性能 IO 以及丰富的片上时钟资源等模块，并集成了存储控制器（HMEMC）、模数转换模块（ADC）等硬核资源，支持多种配置模式，同时提供位流加密、器件 ID（UID）等功能以保护用户的设计安全。基于以上特点，Logos 系列 FPGA 能够广泛适用于视频、工业控制、汽车电子和消费电子等多个应用领域。

关键特性板采用的紫光同创 Logos 系列 FPGA 型号为 PGL22G-6IFBG256。

相比市面上比较流行的 MCU 主控方案，FPGA 具有更加强大的数据处理性能，在进行板上算法实现时，紫光同创 FPGA 优良的性能给我们的开发带来了极大的帮助。

FPGA 模块搭载了自主研发的通信协议，对节点进行组网控制。

1.2　各模块介绍

1.2.1　串口屏驱动模块

本设计中，UI 界面是通过串口屏来实现的，该串口屏通过 SD 卡烧录代码。串口屏驱动界面如图 6-22 所示。

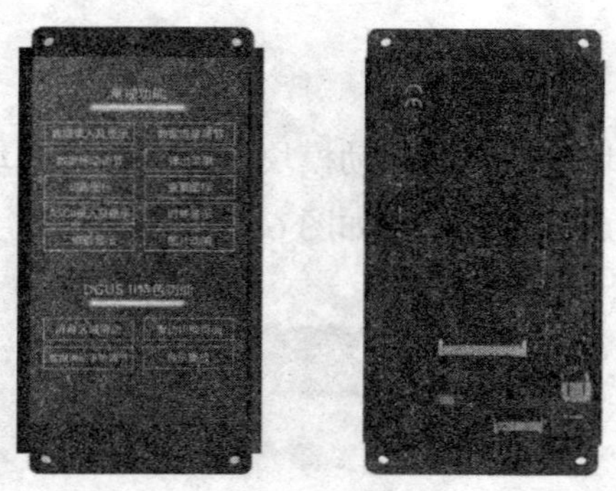

图6-22　串口屏驱动界面

1.2.2　通信算法模块

自主研发的通信协议，这是本设计的核心与亮点。该无线协议搭建在 868/433MHz 频率下。为了适应不同应用场景、兼顾网络节点的稳定性和覆盖区域，该协议使用了树形—星形混合拓扑，继承了树形拓扑的完整父子逻辑，并在此基础上建立设备结构层级，极大地提高了信息传递的精确度，在防止信号和能量冗余方面也有显著的效果。同时，该协议的特殊结构以及自动组网的特性使得设备节点的安装、检修十分方便，亦可广泛应用于工厂设备管理中。

协议组网架构如图6–23所示。整个组网的结构为树形拓扑结构，而第二层(运输层)节点之间又构成星形拓扑结构，这不仅弥补了普通树形拓扑链路数量较少的缺点，也使得整个路由协议更加灵活。而第三层(目标层)采用多连接树形结构，既具有普通树状拓扑的完整父子逻辑，又不失星形拓扑的广度，在实际路由过程中能兼顾较少运算量和较精确路由规划两大方面，是控制成本与功耗的软件基础。

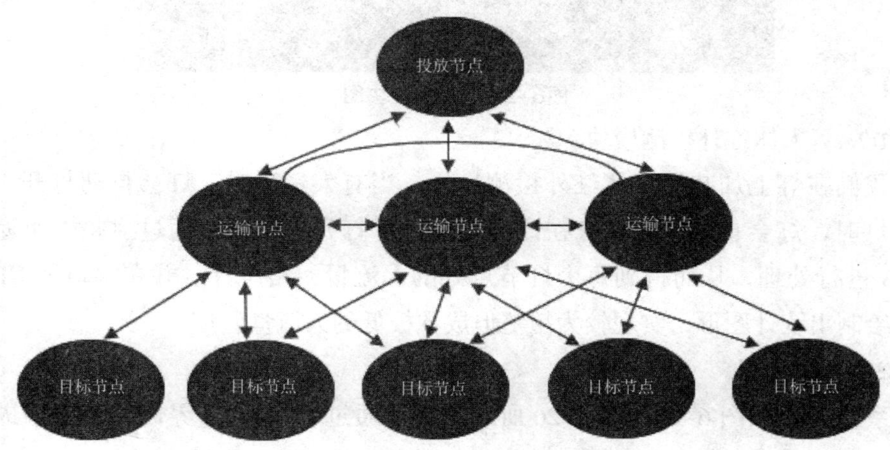

图6–23　协议组网架构图

我们的组网协议是有三层深度的层间通信协议。不同的节点按节点等级不同具有不同的功能。最底层的目标节点只具有接收、处理与上报数据的功能，是组网结构中的最末端节点；第二层的运输节点能够对信息进行转发，包括向上报、下达与同级传递三种转发方式，是组网协议中核心的信息传递层；第一层的投放节点是组网协议中等级最高的节点，其功能主要为下达建立组网消息、收集子节点信息等功能。

在我们的组网结构中，每一个设备都有自己唯一的16位设备ID，其ID命名方式为区+域+块，用于设备间的识别和信息的精确转发。

1.2.3　BQ3905灯控模块

灯控模块如图6–24所示。该模块由射频芯片BQ3905以及电源转换电路组成。

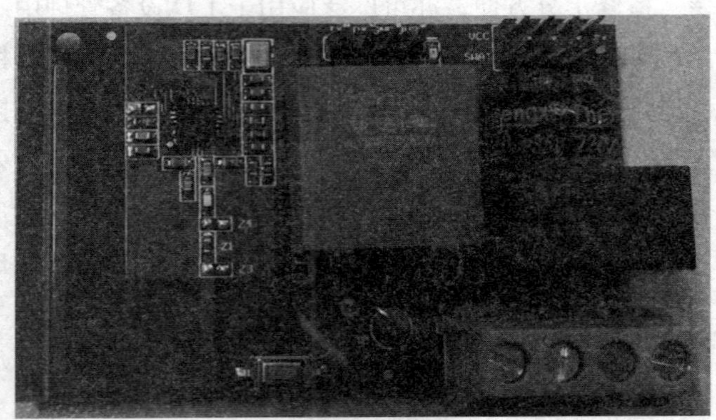

图6-24 灯控模块图

1.2.4 人体红外检测模块

我们在灯上加装了人体红外检测模块。当有人经过时，灯会自动打开；人远离灯时，灯会自动关闭。灯在该模块操控下打开的次数会通过射频模块返回FPGA进行处理，从而得到每个灯节点处的人流量粗略统计，并在串口屏UI界面上绘制出统计图形，实现较为粗糙但成本极低的人流量监控。

2 系统实现

系统实现如图6-25、图6-26所示。用户通过串口屏UI界面对每盏灯进行控制。该界面具有优良的人机交互特性、美观大方，便于使用。

图6-25 系统整体实现图（一）

图6-26　系统整体实现图（二）

2.1　BQ3905 射频及电源模块实现

BQ3905 是 SONIX 公司研发的一款低成本、低功耗的无线收发芯片。射频模块电路如图 6-27 所示。

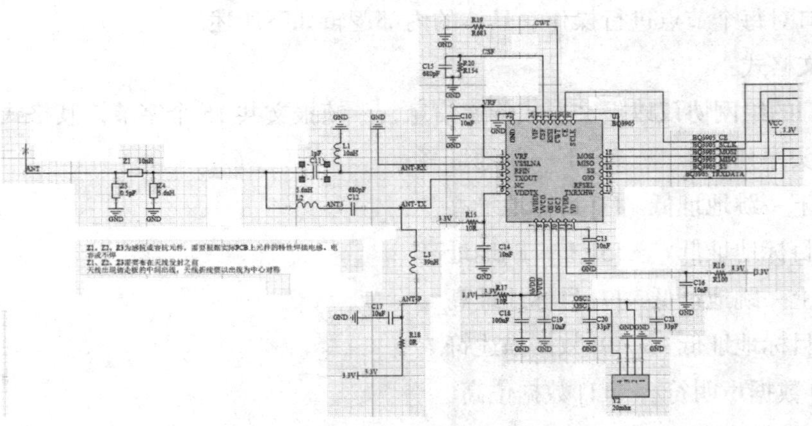

图6-27　射频模块电路

电源部分采用 RC 分压的方法，经过整流与稳压电路得到 3. 3V 直流电。电源模块电路如图 6-28 所示。

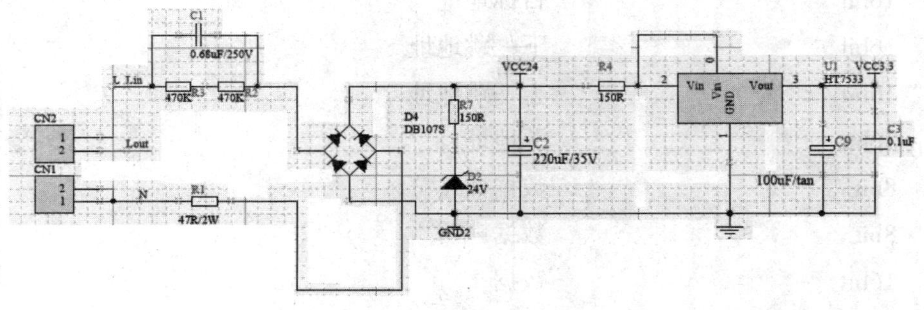

图6-28　电源模块电路

2.2　通信算法模块实现

通信算法模块电路示意图如图 6–29 所示。

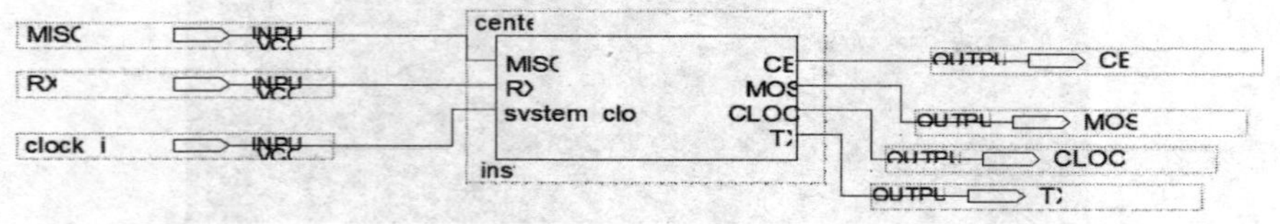

图6–29　通信算法模块电路示意图

BQ3905 将收到的信号通过四线 SPI 传入 FPGA 中，内置算法对信号进行解析以及处理，再将控制信号通过 SPI 传入射频模块。用户可以利用串行接口设备通过串口对每个节点进行操作。具体的内部逻辑如下所述。

报文格式：

我们的组网协议以报文形式传递信息，一帧报文共 15 个字节，其格式如下：

[0] 头序列码　　[1] 下一跳地址高

[2] 下一跳地址低　[3] 目标地址高

[4] 目标地址低　[5] 上一跳地址高

[6] 上一跳地址低　[7] 目标地址高

[8] 目标地址低　[9] 数据描述符

[10] 数据声明符　[11] 数据位高

[12] 数据位低　[13] 校验码

[14] 尾序列码

报文经过解析后得到的数据包格式如下：

16bit	目标地址
16bit	下一跳地址
16bit	上一跳地址
16bit	源地址
8bit	数据描述符
8bit	数据声明
16bit	数据

一帧报文中，头序列与尾序列用于报文的同步；上一跳、下一跳地址用于节点间的报文传递；源地址、目标地址用于报文的送达；数据申明与描述符用于数

据类型的判断；校验码用于报文的校验，检验码的形式为报文第一到十二字节的无符号加法再取反。

同时，为了限制报文转发深度，防止陷入“三角转发”的死循环，协议中还规定了同一报文的转发次数。当转发次数到达上限时，将该报文视为不可到达，即将其丢弃。

2.2.1　组网构建

该协议中，组网的建立过程是设备间“呼叫”和“响应”的过程。三级组网协议的一个基本原则（后称“基本原则”）是，每个设备的呼叫都只能被下级设备响应，而其本身只响应来自上级设备的呼叫。遵循“基本原则”的组网建立过程如下：各节点开机时自动发送入网请求，泛洪一次名称为“请报告你的设备ID”的命令，附近设备接收到该命令时，分析呼叫节点与自身的层级关系，若符合“基本原则”发送“已报告的 ID”命令，双方在各自的连接表中注册，彼此建立通信。该组网的过程完全由入网节点自动完成，灵活性很高。

组网构建流程如图 6-30 所示。

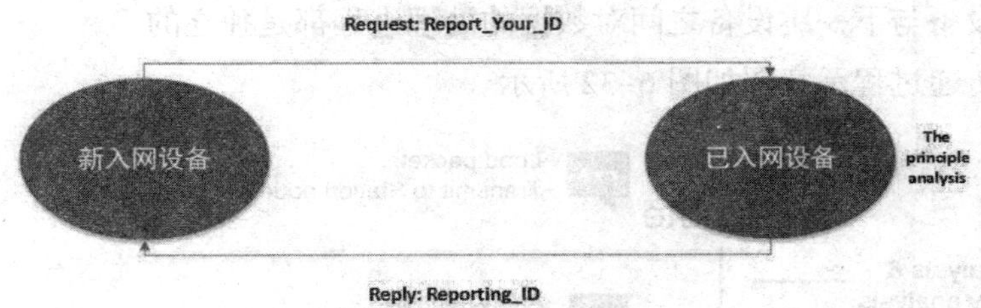

图6-30　组网构建流程图

2.2.2　报文传递

在建立其网络连接之后，每个设备中都会存有一个网络拓扑结构记录表（后称“记录表”），其中记录了该节点与其他节点的连接情况。

网络拓扑结构记录表如图 6-31 所示。

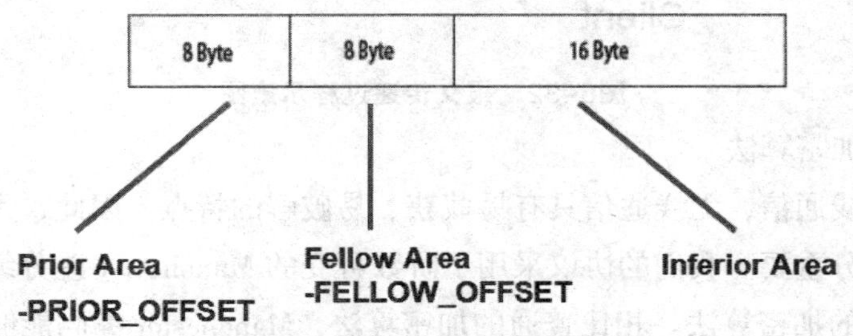

图6-31　网络拓扑结构记录表

对于组网中的任意两个节点 A 与 B，其连接情况可分为以下三种。

（1）直接相连——两个节点均在对方的“记录表”中完成注册。

（2）间接相连——两个节点未在对方“记录表”中完成注册，但能够通过报文的转发机制进行通信。

（3）不相连——两个节点之间无法建立或不应当建立连接关系，如两个三级节点间不应建立连接关系。

两个直接或间接相连的节点，通过判断节点间的联系方式，报文传递也有不同形式。对于发送设备来说，在发送一帧数据给指定的目标节点前，发送方会先检索自己的连接表。若连接表中存在目标节点，则将目标地址直接设置为下一跳地址，不需转发；若连接表中不存在目标节点，则发送设备将目标地址存入源地址段，对连接表中设备地址进行一次排序，将下一跳地址设置为信号强度最大的地址，并置高转发位。对于接收设备来说，在接收到一帧数据时，会对转发位进行判断，若转发位为高，则视为该帧数据需要转发，以上述发送设备的方式对设备进行转发。无论接收的数据是否需要转发，接收设备都会将转发位重新置零，即上一跳设备与下一跳设备之间对数据的处理进程都是独立的。

报文传递过程示意图如图 6-32 所示。

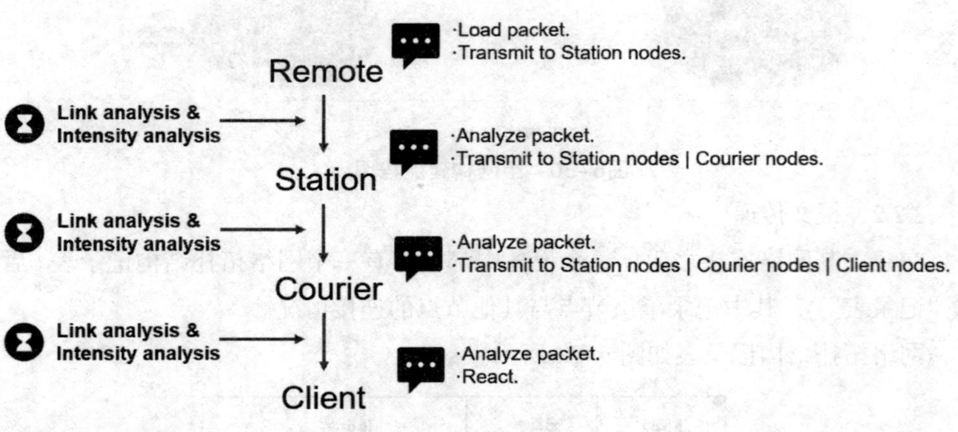

图6-32 报文传递过程示意图

2.2.3 加密算法

相比有线通信，无线通信具有易截获、易破解的特点。因此，无线协议中的加密算法十分重要。我们的协议采用了阶数可变的 Manchester 差分编码，是一种边沿检测型的加密算法。相比普通的加密算法，Manchester 编码能够自动携带相位信号，但缺点是运算量较大、硬件资源消耗量较大、效率最高只能达到 50%。经过我们的改进后，应用于我们的组网协议中的 Manchester 差分编码以电平跳变为相位，有跳变帧的对应编码为 1，无跳变帧的对应编码为 0。这样，只要知道了第一位数据与每两位数据的跳变信息，就能够将原信息解码出来，大大降低了硬件资源需求和运算量，并且能达到 100% 的信息传输效率。而为了弥补由于算法简化带来的安全性上的降低，在我们的无线协议中，使用了一种约定式加密阶数的方案。设备在刚入网时会以一个随机的 Manchester 差分加密阶数进行通信，该阶数会在重启或一定时间之后自动更换，以降低数据被解码的可能性，从而保障数据安全。

Manchester 差分编码时序图如图 6-33 所示。

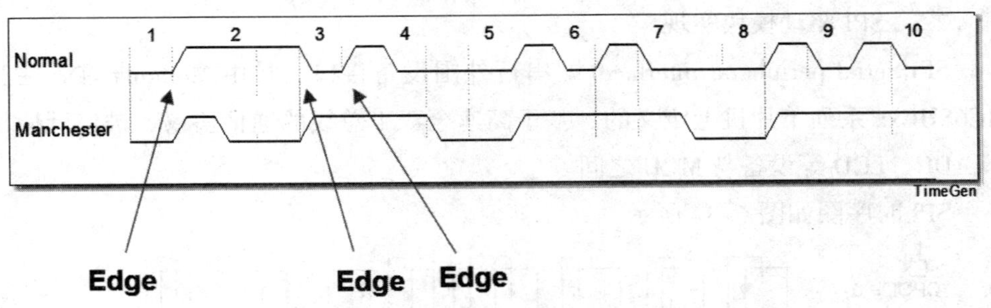

图6-33　Manchester差分编码时序图

2.3　UI 界面实现

本组作品设计了三个 UI 界面。通过主控板的控制逻辑对用户界面的切换进行控制，简单明了。用户可以清楚地了解我们作品的功能，并且很快掌握它的使用。

2.4　串口驱动模块实现

本系统所采用的串行通信模块是串行异步通信模块。通用异步收发传输器(Universal Asynchronous Receiver/Transmitter)，通常称作 UART，是一种异步收发传输器，它将要传输的资料在串行通信与并行通信之间加以转换。

该协议概述如下：

消息帧从一个低位起始位开始，后面是 7 个或 8 个数据位，一个可用的奇偶位和一个或几个高位停止位。接收器发现开始位时它就知道数据准备发送，并尝试与发送器时钟频率同步。如果选择了奇偶校验，UART 就在数据位后面加上奇偶位。奇偶位可用来帮助错误校验。在接收过程中，UART 从消息帧中去掉起始位和结束位，对进来的字节进行奇偶校验，并将数据字节从串行转换成并行。

从波形上可以看出起始位是低电平，停止位和空闲位都是高电平，也就是说没有数据传输时是高电平，利用这个特点我们可以准确接收数据，当一个下降沿事件发生时，我们认为将进行一次数据传输。

常见的串口通信波特率有 2400 、9600、115200 等，发送和接收波特率必须保持一致才能正确通信。波特率是指 1s 最大传输的数据位数，包括起始位、数据位、校验位、停止位。假如通信波特率设定为 9600，那么一个数据位的时间长度是 1/9600s。本模块采用的波特率是 9600。

串口接收模块是个参数化可配置模块，参数“CLK_FRE”定义接收模块的系统时钟频率，单位是 MHz，参数“BAUD_RATE”是波特率。

2.5　SPI 驱动模块实现

SPI(Serial peripheral interface) 即串行外围设备接口，是由 Motorola 首先在其 MC68HCxx 系列单片机上定义的，基于高速全双工总线的通信协议。被广泛应用于 ADC、LCD 等设备与 MCU 之间。

SPI 时序图如图 6–34 所示。

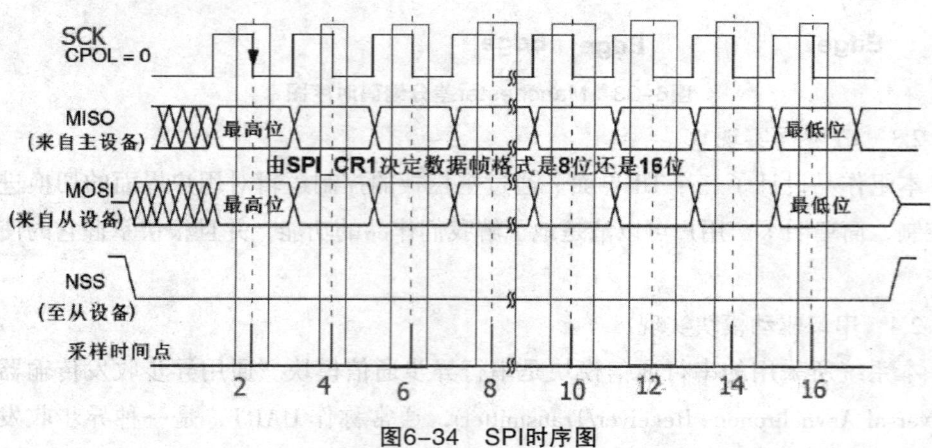

图6–34　SPI时序图

SS、SCK、MOSI 信号均由主机产生，MISO 信号由从机产生。在 nSS 为低电平的前提下，MOSI 和 MISO 信号才有效，在每个时钟周期 MOSI 和 MISO 下传输一个数据位。

3　总结

3.1　主要创新点

我们自主研发了一套通信协议，并使用 FPGA 搭载该协议。利用 FPGA 强大的数据处理能力实现了组网逻辑中转发、广播、防碰撞、纠错等关键功能。

我们的系统兼具覆盖度与精确度，在全体网络节点、部分区域内网络节点、单个网络节点之间的报文传递等场景下均有较高的效率。尤其是该组网协议支持设备节点的分区管理，这对于城市建设、工厂设备管理都有很好的支持。

我们的系统最多可支持单区域内 65535 个节点，尤其适合节点较多、分布较散的场景。通过自组网的特性，该协议能够将分散的设备集中成片管理，从而实现报文的定点转发，大幅提高区域内信息传递的效率。

搭载我们组网协议的设备拥有低成本、低功耗等优势，是末端节点入网的良好选择。

3.2　可拓展之处

本系统由于没有使用 Wi-Fi 模块，所以无法接入互联网。在后期开发过程中若是加入 Wi-Fi 模块，然后再搭建一个手机 APP，就可以通过 APP 控制，也更符合现在的物联网设备发展趋势，顺应潮流。

3.3　心得体会

在该项目的设计实现过程中，无论从专业知识还是团队合作上，小组成员都获得了极大的提升，让我们懂得了竞赛不是一个人的战斗，是靠团队的整体力量获得成功的。在以后的生活学习中，我们也会不断地学习，用于挑战新的知识。

在项目中，我们不仅得到了自我提升，还体验了国产的 FPGA 与 EDA 软件。在使用 PGL22G 过程中发现国产的 FPGA 性能丝毫不逊于国外同级别的 FPGA，PDS 更是精简实用。由此可以看出国产 FPGA 的发展趋势是非常好的。这种体验也是比赛中的小收获吧。

6.3　科技创新育人基地创业实践实例——基于ROV的水产养殖环境检测系统

1　产品简介

如图 6-35 所示，本产品主要由无人潜水器和无人船两部分组成，目的是采用无人船加无人潜水器的组合方式，利用无人船作为中介，成为能源补给、信号传递和临时停靠的平台，通过对水质进行监测判断其是否适合水产养殖。无人船采用双体船结构，搭载各类传感器及通讯控制设备。无人船上通过放线绞盘自动释放脐带缆与无人潜水器相连。

无人潜水器外形呈扁平流线状，配有三个推进器及温度、pH 值、叶绿素、浊度、溶氧量等一系列传感器，通过摄像头及云台进行水下观测。两者协同运动，提高了整体的续航能力和活动范围。同时还可实现数据的实时回传，并通过智能手机对组合系统进行远程遥控和监控。并适配传回数据的处理分析系统，以对回传数据实现更加合理的利用。

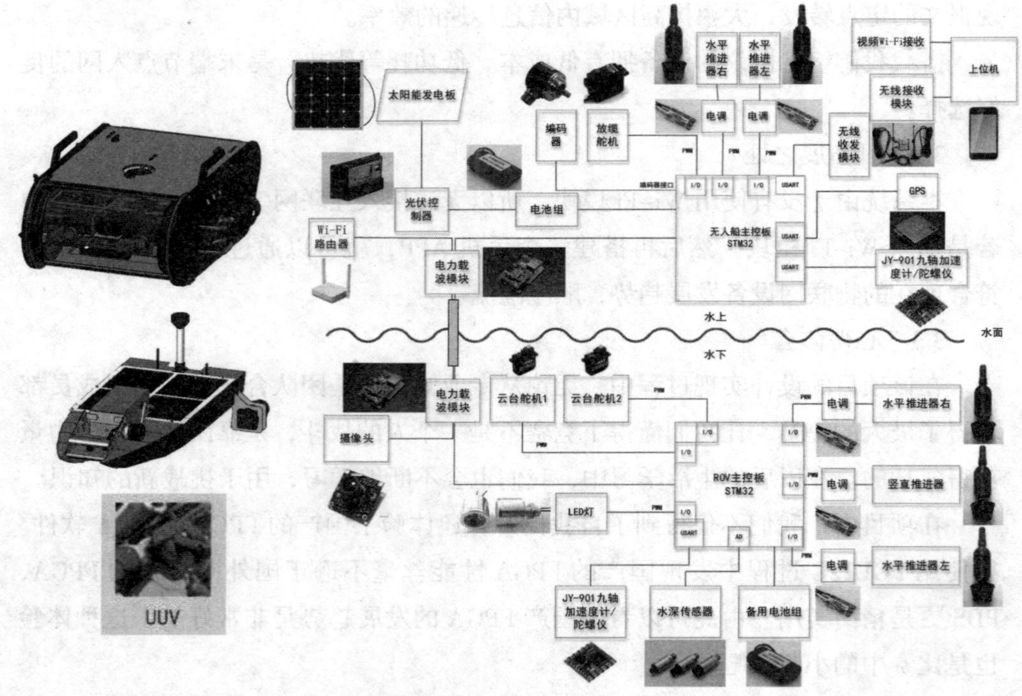

图6-35 产品实现图

2 产品开发背景

2.1 水产养殖业发展现状

中国是世界上最大的水产品生产国、出口国和消费国，占据了全球大概三分之一的市场份额。中国是世界上水产养殖产量最大的国家，占全球水产养殖总量的60%以上。由于中国在水产养殖方面的亮眼表现，如不把中国算在统计范围内，水产养殖所占消费份额将由 56% 降至 33%（2017 年）。

目前我国有 71 个水产品年成交额超过 1 亿元的水产市场，最大的淡水产品批发市场为武汉大东门水产品批发市场，日均成交 4×10^5kg，日成交额 200 多万元，年成交额约 75 亿元。

中国的水产养殖业虽处于快速发展阶段，但产业成熟度低，与发达国家的水产养殖产业，如挪威工业化的三文鱼网箱养殖相比，中国的水产养殖仍较为传统，生产分散，技术水平低，集约化程度不高，未来仍有很大的发展空间。

渔业发展空间不断拓展，由过去的“菜篮子逐步发展成集养殖业、捕捞业、加工流通业、休闲渔业等为一体的产业新格局，形成了以黄渤海、东南沿海出口水产品优势养殖带和长江中下游优势养殖区为主体的“两带一区”区域布局。以企业为龙头，产加销、贸工农一体化的渔业产业化组织不断壮大，辐射带动能力不断增强。

2.2　水产养殖业存在的问题

随着养殖技术、理论的发展和市场需求的不断增长，水产养殖业得到了大力发展，然而这样的发展却是在追求数量和增长速度的前提下，以高成本、低效益换取的，以透支未来的资源和环境为代价取得的，可见我国在进行水产养殖过程中存在着许多问题。

（1）水产养殖依旧采用粗放式的养殖模式

水产养殖的发展在追求数量和增长速度的过程中，是以占有和消耗大量资源为代价取得的。粗放式的养殖模式导致生态失衡和环境恶化等问题日益突出，同时细菌、病毒等大量滋生和有害物质的积累，给水产养殖业自身带来了极大的风险和困难，威胁着水产养殖业的生存和发展。

（2）水产养殖水域开发与规划欠科学

近年来，沿海地区都对浅海滩涂和养殖水域进行了功能区划。应该说，这种区划从整体上看是科学可行的，但在具体生产操作中却存在不少问题。

养殖区域过度扩张，影响了自然资源的繁衍和生长。众所周知，自然资源的产生、生长和消亡都有一定的规律。从海洋渔业资源的角度说，任何水域若经过较大的人工改造，必然打乱固有的自然生物生长环境，使传统的地方名产变态变性，甚至灭绝。另外，不少地方在规划养殖区时，忽视了鱼类洄游和索饵通道，严重影响了各种自然水生物的生长，导致自然生物的变态与减少。

（3）水产养殖对环境产生负面影响，可持续发展性受挫

水产养殖被认为是满足世界对水产品日益增长需求唯一的解决方案。然而，水产养殖生产与环境的保护存在一定的矛盾，如水产养殖引起水体污染、湖库富

营养化、海水发生赤潮等。同时，水产养殖行业出现了饵料商业化、养殖模式集约化的趋势。中国目前的水产养殖模式也很快进入到了以饲料为基础的新阶段，传统的粗放式淡水鱼混养的养殖逐渐变为单一品种的集约化精养，从而使水产养殖的模式和方式发生了很大的改变，使得中国水产养殖产品正面临着诸多环境可持续性的问题。

在绿色、低碳和环境友好发展新理念的引导下，发展生态系统水平的水产养殖已成为业界的共识，但是，现在我国水产养殖中不论淡水养殖还是海水养殖，传统的、粗放式的养殖方式在生产中都占绝对优势，这种状况在短时间内不会发生根本改变。为此，不仅要探索新的养殖生产模式，还要采取现代化工程技术措施，如大力推进传统养殖方式的标准化、规模化发展，提升机械化、信息化技术水平和防灾减灾能力，缩小与发达国家在产出和耗能方面的差距，使我国水产养殖业的现代发展有一个新的起点，从而促进我国渔业的科技进步和现代化发展。

3　产品功能与技术设计

3.1　产品功能设计

团队以合理性及可行性为前提，进行思路创新或原理创新，提出设计方案。对本机具备的功能设计如下。

（1）无人潜水器和无人船结构精巧、稳定，低水阻；

（2）通过智能手机 APP 人机交互界面进行控制，既可通过屏幕上按钮控制，也可通过手机重力感应控制；

（3）能通过控制界面灵活地控制无人潜水器进行水下观测，控制无人船的运动，并进行远程监控；

（4）无人船可以根据目标深度自动收放无人潜水器；

（5）系统可进行 GPS 自主定位导航，姿态调整，无人潜水器自动规划路径；

（6）利用太阳能补充能源。

3.2　产品运行模式设计

工作方式：通过一个带有深度传感器、九轴惯性传感单元等元器件的无人潜水器下潜到要求深度，通过航位推算来定位到工作地点，用摄像头把水下图像信息回传给水面无人船，无人船再远距离传输到岸基上的控制系统，并通过回传的图像信息及状态参数作为反馈，远程操控无人船及无人潜水器来观测目标。

下水方式：无人潜水器顶部有对接装置，无人船底有对接装置，对接装置采用卡位连接，与无人潜水器对接时，无人潜水器顶部对接装置卡在无人船底部沟槽内。将无人潜水器和无人船一起推入水中，下水时，无人潜水器相对无人船向前移动，便可离开对接槽，自由移动。

回收方式：无人潜水器收到回收指令，自动驶回，竖直推进器配合放线绞盘调整姿态，无人潜水器顶部对接装置达到一定高度，正好退回无人船底部槽内。无人潜水器与无人船一同驶回。

3.3　产品结构设计

水面机器人和水下机器人通过脐带缆连接，脐带缆内含供电续航的电源双绞线和传输控制信号和数据信号的信号线。水面机器人与水下机器人之间设有对接停靠装置，通过对接停靠装置可以将水下机器人与水面机器人对接稳固后由水面机器人带动进行水面移动；当进行水下观测时，水下机器人可以自动与水面机器人分离，通过放线系统来控制水下机器人的下水深度，通过编码器能自动控制脐带缆的释放压力传感器定深等方式，结合水下压力传感器提高水下定位的准确性。

（1）无人潜水器结构

如图 6-36 所示，无人潜水器包括主舱、推进器和重心调节块，主舱为密封舱；无人潜水器两侧有两个水平放置的推进器进行前进、后退及转向的运动；主舱内安装有航行器控制用的电子设备；主舱内安装有电源控制设备；主舱中部安装云台摄像头，云台可进行俯仰、旋转；主舱中装有 LED 灯进行照明；无人潜水器尾部有调节重心的重物；无人潜水器重心处有一个竖直放置的推进器进行潜浮运动。

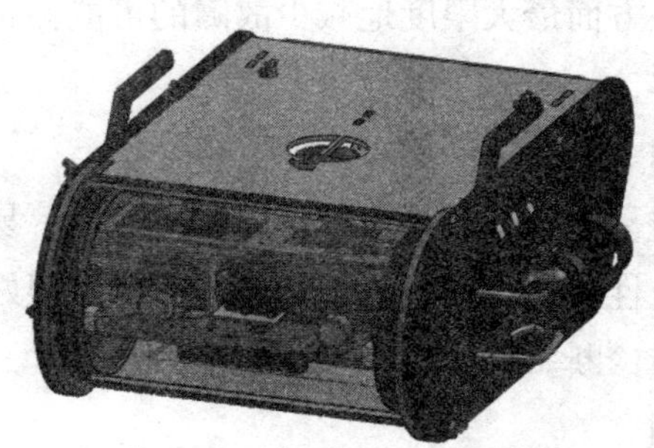

图6-36　无人潜水器三维模型

（2）无人船结构

如图 6-37 所示，无人船包括船体、推进器、放线绞盘、GPS 天线和太阳能电池板；船体采用双体船结构；船尾两侧，水线以下布置两个推进器控制前进后退和拐弯运动；船甲板上安装太阳能电池板；船舱内安装光伏电压控制器，控制太阳能输入电压；船舱内安装航行器控制用的电子设备、无线通信设备以及视频图像传输设备；船舱内安装放线绞盘和放缆舵机，通过船艏滑轮，释放脐带缆连接无人潜水器；船尾安装 GPS 天线。

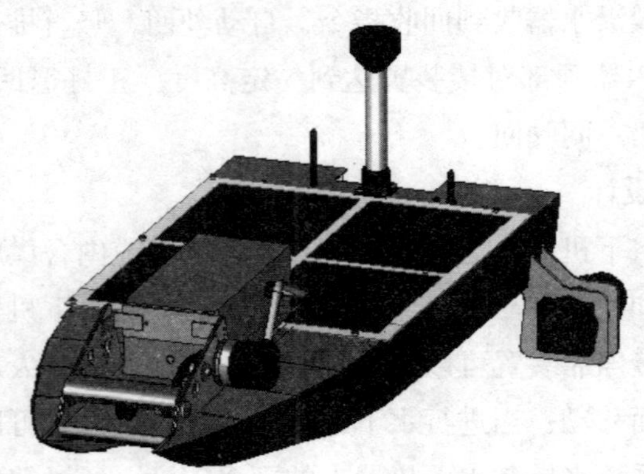

图6–37 无人船三维模型

非功能性需求指定系统必须满足定时约束或容量约束，为了使本平台能够高效准确安全地运行，必须满足以下的性能需求。

3.4 产品软件设计

3.4.1 软件设计原则

（1）可靠性原则

系统设计能有效地避免单点失败，在设备的选择和关键设备的互联时，应提供充分的冗余备份，一方面最大限度地减少故障的可能性，另一方面要保证系统能在最短时间内修复。

（2）可管理性原则

整个系统的设备应易于管理，易于维护，操作简单，易学易用，便于进行系统配置，在设备、安全性、数据流量、性能等方面得到很好的监视和控制，并可以进行远程管理和故障诊断。

（3）可扩展性原则

水下无人机器人系统应具有高扩展性，能够方便集成不同的设备，并预留接口以适应未来拓展需要。

（4）出错处理需求

系统具有一定的容错能力，能检测到用户的错误操作并给出错误提示。

（5）接口良好性原则

水下无人机器人系统要求能够提供比较良好的接口，便于系统的维护与修改，同时可比较方便地进行业务流程的修改，以及其他功能的增加。

（6）安全性原则

系统要求具有较高的安全级别。系统应能提供多种安全手段防止系统外部成员的非法侵入以及操作人员的越级操作，保护本系统建设者的合法利益，所有应用项目和软件都应具有完整的安全方案。

（7）规范性原则

系统设计所采用的技术和设备应符合国际标准、国家标准和业界标准，具备为系统的扩展升级以及与其他系统的互联的良好基础。

（8）界面设计原则

系统界面设计遵循简易性原则，让用户便于使用、便于了解，并减少用户发生错误选择的可能性，界面结构保持清晰且一致。

3.4.2　后台系统模块设计

（1）用户管理

用户管理界面显示信息的表格包含的栏位信息变化为：人员编号，登录账户，真实姓名，所属角色，手机号，备注，账号状态，操作。其中操作栏位包含编辑用户和删除用户两个功能按钮。左上角依然是增加和刷新按钮，点选功能按钮后会弹出新的小窗口提供用户操作。

（2）基础信息设置

进入此页面后用户可以更改各系统模式设置以及其他基础信息，完成后可以点选保存。

（3）远程控制

在控制主界面，用户可以进行各类遥控操作，有主要的触屏按钮，以及指南针、导航仪等，能看到自身位置。

（4）拍摄录像

用户可以打开拍摄录像模式，调节拍摄品质要求，调节参数及拍摄模式。

（5）数据保存上传

用户数据可以自动保存一段时间，根据需要可以主动上传至网盘。

3.5　技术指标

（1）水平航行速度

本设计无人潜水器工作在浅水水域，设计航行速度为 2~3 节，即大约 1~1.5m/s。本设计样机无人船与 ROV 保持相近航速。

（2）工作深度

水下机器人主要工作范围为 0~40m，最大下潜深度可达 50m。

（3）搭载载荷

水下机器人为观察级，最低承载能力为 2kg；水面机器人，要保证拖拽住水下机器人，所以最低承载能力为 10kg。

（4）推进器推力

无人潜水器前进后退 0.5~2kgf，上浮下潜 0.5~1kgf；无人船前进后退 0.5~2kgf。

（5）云台范围

旋转角度 ±70°，俯仰角度 ±70°。

（6）整体尺寸

本设计无人潜水器采用扁平流线型，长、宽、高：461×425×211。

（7）最大续航能力

24h，并支持自动返航补给。

（8）重量

无人潜水器空气中重量为 6.5kg，水中重量为 0，通过调节配重物将 ROV 调节为零浮力。

3.6　机械结构设计

（1）整体平衡方案设计

无人潜水器需要有足够的稳心高度，即中心高度和浮心高度相差不超过 3cm，并处于中心位置以防止无人潜水器倾斜。重心则处于浮心以下，受到水流扰动偏离平衡位置后，重心总是升高，重力与浮力形成复原的力矩，保证无人潜水器的稳定。无人潜水器稳定原理如图 6-38 所示。

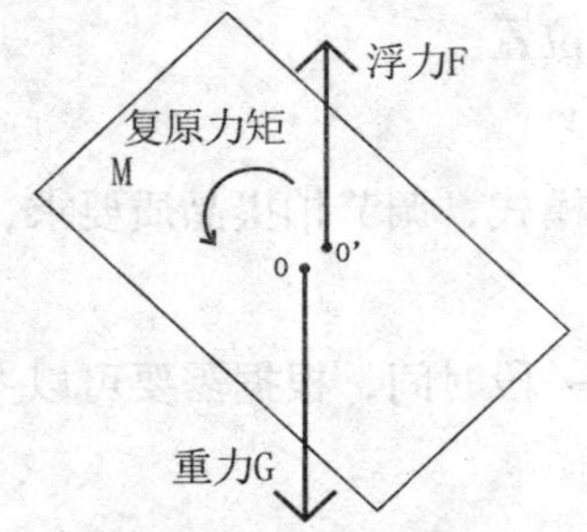

图6-38　无人潜水器稳定原理

横向重心位置通过改变重块固定位置来调节，纵向重心位置通过调节后方载重模块的重量来改变。利用三维制图软件将每一部分零件的材料输入，然后利用软件计算出无人潜水器的重心以及浮心位置。

无人船应考虑航行时候的稳定性，采用双体船结构，由两个分开的片体组成，使水线面的横向惯性矩大大增加，所以复原力矩大，稳定性好，稳性储备比单体船大 2~4 倍。双体船单位排水量甲板面积比单体船大 50%，大幅增加了甲板面积，可以有效地增加上层建筑层次，以及太阳能电池板的面积，而不用担心稳性不够，易于操纵。通过调节电池的位置调节重心。

（2）观测和照明系统方案设计

本产品通过摄像头，获取水下图像信息，当水下光照度不够时可打开照明灯，为摄像机提供一定的光强度。通过智能手机 APP 人机交互界面进行控制云台调节摄像头俯仰及旋转，使 ROV 在水下能看到周围的图像。在水下浑浊的环境中观测时，则在底部加装声纳设备，使用声纳成像。

LED 灯节能、寿命长、色彩丰富饱满、启动时间短等使得 LED 灯在水下摄像中得到普遍使用。随着水深的增加，太阳光逐渐减弱，到达一定深度后太阳光减弱到不足以识别水下物体，必须增加光亮度。通过按键打开及关闭 LED 灯，并且通过按键四级调节 LED 灯的亮度。

（3）动力系统解决方案设计

ROV 和无人船均使用 1kgf 推力级螺旋桨推进器。如图 6-39 所示，ROV 选择 3 个自由度，在水平方向上，于重心两侧布置两个推进器实现前进后退、拐弯和自身旋转运动，重心位置上竖直放置一个推进器控制上潜下浮运动。无人船船尾两侧，水线以下布置两个推进器控制前进后退和拐弯运动。

图6-39　无人潜水器动力布置

支持双电源供电。主电源布置在无人船上，备用电源布置在ROV主舱。采用能量比高、重量轻、使用寿命长、可快速充电的锂电池组。为了得到更多的电量，可以把两个或者更多个电池并联起来。在尺寸允许的范围内，使用尺寸更大的电池。本作品选择容量为20.4A · h/3s的16850锂电池组进行供电，数量根据需要的续航要求和空间综合决定。

无人船上面安装有太阳能电池板，可以利用太阳能对电池进行充电，通过光伏控制器控制电流。在尽量降低系统功耗的同时，利用可再生能源，可以提高水下机器人的续航能力。

3.7　控制系统设计

（1）系统通信方案设计

无人船设计有视频采集及实时传输功能，视频信号以流的形式通过HTTP进行传输，为了实现视频信号由无人船到上位机方向的单向传输，以通过设置无线网桥的形式作为初步解决方案。

如图6-40所示，通过在路由器以及无人船上设置无线CPE，实现点对点的远距离无线传输，达到远距离无线覆盖的效果，使raspberry Pi和上位机处于同一网段下。选用5GHz AC867无线CPE TL-CPE500，使用5GHz频段，有着更好的防干扰性能，减少了视频传输的卡顿，避免数据丢包，最长理论传输距离为5km，满足无人船工作环境的需要。

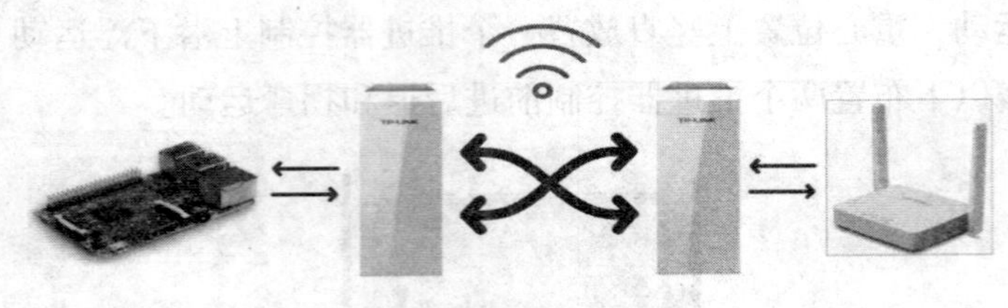

图6-40　网桥连接方式

（2）抗电子干扰方案设计

无人潜水器需要进行实时的姿态检测，并通过无线通信将数据经由无人船上传至上位机进行监测。采用先进的数字滤波技术，能有效降低测量噪声，提高测量精度。本作品无线通信采用E31-TTL-50 433M通信模块，利用窄带传输，具有传输功率密度集中、传输距离远、抗干扰性强的特点。视频线采用双绞方式。电路板设计中，合理布置元器件，促进通风散热，避免信号线与动力线、数据线与脉冲线接近。采用光电隔离技术，并且在隔离器件上加 RC 电路滤波。电路设计中利用电源去耦措施，可以保证电源线上干扰尖峰不能使逻辑器件的输出状态发生变化，增强了数字系统的稳定性和抗干扰能力。

3.8　水下自动避障方案设计

机器人在检测水下障碍物时，先采用摄像头拍摄水下环境以获取相应的视频信号，用 LM1881 视频分离芯片分离该视频信号，再通过 AD 转换将视频信号转换成数字信号，最后采取边缘检测图像处理算法识别障碍物。

（1）硬件设计

当下主流的模拟摄像头有 CCD 和 CMOS，两者都是利用感光二极管进行光电转换，将图像转换为数字数据。本作品采用 CMOS 传感器，CMOS 传感器的优点是电源消耗量比 CCD 低而且成本比 CCD 低很多。CMOS 传感器中，每个像素都会邻接一个放大器及 A/D 转换电路，用类似内存电路的方式将数据输出。

（2）下位机图像采集及处理

为了对水下可能存在的障碍物进行识别以及避障，本作品将通过 AD 采样获取到的数字信号进行算法分析处理，采用边缘检测方法来实现障碍物的寻找。边缘检测算法分为行边缘算法和列边缘算法。

任何边缘检测法都需要经过噪声处理才能在原始数据上算出很好的结果，所以第一步要对原始数据进行噪声处理。将数据与高斯平滑模板作卷积，得到的图像虽然与原始图像相比有些轻微的模糊，但对于要进行边缘检测算法运算的图像数据，这点损失是微不足道的。

3.9　定位及姿态调整方案设计

本作品中无人船采用 GPS 定位，无人潜水器和无人船均采用 JY–901 系列模块集成高精度的陀螺仪、加速度计、地磁场传感器，结合惯性传感器，采用高性能的微处理器和先进的动力学解算与卡尔曼动态滤波算法，能够快速求解出模块当前的实时运动姿态，姿态解算界面如图 6–41 所示。自动航行时，无人船实时调整姿态，主要保证偏航角值。采用 511OEM 压力变送器作为水深传感器，编码器测量脐带缆释放量，实时反馈下潜深度。

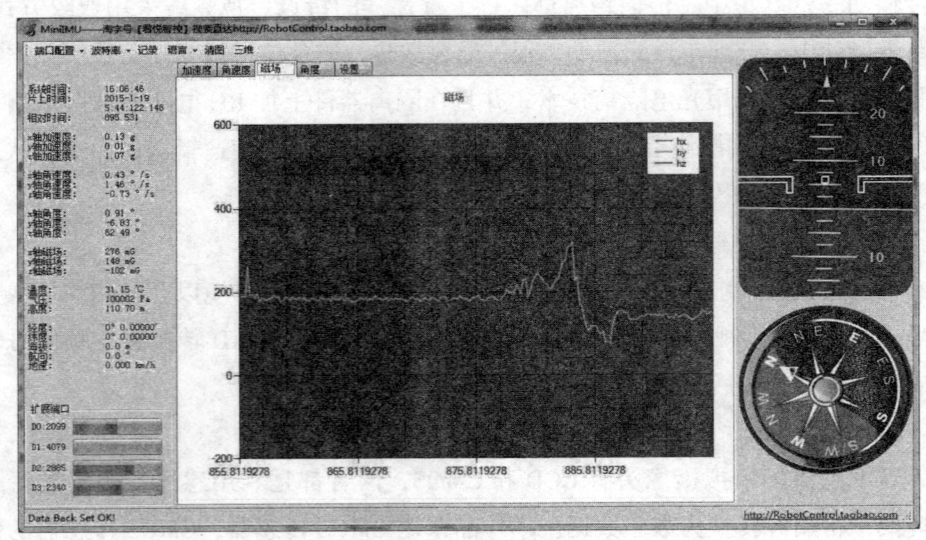

图6-41　姿态解算界面

无人潜水器回收时，竖直推进器和放线绞盘配合。在上升过程中，单片机结合传感器数据进行控制，调节无人潜水器的偏航角。

3.10　防水密封方案设计

ROV的水密耐压主舱可以用来装置摄像机、控制电路板、电池组及传感器等，提供一个耐压防水的环境使它们免遭水下环境的腐蚀与压力的破坏。水面机器人舱内安装控制电路板、光伏电压控制器、电池组及数据发射器等，也需要一个密封防水的环境进行保护。

水下机器人主舱采用密封圈密封，使用既可保证密封可靠又能使封头易拆卸的O形密封圈。推进器电机采用油封，转轴与端盖的结合面添加密封零件。水下接口采用螺纹密封防水接头。水面机器人密封防水要求较低，在船沿增加凹槽，使用橡胶圈，通过螺纹固定。本产品船体采用木质骨架和外壳构筑，表面涂上环氧树脂进行防水固化。环氧树脂具有黏结力强、机械强度高、耐腐蚀性良好、耐水性好的优点。

4　产品样机实现

4.1　控制方案设计

产品根据工作需要，需要组合系统能够有不同的配合。在不同的条件下，通过切换控制方式，来完成工作。因此本作品由上位机输出控制信号，无人船接收控制信号，调节前进转向，GPS 自主定位航行，控制释放脐带缆的长度，编码器测量放缆长度，主电源、Wi-Fi 天线和图传发射器安装在船上，船上光伏控制器控制太阳能电池板充电；同步模式下，无人潜水器控制信号由无人船主控板发出，无人潜水器会自主与无人船联动，潜浮运动与放缆舵机同步；非同步模式下，无人潜水器独立运动；LED 灯光亮度、云台的俯仰和旋转单独控制。

4.2　上位机系统设计

本产品上位机由安卓手机控制，人机交互系统既可以通过手指点击界面上的按钮控制机器人，也可以通过手机姿态（重力感应）控制。上位机软件是基于 Socket 网络协议，利用 Android Studio 编写的。整个通信流程主要包括下位机通信模块、数据转换模块、数据传输模块和上位机通信模块，进行全双工通信。

无人潜水器操纵界面如图 6-42 所示，其各个控制按钮可以分别控制机器人在水下前后移动和上浮下潜等运动、灯光亮度以及摄像头角度的调整。通过 Wi-Fi 远距离传输数据，可以在界面上实时监控显示机器人的状态，比如机器人的位置、姿态、电池电量等；显示自身传感器的信息，比如实时显示三轴加速度和角度，显示磁力计等传感器的读数等；可以将监控信息以 txt 或者 excel 格式保存，监控信息包含了采样时刻的时间戳；可以接收机器人上传的视频信息，并显示出水下机器人拍摄视频。点击左上角“船”按钮，可以跳转到无人船操作界面，同样的操作按钮，可以控制无人船前后左右运动，因无人船基本处于同一水平面运动，故未设计上下按钮。

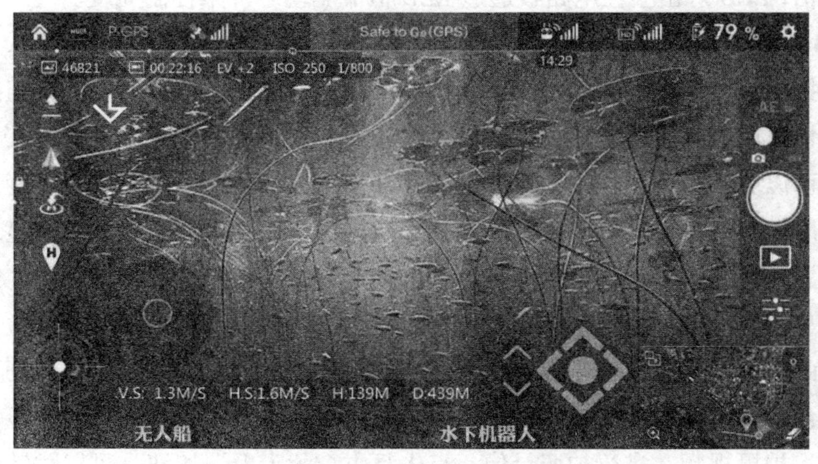

图6-42　无人潜水器操纵界面

4.3　下位机系统设计

控制系统：使用STM32L1芯片作为主控芯片，在不需要进行数据采集和处理的时候，可以关闭所有外设时钟（将要唤醒Cortx内核的时钟除外），并开启内部HSI(可设置为1MHz)来进入睡眠模式，在低功耗睡眠模式下功耗仅为6.1A，虽然功耗比低功耗430芯片略高，但是性能比之高出不少，所以选用该芯片。

供电系统：定制55Wsunpower柔性太阳能电池板，再通过太阳能电池控制器对电池组进行充电，电池组输出电压通过DC-DC转换器转换成系统所需的12V和5V电源，对各个模块进行供电。

动力系统：使用无刷电机配合传动装置构成推进器，单片机输出PWM波来控制电子调速器，然后驱动无刷电机。

摄像系统：使用两个小型金属舵机制成摄像头云台，控制摄像头位置，信号端只要输入一个50Hz的方波信号，然后控制信号周期的高电平脉冲持续的时间就可以控制速度和正反转及停转。一个高电平脉冲持续的时间对应一个速度。高电平为1 ~ 1.5 ms时，舵机正转（1 ms时正转速度最快，越接近1.5 ms越慢，1.5 ms时舵机停转），高电平为1.5 ~ 2 ms时舵机反转（1.5 ms时舵机停转，越接近2 ms反转的速度越快，2 ms时以最快的速度反转）。

无线电收发模块与主控电路板连接并与上位机通信；水深传感器输出4~20 mA的电流信号，通过精密电阻转换成电压信号后，由主控芯片集成的A/D转换器实现信号的数字化和采集；GPS导航模块和九轴惯性传感器通过串口与主控电路板通信；LED灯由主控电路板通过LED恒流驱动芯片来控制亮度。

4.4　软件界面设计

遥控操作控制设备的人机交互系统既可以通过手指点击界面上的按钮控制机器人，也可以通过手机姿态（重力感应）控制。水下机器人操纵界面，其各个控制按钮可以分别控制机器人在水下前后移动和上浮下潜等运动、灯光亮度以及摄像头角度的调整。通过Wi-Fi远距离传输数据，可以在界面上实时监控显示机器人的状态，比如机器人的位置、姿态、电池电量等，进行方向指南、GPS定位导航等；显示自身传感器的信息，比如实时显示三轴加速度和角度、显示磁力计等传感器的读数等；可以将监控信息以txt或者excel格式保存，联网上传网盘，监控信息包含了采样时刻的时间戳；可以接收机器人上传的视频信息，并显示出水下机器人拍摄视频，进行拍照录像。点击下方“无人船”按钮，可以跳转到水面机器人操作界面，切换回水下机器人操作界面的方式相同。

注册账号登录，可以进入用户个人界面，可以本地储存航行记录，包括航行时间、总里程、航行次数、最长里程、最大深度、最大航速等，以及用户的行程记录图，经过的地区。图中，显示了用户的航行总时间 3h11min，航行总旦程 19714m，累计航行次数 40，左下角显示的是用户当前坐标为杭州市，行程 772m，8min。通过左右拉动可以切换信息界面。点击右上角的“同步按钮”，可以将数据信息上传至云端存储。

数据观测页面，可以检测水下无人机器人系统所搭载的传感器所采集的数据。数据以图表、数据的形式显示，可以选择图表的横纵坐标，选择图表类型。用户可以选择自己想要检测的参数，通过按钮控制显示、隐藏。检测数据可以进行保存、转发的操作。